は じ め に

　交通経済統計要覧では、わが国の交通・運輸分野の状況を把握するために有用な統計資料を収録して刊行しています。

　編集時に把握できたデータを収集・収録しておりますが、資料提供元において集計方法や指数基準年等が改定されたデータは、当該資料に基づき統計表を修正しています。

　また、統計調査の中止等により今後新しいデータが得られない統計表または項目は削除しています。

　今後とも更に使い易い要覧に改善して参りたいと存じますので、お気づきの点がございましたらご意見を賜ることができますと幸いに存じます。

　刊行するにあたって、ご監修をいただいた国土交通省総合政策局情報政策課に対しまして心から感謝申し上げます。

2024 年 6 月

合研究所

正 史

2

凡　　例

1　本要覧に使用する記号は、次のとおりである。

> …　資料がないか又は不明のもの
> 0　単位未満のもの
> r　改定されたもの（revised　figures.）
> p　暫定のもの（Provisional　figures.）

　（注）　集計方法の改定又は指数基準年の改定により、過去の全てのデータを修正したものは、資料名に網掛けをした。

2　「単位」に満たない数は、原則として四捨五入とした。したがって、合計欄の数字と内訳の集計が一致しない場合がある。

3　「暦年」は1月から12月まで、「年度」は会計年度（4月から3月まで）を示す。

4　トン数について
(1)　「総トン」は、船舶の総容積を、2.83立方メートルを1トンとして算出したものである。
(2)　「重量トン」は、船舶に積載可能な貨物、燃料、食料品、缶水等の総重量をいう。
(3)　「フレート・トン」は、運賃計算の単位となるトン数で、容積1.113立方メートルを1トンとして計算した値と重量1,000キログラムを1トンとして計算した値のうちいずれか大きい方をその貨物トン数としたものである。

5　トンキロ、人キロについて
(1)　「トンキロ」とは、輸送した貨物トン数にそれぞれの輸送距離を乗じたものである。
(2)　「人キロ」とは、輸送した人員にそれぞれの輸送距離を乗じたものである。

6　自動車の区分について

(1)　車種別

普通自動車　小型自動車より大きい自動車で大型・小型特殊自動車以外のもの。

小型自動車　長さ 4.7m 以下、幅 1.7m 以下、高さ 2.0m 以下、エンジンの総排気量 2,000cc 以下の自動車で、軽自動車、大型・小型特殊自動車以外のもの。

　　（注）　本要覧では、**小型二輪自動車**（エンジンの総排気量が 250cc を超えるものをいう）は、小型自動車に含めない。

軽自動車　長さ 3.3m 以下、幅 1.4m 以下、高さ 2.0m 以下、エンジンの総排気量 660cc 以下の自動車で、小型特殊自動車以外のもの。

　　（注）　本要覧では、**軽二輪自動車**（エンジンの総排気量が 125cc を超え、250cc 以下のものをいう）は、軽自動車に含めない。

大型特殊自動車　カタピラを有する自動車、ロードローラ等特殊な構造を有する自動車で小型特殊自動車以外のもの。

小型特殊自動車　カタピラを有する自動車、農耕作業用等特殊な構造を有する自動車で、長さ、幅、高さ、最高速度、エンジンの総排気量が一定以下のもの。

(2)　用途別

貨物車　貨物の運送の用に供する自動車で、トラック、ライトバン等いう。

旅客車　人の運送の用に供する自動車で、バスと乗用車に分けられる。

　バス　乗車定員 11 人以上のもの。

　乗用車　乗車定員が 10 人以下のもの。

特種用途車　消防車、クレーン車（カタピラ式のものを除く）、タンク車等特殊な用途に供する普通自動車及び小型自動車。

特種（殊）車　特殊用途車及び大型特殊自動車の総称。

(3)　業態別

営業用車　道路運送法による免許等を受けて、他人の求めに応じて貨物又は旅客を運送する自動車。

自家用車　営業用以外の自動車。

4

7 地域流動表の地域区分について

地域流動表（地域相互輸送量）の地域区分は次のとおりである。

(1) 23 地域（貨物流動表）

地位の名称	地域の範囲（都道府県名）
北海道	北海道
北東北	青森、岩手
東東北	宮城、福島
西東北	秋田、山形
東関東	茨城、栃木
北関東	群馬、埼玉
京浜葉	千葉、東京、神奈川
新　潟	新潟
北　陸	富山、石川、福井
甲　信	山梨、長野
静　岡	静岡
中　京	岐阜、愛知、三重
近　畿	滋賀、京都、奈良、和歌山
阪　神	大阪、兵庫
山　陰	鳥取、島根
山　陽	岡山、広島
山　口	山口
北四国	香川、愛媛
南四国	徳島、高知
北九州	福岡、佐賀、長崎
中九州	熊本、大分
南九州	宮崎、鹿児島
沖　縄	沖縄

(2) 16 地域（旅客流動表）

地位の名称	地域の範囲（都道府県名）
北海道	北海道
東東北	青森、岩手、宮城、福島
西東北	秋田、山形
北関東	茨城、栃木、群馬
南関東	埼玉、千葉、東京、神奈川
北　陸	新潟、富山、石川、福井
甲　信	山梨、長野
東　海	岐阜、静岡、愛知、三重
近　畿	滋賀、京都、奈良、和歌山
阪　神	大阪、兵庫
山　陰	鳥取、島根
山　陽	岡山、広島、山口
四　国	徳島、香川、愛媛、高知
北九州	福岡、佐賀、長崎
南九州	熊本、大分、宮崎、鹿児島
沖　縄	沖縄

8 JRについて

昭和62年4月の分割民営化以前については国鉄と読み替える。

9 自動車輸送統計の品目分類について

品　　　　目	内　　容　　例　　示
穀　　　　　　物	米、麦、雑穀・豆
野　菜　・　果　物	いも類、野菜類、果物類
その他の農産物	工芸作物、農産加工品、他に分類されない農産品(種子、花、苗、綿花、麻類、さとうきび、ビート、コーヒー豆、観葉・園芸植物類等)
畜　　　産　　　物	鳥獣類(主として食用のもの)、鳥獣肉・未加工乳・鳥卵、動物性粗繊維・原皮・原毛皮、他に分類されない畜産品(その他動物類、愛玩動物、虫類等)
水　　　産　　　品	魚介類(生鮮・冷凍、塩蔵・乾燥のもの)、その他の水産品(海藻類、観賞魚、淡水魚、真珠等)
木　　　　　　材	原木、パルプ用材、製材(材木、建築・建設資材、板類等)、その他の林産品(植木、天然樹脂類、木材チップ、ゴム(天然)、樹皮等)
薪　　　　　　炭	薪、木炭、オガライト等
石　　　　　　炭	石炭、亜炭等
金　　　属　　　鉱	鉄鉱、その他の鉄属鉱、非鉄鉱
砂　利　・　砂　・　石　材	砂利、採石、バラスト、砂、骨材、砂袋、石製品
工　業　用　非　金　属　鉱　物	石灰石、りん鉱石、原塩、原油、天然ガス、温泉、園芸用土、その他の非金属鉱物
鉄　　　　　　鋼	鉄、鋼(粗鋼)、鋼材、配管資材、レール等
非　　鉄　　金　　属	地金、合金、伸銅品、電線・ケーブル、貴金属(工業品)
金　　　属　　　製　　　品	建設用金属製品、建築用金属製品、線材製品、刃物、工具、その他の金属製品(ばね類、缶類、鉄・アルミ製品、溶材、金具類等)
輸　送　用　機　械	自動車、船舶、航空機、鉄道車両、自転車等
輸　送　用　機　械　部　品	輸送用機械の部品（自動車用、船舶用、航空機用、鉄道車両用、自転車用等)
そ　の　他　の　機　械	産業機械、電気機械、家電製品、その他の機械
セ　　メ　　ン　　ト	セメント、バラセメント
そ　の　他　の　窯　業　品	セメント製品、コンクリート製品、れんが、石灰、その他の窯業品(瓶類、ガラス製品、陶器類、耐火材、カーボン等)
揮　　　発　　　油	ガソリン、ベンジン等
重　　　　　　油	重油
そ　の　他　の　石　油	石油類、軽油、灯油、ジェット燃料、潤滑油、機械油等
そ　の　他　の　石　油　製　品	アスファルト、パラフィン、合材等
LPG及びその他のガス	プロパンガス、ブタンガス、その他の石油ガス製品
コークス・その他の石炭製品	コークス類、煉炭等
化　　学　　薬　　品	硫酸、ソーダ、アルコール(食用を除く)、その他の化学薬品
化　　学　　肥　　料	窒素質肥料、りん酸質肥料、加里質肥料、その他の化学肥料
染　料　・　塗　料　・その他の化学工業品	染料・顔料・塗料・合成樹脂、動植物性油脂、プラスチック製品、ビニール製品、他に分類されない化学工業品(火薬類、インク類、医薬品、化粧品、化学用品等)
紙　・　パ　ル　プ	用紙類、ちり紙類、ダンボール類、巻取紙、包装紙、パルプ等
繊　維　工　業　品	糸(防織半製品を含む)、織物(繊維二次製品を含む)
製　造　食　品	製造食品(肉製品、醸製品、缶詰、菓子、調理冷凍食品)
食　料　工　業　品	飲料、その他の食料工業品(調味料類、でんぷん類、酵母、動物性製造食品、飲料水、たばこ等)
日　　　用　　　品	書籍・印刷物、衣服・身廻品・はきもの、文具・玩具・運動・娯楽用品、楽器、家具、装備品、衛生・暖房用具、台所及び食卓用品、他に分類されない日用品
ゴム製品・木製品その他の製造工業品	ゴム皮革製品(他に分類されないもの)、木製品(他に分類されないもの)、他に分類されない製造工業品
金　　属　　く　　ず	鉄・アルミ・鉛くず、スクラップ、解体車両等
そ　の　他　の　く　ず　も　の	粗大ごみ、廃材、廃油、古新聞、古紙、もみがら、プラスチックくず、木くず、紙くず、ガラスくず、スラグ、古タイヤ等
動　植　物　性　製　造　飼　・　肥　料	牧草、乾草、藁類、灰類、堆肥、ぬか類、酒かす、ペットフード等
廃　　　棄　　　物	その他の廃棄物(尿素、汚泥、ごみ、廃液、枝木、コンクリート・アスファルトがら、産業廃棄物、雪等)
廃　　　土　　　砂	廃土砂(残土、瓦礫等)
輸　　送　　用　　容　　器	金属製輸送用容器(ガス容器、ドラム缶、タンク等)、その他の輸送用容器(コンテナ、樽、パレット、フレコン等)
取　　　合　　　せ　　　品	引越荷物、郵便物・鉄道便荷物・貨物、自動車特別積合せ貨物、内航船舶小口混載貨物

目　　次

Transportation Statistics Handbook in Japan

Contents

主　要　経

年 度 Fiscal Year	国 内 総 生 産 Gross Domestic Product			
	名　目 At Current Prices	実　質 (2015暦年連鎖価格) At Constant Prices		
	総　額 Total	総　額 Total	(民　間　Private Sector)	
			民間最終消費支出 Final Consumption Expenditure	民間-企業設備 Facilities Investment
	10億円　Thousand million Yen			
H7　(1995)	525,300	462,177	256,869	72,629
H12 (2000)	537,614	485,623	268,318	79,309
H17 (2005)	534,106	515,134	287,363	85,280
H22 (2010)	504,874	512,065	290,498	73,694
H23 (2011)	500,046	514,687	292,327	76,623
H24 (2012)	499,421	517,919	297,292	77,758
H25 (2013)	512,678	532,072	305,995	81,953
H26 (2014)	523,423	530,195	297,942	84,202
H27 (2015)	540,741	539,414	299,998	87,090
H28 (2016)	544,830	543,479	299,130	87,792
H29 (2017)	555,713	553,174	302,186	90,286
H30 (2018)	556,571	554,534	302,359	91,687
R1　(2019)	556,845	550,161	299,614	90,523
R2　(2020)	539,009	528,798	285,317	85,450
R3　(2021)	553,642	543,649	290,391	86,907
R4　(2022)	566,490	551,814	298,122	89,874
資　料	内閣府(国民経済計算年次推計)			

(注) 実質国内総生産の数値は基準年が2015暦年。

済　指　標　（その１）

Statistics（No.1）

鉱　工　業　生　産			
Mining ＆ Manufacturing			
生産指数 （付加価値額） Production Index	前年度比 Radio to Preceding FY	生産者出荷指数 Producers' Shipments Indexes	生産者製品在庫指数 （平均) Producers' Inventory of Finished Goods
2020年 ＝ 100	％	2020年 ＝ 100	
…	…	…	…
…	…	…	…
…	…	…	…
…	…	…	…
…	…	…	…
…	…	…	…
…	…	…	…
…	…	…	…
…	…	…	…
…	…	…	…
…	…	…	…
114.2	…	114.4	102.7
110.2	96.5	110.4	103.8
99.7	90.5	99.7	97.5
105.2	105.5	103.8	97.8
104.9	99.7	103.7	101.8
経済産業省（鉱工業生産指数）			

（注）生産指数・出荷指数・在庫指数は、基準年が2020暦年となった。

主　要　経

年　度 Fiscal Yea	建設工事受注額 Constuction Orders （総計 50社） 10 億円 Thousand million yen	機械受注実績 Machiney Orders （受注総額 280社）	住宅新設着工 Newly Constructed Houses		家計消費支出 （暦年） Consumption Expenditue （2人以上の世帯
			戸数 1,000戸 （1000 units）	床面積 Floor Area 1,000㎡	のうち勤労者世帯） 1ヶ月あたり、円
S35　（1960）	752	1,201	453	26,608	...
S40　（1965）	1,450	1,745	845	50,431	...
S45　（1970）	3,601	6,644	1,491	101,305	...
S50　（1975）	5,945	8,605	1,428	118,068	...
S55　（1980）	9,198	14,641	1,214	114,424	...
S60　（1985）	12,158	15,958	1,251	104,016	289,489
H2　（1990）	26,817	28,395	1,665	134,487	331,595
H7　（1995）	19,756	26,132	1,485	138,140	349,663
H12　（2000）	14,968	26,549	1,213	117,523	341,896
H17　（2005）	13,454	28,967	1,249	106,651	329,499
H21　（2009）	10,616	20,080	775	67,755	319,060
H22　（2010）	10,068	24,365	819	73,876	318,315
H23　（2011）	10,783	25,023	841	75,748	308,838
H24　（2012）	11,045	23,334	893	79,413	313,874
H25　（2013）	13,268	26,370	987	87,313	319,170
H26　（2014）	14,358	28,576	880	74,007	318,755
H27　（2015）	14,225	28,396	921	75,592	315,379
H28　（2016）	14,791	26,796	974	78,705	309,591
H29　（2017）	14,896	28,477	946	75,829	313,057
H30　（2018）	15,859	29,032	952	76,573	315,314
R1　（2019）	14,929	27,391	884	73,107	323,853
R2　（2020）	14,881	26,485	812	66,299	305,811
R3　（2021）	15,098	31,801	864	70,895	309,469
R4　（2022）	16,538	32,832	861	68,651	320,627
R5　（2023）	18,001	...	800	62,195	318,755
資　料	国土交通省 （建設工事受注 動態統計調査）	内閣府 （機械受注 統計調査）	国土交通省 （建築着工統計調査）		総務省

（注）1．建設工事受注額は、昭和59年度より50社（旧43社）に変更された。

　　　2．機械受注実績は、昭和63年度より280社（旧178社）に変更された。

済　指　標　（その2）

Statistics （No.2）

平均消費性向 （暦年） Propensity to Consume （2人以上の世帯 のうち勤労者世帯）	物価指数（暦年） Price Index Number		有効求人倍率 （年度平均） The Active Opening Rate （Fiscal Year）	賃金指数（暦年） Wage Indexes (Calendar Year) （調査産業計、現金給与総額）	
	国内企業 Corporate Goods Price Indexes	消費者（全国） Consumer Price Indexes		名目 Nominal	実質 Actual
％	令和2年(2020)=100	令和2年(2020)=100	倍	令和2年(2020)=100	
...	48.0	...	...	...	...
83	49.0	...	0.61	...	...
80	54.7	30.9	1.35	...	...
77	83.6	53.1	0.59	...	...
78	109.6	73.2	0.73	...	...
77	110.2	83.8	0.67	...	...
75	104.6	89.6	1.43	...	...
73	100.5	86.8	0.64	...	...
72	96.6	97.3	0.62	...	...
75	94.3	95.2	0.98	...	...
75	97.2	95.5	0.45	...	...
74	97.1	94.8	0.56	...	...
73	98.5	94.5	0.68	...	...
74	97.7	94.5	0.82	...	...
75	98.9	94.9	0.97	...	...
75	102.1	97.5	1.11	...	...
74	99.7	98.2	1.23	99.1	101.3
72	96.2	98.1	1.39	99.7	102.0
72	98.4	98.6	1.54	100.2	101.9
69	101.0	99.5	1.62	101.6	102.1
68	101.2	100.0	1.55	101.2	101.2
61	100.0	100.0	1.10	100.0	100.0
63	104.6	99.8	1.16	100.3	100.6
64	114.9	102.3	1.31	102.3	99.6
64	119.7	105.6	1.29	103.5	97.1
（家計調査）	日本銀行 （企業物価指数）	総務省 （消費者 物価指数）	厚生労働省 （職業安定業務統計、勤労統計調査）		

3. 国内企業物価指数、消費者物価指数の基準年は令和2年(2020)。

4. 賃金指数は基準年が平成27年となった。

主　　要　　経

年　度 Fiscal Yea	完全失業率 (暦年) Ratio of Wholly Unemployed (Calendar Year) %	マネタリベース 平均残高(うち 日銀券発行高) Bank of Japan Notes Average issued 億円 (¥100 million)	日銀貸付金 残高 BOJ Outstanding Balance of Loans 億円 (¥100 million)	銀行貸出約定 平均金利 (暦年末) Average Contacted Inteest Rates on Loans and Discounts (All Banks)(End of calenda Year) %	外貨準備高 Gold & Foeign Exchange Reserves (年度末) 百万ドル ($100 million)	原油輸入量 Imported Crude oil 1000kl
S35 (1960)	1.5	…	…	…	1,997	…
S40 (1965)	1.3	…	…	…	2,109	…
S45 (1970)	1.2	41,871	…	…	5,458	204,871
S50 (1975)	1.9	98,291	…	…	14,182	262,785
S55 (1980)	2.0	153,468	…	…	27,020	249,199
S60 (1985)	2.6	200,019	…	…	27,917	197,261
H2 (1990)	2.1	316,114	…	…	69,894	238,480
H7 (1995)	3.2	382,099	125,691	2.788	203,951	265,526
H12 (2000)	4.7	555,679	55,337	2.116	361,472	254,604
H17 (2005)	4.4	739,773	300	1.623	852,030	249,010
H21 (2009)	5.1	764,818	0	1.655	1,042,715	211,657
H22 (2010)	5.1	776,759	150	1.551	1,116,025	214,357
H23 (2011)	4.6	796,414	71	1.452	1,288,703	209,173
H24 (2012)	4.3	815,658	10	1.364	1,254,356	211,026
H25 (2013)	4.0	844,086	0	1.258	1,279,346	210,345
H26 (2014)	3.6	873,924	0	1.180	1,245,316	195,169
H27 (2015)	3.4	922,911	0	1.110	1,262,099	194,515
H28 (2016)	3.1	971,981	0	0.998	1,230,330	191,047
H29 (2017)	2.8	1,015,889	0	0.946	1,268,287	185,091
H30 (2018)	2.4	1,053,901	1	0.901	1,291,813	177,043
R1 (2019)	2.4	1,082,700	1	0.861	1,366,177	173,044
R2 (2020)	2.8	1,138,193	0	0.814	1,368,465	136,463
R3 (2021)	2.8	1,176,086	0	0.795	1,356,071	148,904
R4 (2022)	2.6	1,209,909	0	0.745	1,257,061	156,563
R5 (2023)	2.6	1,214,402	0	0.718	1,290,606	144,802
資　料	総務省 (労働力調査)	日本銀行(金融経済統計)		日本銀行 (貸出金利)	財務省 (外貨準備 等の状況)	経済産業省 (資源エネル ギー統計)

(注)銀行貸出約定平均金利は、当座貸越を含む。

済　指　標　（その３）

Statistics （No.3）

通 関 実 績		国 際 収 支 Balance of Payments			
Customs	Clearance				
輸 出	輸 入	経常収支	貿易・サービス収支	貿易収支	サービス収支
Exports	Imports	Current Balance	Goods & Services	Trade Balance	Services
		億円 （¥100 million）			
4,116	4,660	…	…	…	…
8,724	8,417	…	…	…	…
20,250	19,353	…	…	…	…
56,982	58,225	…	…	…	…
138,058	143,976	…	…	…	…
407,312	290,797	…	…	…	…
418,750	341,711	…	…	…	…
420,694	329,530	22,105	9,148	24,344	△ 15,195
520,452	424,494	135,804	63,573	117,226	△ 53,653
682,902	605,113	194,128	74,072	110,677	△ 36,604
590,079	538,209	167,551	48,437	80,250	△ 31,812
677,888	624,567	182,687	55,176	80,332	△ 25,155
652,885	697,106	81,852	△ 50,306	△ 22,097	△ 28,210
639,400	720,978	42,495	△ 92,753	△ 52,474	△ 40,280
708,565	846,129	23,928	△ 144,785	△ 110,455	△ 34,330
746,670	837,948	87,031	△ 94,116	△ 66,389	△ 27,728
741,151	752,204	182,957	△ 10,141	2,999	△ 13,140
715,222	675,488	216,771	44,084	57,863	△ 13,779
792,212	768,105	223,995	40,397	45,338	△ 4,941
807,099	823,190	193,837	△ 6,514	5,658	△ 12,172
758,788	771,724	186,712	△ 13,548	3,753	△ 17,302
694,854	684,868	169,459	2,571	37,853	△ 35,282
858,737	914,603	200,956	△ 64,314	△ 15,432	△ 48,883
992,262	1,209,808	82,681	△ 233,892	△ 180,276	△ 53,617
…	…	…	…	…	…
財務省（外国貿易概況）		日本銀行（国際収支統計）			

輸 送 機 関 別 国 内
Domestic Freight Transportation

年 度 Fiscal Year	合 計 Sum Total		鉄 道 Railways					
			計 Total		J R (JR)		民 鉄 Private (ex,JR)	
	千トン (A)	対前年 度 比 (B)	千トン (A)	対前年 度 比 (B)	千トン (A)	対前年 度 比 (B)	千トン (A)	対前年 度 比 (B)
S35 (1960)	1,533,348	110.0	238,199	108.2	195,295	107.7	42,904	110.9
S40 (1965)	2,625,355	99.7	252,472	97.6	200,010	96.8	52,463	100.7
S45 (1970)	5,258,589	110.9	255,757	101.2	198,503	100.7	57,254	103.2
S50 (1975)	5,029,531	98.9	184,428	89.6	137,879	89.8	42,737	88.8
S55 (1980)	5,985,087	100.5	166,550	90.6	121,619	89.2	44,931	94.7
S60 (1985)	5,597,257	98.7	96,286	92.7	65,497	91.5	30,789	95.4
	(6,776,257)	(104.1)						
H2 (1990)	6,636,237	104.2	86,619	104.6	58,400	104.7	28,219	104.3
	(6,643,005)	(…)						
H7 (1995)	6,489,846	…	76,932	97.4	51,456	97.5	25,477	97.3
	(6,371,017)	(98.8)						
H12 (2000)	6,227,012	98.8	59,274	101.0	39,620	101.2	19,654	100.6
	(5,445,575)	(97.8)						
H17 (2005)	5,304,361	97.7	52,473	100.5	36,864	100.2	15,610	101.2
	(5,144,323)	(95.5)						
H20 (2008)	5,006,606	95.3	46,225	90.9	32,850	91.4	13,376	89.8
	(4,830,478)	(93.7)						
H21 (2009)	4,695,954	88.6	43,251	93.6	30,849	93.9	12,401	92.7
H22 (2010)	4,891,581	104.2	43,628	100.9	30,790	99.8	12,857	103.7
H23 (2011)	4,898,784	100.1	39,827	91.4	…	…	…	…
H24 (2012)	4,775,237	97.1	42,340	106.2	…	…	…	…
H25 (2013)	4,769,232	99.2	44,101	104.2	…	…	…	…
H26 (2014)	4,729,621	99.9	43,424	98.5	…	…	…	…
H27 (2015)	4,698,745	99.3	43,210	99.5	…	…	…	…
H28 (2016)	4,787,421	101.9	44,089	102.0	…	…	…	…
H29 (2017)	4,787,544	100.0	45,170	104.5	…	…	…	…
H30 (2018)	4,727,469	98.7	42,321	93.7	…	…	…	…
R1 (2019)	4,714,119	99.7	42,660	100.8	…	…	…	…
R2 (2020)	4,132,730	87.6	39,124	91.7	…	…	…	…
R3 (2021)	4,252,540	102.9	38,912	99.5	…	…	…	…
R4 (2022)	4,185,843	98.4	38,264	97.8	…	…	…	…
資 料				国土交通省総合政策局情報政策課交通経済統計調査室				

(注) 1. 航空は、定期航空運送事業及び不定期航空運送事業に係る輸送の合計である。
　　 2. 平成2年度から平成21年度までの上段（ ）内は、軽自動車を含む数値である。
　　　　平成22年度以降は営業用軽自動車を含む数値のみを記載している。
　　 3. 鉄道のJRは、61年度まで無賃・有賃を含み、62年度以降は有賃のみ。
　　 4. 平成6年度の自動車の数値には、平成7年1月～3月の兵庫県の数値を含まない。

貨 物 輸 送 ト ン 数
Tonnage by Mode of Transportation

(Unit:(A)-thousand tons,(B)-ratio to preceding year)

自 動 車 Motor vehicles						内航海運 Coastal Shipping		航 空 Aviation	
計 Total		営業用 Commercial use		自家用 Private use					
千トン (A)	対前年度比 (B)	千トン (A)	対前年度比 (B)	千トン (A)	対前年度比 (B)	千トン (A)	対前年度比 (B)	千トン (A)	対前年度比 (B)
1,156,291	108.9	380,728	119.4	775,563	104.4	138,849	124.2	9	...
2,193,195	99.2	664,227	109.4	1,528,968	95.4	179,654	109.1	33	106.5
4,626,069	111.1	1,113,061	113.7	3,513,008	110.3	376,647	116.6	116	111.5
4,392,859	100.4	1,251,482	101.3	3,141,377	100.0	452,054	90.2	192	103.3
5,317,950	101.1	1,661,473	102.1	3,656,477	100.7	500,258	97.2	329	104.4
5,048,048	98.7	1,891,937	101.5	3,156,111	97.1	452,385	100.5	538	108.2
(6,113,565)	(103.8)	2,427,625	(105.9)	(3,685,940)	(102.5)				
5,973,545	103.9	2,416,384	105.9	3,557,161	102.6	575,199	106.9	874	105.8
(6,016,571)	(...)	2,647,067	(...)	(3,369,504)	(...)				
5,863,412	...	2,633,277	...	3,230,135	...	548,542	98.7	957	105.2
(5,773,619)	(98.5)	2,932,696	(102.1)	(2,840,923)	(95.0)				
5,629,614	98.4	2,916,222	102.1	2,713,392	94.8	537,021	102.8	1,103	104.0
(5,075,877)	(97.0)	2,833,122	(99.6)	(2,242,755)	(93.8)				
4,824,660	97.8	2,840,686	100.9	1,983,974	93.6	426,145	96.8	1,083	101.7
(4,961,325)	(99.9)	2,899,642	(101.4)	2,061,683	(97.8)				
4,580,601	95.6	2,788,513	95.9	1,792,088	95.1	378,705	92.4	1,075	93.8
(4,454,028)	(94.4)	2,686,556	(95.7)	1,767,472	(92.6)				
4,319,503	94.3	2,666,521	95.6	1,652,982	92.2	332,175	87.7	1,025	95.3
4,480,195	103.7	3,069,416	...	1,410,779	...	366,734	110.4	1,005	98.0
4,496,954	100.4	3,153,051	...	1,343,904	...	360,983	98.4	961	95.6
4,365,927	97.1	3,011,839	...	1,354,088	...	365,992	101.4	978	101.8
4,345,753	99.5	2,989,496	...	1,356,256	...	378,334	103.4	1,044	106.8
4,315,836	99.3	2,934,361	...	1,381,475	...	369,302	97.6	1,059	102.4
4,289,000	99.4	2,916,827	...	1,372,174	...	365,486	99.0	1,049	99.1
4,377,822	102.1	3,019,328	...	1,358,494	...	364,485	99.7	1,025	97.7
4,381,246	100.1	3,031,940	...	1,349,306	...	360,127	98.8	1,001	97.7
4,329,784	98.8	3,018,819	...	1,310,965	...	354,445	98.4	919	91.8
4,329,132	100.0	3,053,766	...	1,275,366	...	341,450	96.3	877	95.4
3,786,998	92.0	2,550,515	...	1,236,483	...	306,076	89.6	532	60.7
3,888,397	102.6	2,602,052	...	1,286,344	...	324,659	106.1	572	107.5
3,825,999	98.4	2,557,548	...	1,268,451	...	320,929	98.9	651	113.8

（鉄道輸送統計年報、内航船舶輸送統計年報、自動車輸送統計年報、航空輸送統計年報）

　5. 自動車の数値は平成22年度より、調査方法及び集計方法を変更した。21年度以前とは連続しない。
　　なお、原典資料の自動車輸送統計年報においては、接続係数を用いて遡及改訂をおこなっているが、本書は
　　それによらず、従前調査体系の原数値系列により掲載している。なお、22年度より営業用には軽自動車を含む。
　6. 平成22、23年度の自動車の数値には、東日本大震災の影響により、北海道及び東北運輸局管内の
　　23年3、4月分の数値を含まない。
　7. 鉄道は平成23年度以降、JR、民鉄の内訳については公表値がない。

輸 送 機 関 別 国 内
Ton－kilometers of Domestic Freight

年 度 Fiscal Year	合 計 Sum Total		鉄　道 Railways					
			計 Total		J　R (JR)		民　鉄 Private (ex,JR)	
	百万トン キ　ロ (A)	対前年 度比 (B)	百万トン キ　ロ (A)	対前年 度比 (B)	百万トン キ　ロ (A)	対前年 度比 (B)	百万トン キ　ロ (A)	対前年 度比 (B)
S35　(1960)	138,901	116.0	54,515	108.0	53,592	107.9	923	114.1
S40　(1965)	186,346	101.1	57,298	95.7	56,408	95.8	890	87.9
S45　(1970)	350,656	111.3	63,423	103.7	62,435	103.8	988	102.4
S50　(1975)	360,490	96.0	47,347	90.3	46,288	90.3	770	88.6
S55　(1980)	439,065	99.3	37,701	87.5	36,961	87.4	740	92.2
S60　(1985)	434,160	99.9	22,135	95.3	21,626	95.2	509	99.2
H2　(1990)	(546,785) 544,698	(107.5) 107.5	27,196	108.2	26,728	108.3	468	101.5
H7　(1995)	(559,003) 556,921	(…) …	25,101	102.5	24,702	102.6	399	95.9
H12　(2000)	(578,000) 575,919	(103.2) 103.2	22,136	98.2	21,855	98.1	280	104.5
H17　(2005)	(570,000) 568,376	(101.1) 100.1	22,813	101.5	22,601	101.5	211	99.5
H20　(2008)	(578,704) 514,011	(101.4) 88.6	22,256	95.4	22,081	95.4	175	90.2
H21　(2009)	(523,587) 521,395	(93.9) 101.4	20,562	92.4	20,404	92.4	157	89.7
H22　(2010)	444,480	…	20,398	99.2	20,228	99.1	170	108.3
H23　(2011)	426,952	96.1	19,998	98.0	…	…	…	…
H24　(2012)	409,236	95.9	20,471	102.4	…	…	…	…
H25　(2013)	421,123	102.9	21,071	102.9	…	…	…	…
H26　(2014)	415,282	98.6	21,029	99.8	…	…	…	…
H27　(2015)	407,335	98.1	21,519	102.3	…	…	…	…
H28　(2016)	413,113	101.4	21,265	98.8	…	…	…	…
H29　(2017)	414,499	100.3	21,663	101.9	…	…	…	…
H30　(2018)	409,904	98.9	19,369	89.4	…	…	…	…
R1　(2019)	404,442	98.7	19,993	103.2	…	…	…	…
R2　(2020)	386,159	95.5	18,340	91.7	…	…	…	…
R3　(2021)	404,561	104.7	18,042	98.4	…	…	…	…
R4　(2022)	408,242	100.9	17,984	98.1	…	…	…	…
資　料	国土交通省総合政策局情報政策課交通経済統計調査室							

(注)1. 航空は、定期航空運送事業及び不定期航空運送事業に係る輸送の合計である。
　　2. 平成2年度から平成21年度までの上段（　）内は、軽自動車を含む数値である。
　　　平成22年度以降は営業用軽自動車を含む数値のみを記載している。
　　3. 鉄道のJRは、61年度まで無賃・有賃を含み、62年度以降は有賃のみ。
　　4. 平成6年度の自動車の数値には、平成7年1月～3月の兵庫県の数値を含まない。

貨 物 輸 送 ト ン キ ロ
Transportation by Mode of Transportation

(Unit:(A)-million tons-km,(B)-ratio to preceding year)

| 自 動 車　Motor vehicles | | | | | | 内航海運 | | 航　空 | |
| 計 Total | | 営業用 Commercial use | | 自家用 Private use | | Coastal Shipping | | Aviation | |
百万トンキロ (A)	対前年度比 (B)	百万トンキロ (A)	対前年度比 (B)	百万トンキロ (A)	対前年度比 (B)	百万トンキロ (A)	対前年度比 (B)	百万トンキロ (A)	対前年度比 (B)
20,801	113.5	9,638	122.6	11,163	106.7	63,579	124.7	6	150.0
48,392	102.5	22,385	110.7	26,006	96.3	80,635	104.5	21	105.0
135,916	113.4	67,330	115.8	68,586	111.1	151,243	112.8	74	113.8
129,701	99.2	69,247	96.1	60,455	102.9	183,579	95.4	152	108.6
178,901	103.5	103,541	105.4	75,360	100.9	222,173	98.4	290	106.2
205,941	102.6	137,300	104.0	68,642	99.8	205,818	98.0	482	108.1
(274,244)	(104.3)	(194,221)	(105.4)	(80,023)	(101.8)				
272,157	104.4	193,800	105.4	78,357	102.0	244,546	111.1	799	106.1
(294,648)	(...)	(223,090)	(...)	(71,558)	(...)				
292,566	...	222,655	...	69,911	...	238,330	99.9	924	106.1
(313,118)	(101.9)	(255,533)	(104.1)	(57,585)	(93.5)				
311,037	102.0	255,011	104.1	56,026	93.3	241,671	105.3	1,073	103.5
(327,632)	(101.8)	(282,151)	(102.8)	(45,481)	(95.8)				
332,911	102.2	290,160	103.1	42,751	97.0	211,576	96.7	1076	101.6
(346,534)	(103.4)	(302,182)	(103.9)	(44,352)	(100.3)				
302,816	85.9	302,092	97.6	42,123	97.7	187,859	92.6	1,080	94.2
334,667	(96.6)	293,227	(96.8)	41,440	(95.0)				
332,474	109.8	292,520	96.8	39,954	94.9	167,315	89.1	1,044	96.7
243,150	...	213,288	...	29,862	...	179,898	107.5	1,033	98.9
231,061	95.0	202,441	94.9	28,620	95.8	174,900	97.2	993	96.1
209,956	90.9	180,336	89.1	29,620	103.5	177,791	101.7	1,018	102.5
214,092	102.0	184,840	102.5	29,252	98.8	184,860	104.0	1,100	108.1
210,008	98.1	181,160	98.0	28,848	98.6	183,120	99.1	1,125	102.3
204,315	97.3	175,981	97.1	28,335	98.2	180,381	98.5	1,120	99.6
210,314	102.9	180,811	102.7	29,503	104.1	180,438	100.0	1,096	97.9
210,829	100.2	182,526	100.9	28,303	95.9	180,934	100.3	1,073	97.9
210,467	99.8	182,490	100.0	27,977	98.8	179,089	99.0	979	91.2
213,836	101.6	186,377	102.1	27,459	98.1	169,680	94.7	933	95.3
213,419	99.8	186,999	100.3	26,421	96.2	153,824	90.7	576	61.7
224,095	105.0	196,439	105.0	27,656	104.7	161,795	105.2	629	109.2
226,886	101.2	199,149	101.4	27,737	100.3	162,663	100.5	709	112.7

（鉄道輸送統計年報、内航船舶輸送統計年報、自動車輸送統計年報、航空輸送統計年報）

　　なお、原典資料の自動車輸送統計年報においては、接続係数を用いて遡及改訂をおこなっているが、本書は
それによらず、従前調査体系の原数値系列により掲載している。なお、22年度より営業用には軽自動車を含む。
6. 平成22、23年度の自動車の数値には、東日本大震災の影響により、北海道及び東北運輸局管内の
　　23年3、4月分の数値を含まない。
7. 鉄道は平成23年度より、公表項目のうちJRを秘匿項目としたため、JR、民鉄ともに内訳については公表値がない。

輸 送 機 関 別 国 内
Domestic Freight Transportation

年 度 Fiscal　　Year	鉄　道 Railways					
	計 Total		J　R (JR)		民　鉄 Private (ex,JR)	
	トン数 (A)	トンキロ (B)	トン数 (A)	トンキロ (B)	トン数 (A)	トンキロ (B)
S35　(1960)	15.5	39.2	12.7	38.6	2.8	0.7
S40　(1965)	9.6	30.7	7.6	30.3	2.0	0.5
S45　(1970)	4.9	18.1	3.8	17.8	1.1	0.3
S50　(1975)	3.7	13.1	2.8	12.9	0.8	0.2
S55　(1980)	2.8	8.6	2.0	8.4	0.8	0.2
S60　(1985)	1.8	5.1	1.2	5.0	0.5	0.1
H2　(1990)	1.3	5.0	0.9	4.9	0.4	0.1
H7　(1995)	1.2	4.5	0.8	4.4	0.4	0.1
	(0.9)	(3.8)	(0.6)	(3.8)	(0.3)	(0.0)
H12　(2000)	1.0	3.8	0.6	3.8	0.3	0.0
	(0.9)	(3.9)	(0.7)	(3.9)	(0.3)	(0.0)
H17　(2005)	1.0	4.0	0.7	4.0	0.3	0.0
	(1.0)	(4.0)	(0.7)	(4.0)	(0.3)	(0.0)
H20　(2008)	0.9	4.3	0.7	4.3	0.3	0.0
	(0.9)	(3.9)	(0.6)	(3.9)	(0.3)	(0.0)
H21　(2009)	0.9	3.9	0.7	3.9	0.3	0.0
H22　(2010)	0.9	4.6	0.6	4.5	0.3	0.0
H23　(2011)	0.8	4.7	…	…	…	…
H24　(2012)	0.9	5.0	…	…	…	…
H25　(2013)	0.9	5.0	…	…	…	…
H26　(2014)	0.9	5.1	…	…	…	…
H27　(2015)	0.9	5.3	…	…	…	…
H28　(2016)	0.9	5.2	…	…	…	…
H29　(2017)	0.9	5.2	…	…	…	…
H30　(2018)	0.9	4.7	…	…	…	…
R1　(2019)	0.9	4.9	…	…	…	…
R2　(2020)	0.9	4.7	…	…	…	…
R3　(2021)	0.9	4.5	…	…	…	…
R4　(2022)	0.9	4.4	…	…	…	…
資　料	国土交通省総合政策局情報政策課交通経済統計調査室（鉄道輸送統計年報、					

(注)1. 航空は、定期航空運送事業及び不定期航空運送事業に係る輸送の合計である。

　　2. 平成12年度から平成21年度までの上段（ ）内は、軽自動車を含む数値である。

　　　平成22年度以降は営業用軽自動車を含む数値のみ。

　　3. 鉄道のJRは、61年度まで無賃・有賃を含み、62年度以降は有賃のみ。

　　4. 平成6年度の自動車の数値には、平成7年1月〜3月の兵庫県の数値を含まない。

貨 物 輸 送 分 担 率
Share by Mode of Transportation

単位：%（Unit:Percent(A)-ton,(B)-Tonkms)

自 動 車　Motor vehicles						内航海運		航　空	
計 Total		営業用 Commercial use		自家用 Private use		Coastal Shipping		Aviation	
トン数 (A)	トンキロ (B)	トン数 (A)	トンキロ (B)	トン数 (A)	トンキロ (B)	トン数 (A)	トンキロ (B)	トン数 (A)	トンキロ (B)
75.4	14.9	24.8	6.9	50.6	8.0	9.1	45.8	0.0	0.0
83.5	26.0	25.3	12.0	58.2	14.0	6.8	43.3	0.0	0.0
88.0	38.9	21.2	19.2	66.8	19.5	7.2	43.1	0.0	0.0
87.3	36.0	24.9	19.2	62.5	16.8	9.0	50.9	0.0	0.0
88.9	40.7	27.8	23.6	61.1	17.2	8.4	50.6	0.0	0.1
90.2	47.4	33.8	31.6	56.4	15.8	8.1	47.4	0.0	0.1
90.0	50.0	36.4	35.6	53.6	14.4	8.7	44.9	0.0	0.1
90.3	52.5	40.6	40.0	49.8	12.5	8.5	42.8	0.0	0.2
(90.6)	(54.2)	(46.0)	(44.2)	(44.6)	(10.0)	(8.4)	(41.8)	(0.0)	(0.2)
90.4	54.0	46.8	44.3	43.6	9.7	8.6	42.0	0.0	0.2
(91.1)	(57.5)	(50.9)	(49.5)	(40.3)	(8.0)	(7.9)	(38.4)	(0.0)	(0.2)
91.0	58.6	53.6	51.1	37.4	7.5	8.0	37.2	0.0	0.2
(91.4)	(59.9)	(53.3)	(52.2)	(38.0)	(7.7)	(7.7)	(35.9)	(0.0)	(0.2)
91.5	58.9	55.7	58.8	35.8	8.2	7.6	36.5	0.0	0.2
(92.4)	(63.9)	(55.7)	(56.0)	(36.7)	(7.9)	(6.7)	(32.0)	(0.0)	(0.2)
92.2	63.8	56.9	56.1	35.3	7.7	6.9	32.1	0.0	0.2
91.6	55.0	62.7	47.7	28.8	6.7	7.5	40.2	0.0	0.2
91.8	54.1	64.4	47.4	27.4	6.7	7.4	41.0	0.0	0.2
91.4	51.3	63.1	44.1	28.4	7.2	7.7	43.4	0.0	0.3
91.1	50.8	62.7	43.9	28.4	7.0	7.9	43.9	0.0	0.3
91.3	50.6	62.0	43.6	29.2	7.0	7.8	44.1	0.0	0.3
91.3	50.2	62.1	43.2	29.2	7.0	7.8	44.3	0.0	0.3
91.4	50.9	63.1	43.8	28.4	7.1	7.6	43.7	0.0	0.3
91.5	50.8	63.3	44.0	28.2	6.8	7.5	43.7	0.0	0.3
91.6	51.3	63.9	44.5	27.7	6.8	7.5	43.7	0.0	0.2
91.8	52.9	64.8	46.1	27.1	6.8	7.2	42.0	0.0	0.2
91.6	55.3	61.7	48.4	29.9	6.8	7.4	39.8	0.0	0.2
91.4	55.4	61.2	48.6	30.2	6.8	7.6	40.0	0.0	0.2
91.4	55.6	61.1	48.8	30.3	6.8	7.7	39.8	0.0	0.2

内航船舶輸送統計年報、自動車輸送統計年報、航空輸送統計年報　）

5. 自動車の数値は平成22年度より、調査方法及び集計方法が変更され、21年度以前とは連続しない。
なお、22年度より営業用には軽自動車を含む。

6. 平成22、23年度の自動車の数値には、東日本大震災の影響により、北海道及び東北運輸局管内の
23年3、4月分の数値を含まない。

7. 鉄道は平成23年度以降、JR、民鉄を区分せず、鉄道貨物として数値を記載している。

輸 送 機 関 別 国 内
Domestic Passenger Transportation

年 度 Fiscal Year	合 計 Sum Total		鉄　道　Railways						自					
			計 Total		J　R (JR)		民　鉄 Private (ex.JR)		計 Total		バ　ス			
											計 Sub Total		営業用 Commercial	
	百万人 (A)	対前年 度 比 (B)	百万人 (A)	対前年 度 比 (B)	百万人 (A)	対前年 度 比 (B)	百万人 (A)	対前年 度 比 (B)	百万人 (A)	対前年 度 比 (B)	百万人 (A)	対前年 度 比 (B)	百万人 (A)	対前年 度 比 (B)
S35 (1960)	20,291	106.9	12,290	105.3	5,124	106.5	7,166	104.5	7,901	109.4	6,291	106.0	6,179	105.0
S40 (1965)	30,793	104.8	15,798	103.7	6,722	104.9	9,076	102.8	14,863	106.0	10,557	102.3	10,029	100.5
S45 (1970)	40,606	106.9	16,384	102.2	6,534	99.9	9,850	103.8	24,032	110.3	11,812	101.2	10,255	99.5
S50 (1975)	46,195	102.4	17,588	100.0	7,048	99.1	10,540	100.6	28,411	104.0	10,731	95.8	9,293	96.0
S55 (1980)	51,720	100.6	18,005	100.9	6,825	98.5	11,180	102.5	33,515	100.4	9,903	99.4	8,300	99.0
S60 (1985)	53,961	101.7	19,085	101.8	7,036	102.2	12,048	101.5	34,679	101.9	8,780	98.6	7,230	97.8
	(77,934)	(100.9)							(55,767)	(99.9)				
H2 (1990)	64,795	101.9	21,939	103.4	8,358	104.7	13,581	102.6	42,628	101.0	8,558	99.8	6,756	99.4
	(82,758)	(...)							(59,935)	(...)				
H7 (1995)	68,253	...	22,630	100.1	8,982	101.1	13,648	99.5	45,396	...	7,619	...	6,005	...
	(84,366)	(100.3)							(61,543)	(100.4)				
H12 (2000)	67,423	100.2	21,647	99.5	8,671	99.5	12,976	99.6	45,573	100.6	6,635	96.7	5,058	97.5
	(86,516)	(102.2)							(64,590)	(102.8)				
H17 (2005)	67,625	99.9	21,963	101.3	8,683	100.8	13,280	101.6	45,464	99.3	5,889	98.2	4,545	98.2
	(88,382)	(100.3)							(65,943)	(100.0)				
H20 (2008)	67,145	99.1	22,976	100.6	8,984	100.0	13,992	101.0	43,979	98.3	5,930	99.4	4,607	101.0
	(89,500)	(101.3)							(66,600)	(99.7)				
H21 (2009)	66,306	98.8	22,724	98.9	8,841	98.4	13,884	99.2	43,407	98.7	5,733	96.7	4,476	97.2
H22 (2010)	29,077	...	22,669	99.8	8,818	99.7	13,851	99.8	6,241	...	4,458	77.8	4,458	99.6
H23 (2011)	28,784	...	22,632	99.8	8,837	100.2	13,795	99.6	6,074	97.3	4,414	99.0	4,414	99.0
H24 (2012)	29,292	101.8	23,042	101.8	8,963	101.4	14,079	102.1	6,077	100.1	4,437	100.5	4,437	100.5
H25 (2013)	29,940	102.2	23,606	102.4	9,147	102.1	14,459	102.7	6,153	101.2	4,505	101.5	4,505	101.5
H26 (2014)	29,838	99.7	23,600	100.0	9,088	99.4	14,512	100.4	6,057	98.4	4,500	99.9	4,500	99.9
H27 (2015)	30,505	102.2	24,290	102.9	9,308	102.4	14,982	103.2	6,031	99.6	4,565	101.4	4,565	101.4
H28 (2016)	30,817	101.0	24,598	101.3	9,392	100.9	15,206	101.5	6,034	100.0	4,582	100.4	4,582	100.4
H29 (2017)	31,248	101.4	24,973	101.5	9,488	101.0	15,485	101.8	6,085	100.8	4,640	101.3	4,640	101.3
H30 (2018)	31,498	100.8	25,269	101.2	9,556	100.7	15,714	101.5	6,037	99.2	4,646	100.1	4,646	100.1
R1 (2019)	31,172	99.0	25,190	99.7	9,503	99.4	15,687	99.8	5,800	96.1	4,532	97.5	4,532	97.5
R2 (2020)	21,749	69.8	17,670	70.1	6,707	70.6	10,963	69.9	4,000	69.0	3,262	72.0	3,262	72.0
R3 (2021)	23,174	106.6	18,805	106.4	7,061	105.3	11,744	107.1	4,270	106.8	3,467	106.3	3,467	106.3
R4 (2022)	25,928	111.9	21,054	112.0	7,885	111.7	13,169	112.1	4,783	112.0	3,815	110.0	3,815	110.0
資　料	国土交通省総合政策局情報政策課交通経済統計調査室（鉄道輸送統計年報、													

(注) 1. 平成2年度から平成21年度までの上段（ ）内は、軽自動車及び自家用貨物車を含む数値である。
　　　　ただし、自家用貨物車の上段（ ）内は軽自動車のみの数値であり、下段（ ）内は登録車のみの数値である。
　　2. 航空は、定期航空運送事業及び不定期航空運送事業に係る輸送の合計である。
　　3. 平成6年度の自動車の数値には、平成7年1～3月の兵庫県の数値（営業用バス等を除く）を含まない。
　　4. 平成6年度の自動車の対前年度比は、平成7年1月～3月の兵庫県の数値を含まない（営業用バス等を除く）
　　　　と同等の平成5年度の数値で計算した参考値である。

旅 客 輸 送 人 員
by Mode of Transportation

(Unit:(A)-million persons,(B)-ratio to preceding year)

動　　　車　　Motor vehicles										旅 客 船		航 空	
Buses		乗 用 車　Passenger Cars						自家用貨物車		Maritime		Aviation	
自家用 Private use		計 Sub Total		営業用 Commercial use		自家用 Private use		Truck for Private use					
百万人 (A)	対前年度比 (B)	百万人 (A)	対前年度比 (B)	百万人 (A)	対前年度比 (B)	百万人 (A)	対前年度比 (B)	百万人 (A)	対前年度比 (B)	百万人 (A)	対前年度比 (B)	百万人 (A)	対前年度比 (B)
112	211.3	1,610	125.7	1,205	123.2	405	133.7	...	...	99	103.1	1	100.0
528	154.8	4,306	116.5	2,627	113.1	1,679	122.3	...	...	126	110.5	5	100.0
1,557	114.2	12,221	120.9	4,289	105.0	7,932	131.6	...	...	174	106.1	15	125.0
1,437	94.0	17,681	109.8	3,220	99.9	14,460	112.2	...	...	170	95.5	25	100.0
1,603	101.0	23,612	100.9	3,427	97.5	20,186	101.5	...	...	160	96.5	40	97.7
1,551	103.0	25,899	103.1	3,257	99.2	22,642	103.7	...	...	153	99.1	44	97.9
		(36,204)	(102.0)			(32,980)	(102.4)	(7,551)	(92.3)				
1,802	101.6	34,070	101.4	3,223	97.6	30,847	101.8	(3,454)	(96.4)	163	101.5	65	108.5
		(41,468)	(...)			(38,646)	(98.1)						
1,614	97.8	37,776	...	2,758	97.1	35,018	102.1	(3,134)	(98.4)	149	98.6	78	104.8
		(43,735)	(101.6)			(41,051)	(101.9)	(7,246)	(97.1)				
1,578	94.2	38,938	101.3	2,433	98.7	36,505	101.4	(2,485)	(96.3)	110	91.7	93	101.4
		(50,007)	(104.3)			(47,663)	(104.7)	(5,629)	(97.3)				
1,343	98.1	39,575	99.4	2,217	98.8	37,358	99.5	(2,083)	(94.6)	103	102.0	95	101.1
		(52,765)	(100.1)			(50,556)	(100.1)	(5,248)	(99.9)				
1,322	94.2	38,049	98.2	2,025	94.7	36,025	100.0	1,907	95.1	99	98.2	91	95.8
		(54,172)				(52,224)	(100.8)	(4,925)	(96.4)				
1,257	95.1	37,673	99.0	1,948	96.2	35,725	99.2	1,770	92.8	92	92.9	84	92.3
...	...	1,783	...	1,783	...	...	...	...	...	85	92.4	82	97.6
...	...	1,660	93.1	1,660	93.1	...	...	...	...	84	98.8	79	96.3
...	...	1,640	98.8	1,640	98.8	...	...	...	...	87	103.6	86	108.9
...	...	1,648	100.5	1,648	100.5	...	...	...	...	88	101.1	93	108.1
...	...	1,557	94.5	1,557	94.5	...	...	...	...	86	97.7	95	102.2
...	...	1,466	94.2	1,466	94.2	...	...	...	...	88	102.3	96	101.1
...	...	1,452	99.0	1,452	99.0	...	...	...	...	87	98.9	98	102.1
...	...	1,445	99.5	1,445	99.5	...	...	...	...	88	101.1	102	104.1
...	...	1,391	96.3	1,391	96.3	...	...	...	...	88	100.0	104	102.0
...	...	1,268	91.2	1,268	91.2	...	...	...	...	80	90.9	102	98.1
...	...	738	58.2	738	58.2	...	...	...	...	45	56.3	34	33.3
...	...	803	108.8	803	108.8	...	...	...	...	49	108.9	50	147.1
...	...	968	120.5	968	120.5	...	...	...	...	...	0.0	91	182.0

自動車輸送統計年報、航空輸送統計年報)、海事局内航課
5. 平成22、23年度の自動車の数値には、平成23年3,4月の北海道及び東北6県の数値(営業用バスを除く)を含まない
6. 自動車の数値は平成22年度より、調査方法及び集計方法を変更した。21年度以前とは連続しない。
　　(自家用乗用車、自家用貨物車及び軽自動車を調査対象から除外している。)
　　なお、原典資料の自動車輸送統計年報においては、接続係数を用いて遡及改訂をおこなっているが、
　　本書はそれによらず、従前調査体系の原数値系列により掲載している。
7. 令和3年度の合計には、旅客船の数値は入っていない。

輸 送 機 関 別 国 内
Passenger－Kilometers of Domestic Passenger

年 度 Fiscal Year	合 計 Sum Total		鉄 道 Railways						自					
			計 Total		J R (JR)		民 鉄 Private(ex,JR)		計 Total		バ ス 計 Sub Total		営業用 Commercial use	
	百万人キロ (A)	対前年度比 (B)	百万人キロ (A)	対前年度比 (B)	百万人キロ (A)	対前年度比 (B)	百万人キロ (A)	対前年度比 (B)	百万人キロ (A)	対前年度比 (B)	百万人キロ (A)	対前年度比 (B)	百万人キロ (A)	対前年度比 (B)
S35 (1960)	243,278	...	184,340	108.2	123,983	108.6	60,357	107.6	55,531	115.7	43,999	112.3	42,742	110.8
S40 (1965)	382,594	107.6	255,384	105.6	174,014	106.0	81,370	104.8	120,756	111.9	80,133	105.4	73,371	102.3
S45 (1970)	587,177	111.0	288,816	104.9	189,726	104.5	99,090	105.6	284,229	117.4	102,894	102.7	82,239	101.2
S50 (1975)	710,711	102.5	323,800	99.9	215,289	99.9	108,511	100.0	360,868	104.8	110,063	95.1	80,110	97.7
S55 (1980)	782,031	100.6	314,542	100.7	193,143	99.2	121,399	103.1	431,669	100.8	110,396	101.9	73,934	100.9
S60 (1985)	858,215	103.1	330,083	101.8	197,463	101.7	132,620	101.9	489,260	104.4	104,898	101.8	70,848	100.2
H2 (1990)	(1,298,436) 1,108,160	(102.3) 102.9	387,478	105.1	237,657	106.7	149,821	102.5	(853,060) 662,784	(100.9) 102.9	110,372	101.1	77,341	103.2
H7 (1995)	(1,388,126) 1,176,502	(...) ...	400,056	100.9	248,998	101.9	151,059	99.4	(917,419) 705,795	(...) ...	97,287	...	73,910	...
H12 (2000)	(1,419,696) 1,198,762	(99.7) 99.7	384,411	99.8	240,659	99.9	143,782	99.6	(951,253) 730,318	(99.5) 99.6	87,307	98.4	69,530	100.2
H17 (2005)	(1,418,381) 1,165,681	(99.4) 99.1	391,228	101.6	245,996	101.7	145,232	101.4	(947,563) 687,208	(99.3) 97.4	88,066	102.1	72,782	101.7
H20 (2008)	(1,394,953) 1,131,842	(98.7) 98.1	404,585	99.8	253,556	99.4	151,030	100.5	(905,907) 642,796	97.5	89,921	101.1	73,260	101.8
H21 (2009)	(1,370,794) 1,103,130	(98.3) 97.5	393,765	97.4	244,247	96.3	149,519	99.0	(898,720) 631,056	(99.2) 98.2	87,402	97.2	71,205	97.2
H22 (2010)	555,648	...	393,466	99.9	244,593	100.1	148,874	99.6	77,678	...	69,955	80.0	69,955	98.2
H23 (2011)	543,256	...	395,067	100.4	246,937	101.0	148,130	99.5	73,916	95.2	66,696	95.3	66,696	95.3
H24 (2012)	561,085	103.3	404,394	102.4	253,788	102.8	150,606	101.7	75,668	102.4	68,458	102.6	68,458	102.6
H25 (2013)	576,392	102.7	414,387	102.5	260,013	102.5	154,374	102.5	74,571	98.6	67,527	98.6	67,527	98.6
H26 (2014)	576,341	100.0	413,970	99.9	260,097	100.0	153,873	99.7	72,579	97.3	65,649	97.2	65,649	97.2
H27 (2015)	590,357	102.4	427,486	103.3	269,394	103.6	158,092	102.7	71,443	98.4	64,936	98.9	64,936	98.9
H28 (2016)	595,882	100.9	431,799	101.0	271,996	101.0	159,802	101.1	70,119	98.1	63,737	98.2	63,737	98.2
H29 (2017)	604,918	101.5	437,363	101.3	275,124	101.2	162,239	101.5	69,815	99.6	63,524	99.7	63,524	99.7
H30 (2018)	611,365	101.1	441,614	101.0	277,670	100.9	163,944	101.1	70,101	100.4	64,108	100.9	64,108	100.9
R1 (2019)	598,287	97.9	435,063	98.5	271,936	97.9	163,126	99.5	65,556	93.5	60,070	93.7	60,070	93.7
R2 (2020)	321,927	53.8	263,211	60.5	152,084	55.9	111,127	68.1	25,593	39.0	22,546	37.5	22,546	37.5
R3 (2021)	368,669	114.5	289,891	110.1	170,190	111.9	119,700	107.7	30,189	118.0	26,963	119.6	26,963	119.6
R4 (2022)	483,546	131.2	352,853	121.7	217,509	127.8	135,344	113.1	44,185	146.4	40,126	148.8	40,126	148.8
資 料	国土交通省総合政策局情報政策課交通経済統計調査室(鉄道輸送統計年報、													

(注)1. 平成2年度から平成21年度までの上段( )内は、軽自動車及び自家用貨物車を含む数値である。
　　　 ただし、自家用貨物車の上段( )内は軽自動車のみの数値であり、下段( )内は登録車のみの数値である。
　　2. 航空は、定期航空運送事業及び不定期航空運送事業に係る輸送の合計である。
　　3. 平成6年度の自動車の数値には、平成7年1～3月の兵庫県の数値(営業用バス等を除く)を含まない。
　　4. 平成6年度の自動車の対前年度比は、平成7年1月～3月の兵庫県の数値を含まない(営業用バス等を除く)
　　　 と同等の平成5年度の数値で計算した参考値である。

旅 客 輸 送 人 キ ロ
Transportation by Mode of Transportation

(Unit:(A)-million persons-km,(B)-ratio to preceding year)

動車 Motor vehicles										旅客船		航空	
Buses		乗用車 Passenger Cars						自家用貨物車		Maritime		Aviation	
自家用 Private use		計 Sub Total		営業用 Commercial use		自家用 Private use		Truck for Private use					
百万人キロ	対前年度比	百万人キロ	対前年度比	百万人キロ	対前年度比	百万人キロ	対前年度比	百万人キロ	対前年度比	百万人キロ	対前年度比	百万人キロ	対前年度比
(A)	(B)	(A)	(B)	(A)	(B)	(A)	(B)	(A)	(B)	(A)	(B)	(A)	(B)
1,257	213.1	11,532	130.7	5,162	120.0	6,370	140.9	...	...	2,670	...	737	150.1
6,762	156.2	40,622	127.3	11,216	111.9	29,406	134.3	...	...	3,402	110.8	2,952	107.5
20,655	109.2	181,335	127.8	19,311	104.5	162,024	131.3	...	...	4,814	108.4	9,319	133.3
29,953	88.7	250,804	109.8	15,572	99.3	235,232	110.6	...	...	6,895	88.9	19,148	108.6
36,462	104.0	321,272	100.4	16,243	98.7	305,030	100.5	...	...	6,132	95.2	29,688	98.2
34,050	105.3	384,362	105.1	15,763	100.8	368,600	105.3	...	...	5,752	99.5	33,119	98.9
		(575,507)	(103.5)			(559,868)	(103.7)	(92,523)	(90.1)				
33,031	96.6	552,412	103.2	15,639	98.2	536,773	103.4	(74,659)	(96.7)	6,275	105.2	51,624	109.5
		(664,625)	(...)			(650,829)	(...)	(81,620)	(98.0)				
23,377	103.0	608,508	...	13,796	96.2	594,712	103.1	(73,887)	(100.1)	5,637	94.8	65,014	106.1
		(741,148)	(101.1)			(729,096)	(101.1)	(63,366)	(92.2)				
17,777	92.1	643,010	99.7	12,052	99.5	630,958	99.7	(59,431)	(91.9)	4,304	96.1	79,698	100.4
		(750,518)	(99.4)			(738,933)	(99.4)	(59,023)	(100.7)				
15,284	103.8	599,142	96.7	11,485	99.1	587,657	96.7	49,742	96.1	4,025	104.0	83,220	101.7
		(713,147)				(702,575)	(98.5)	(55,930)	(98.4)				
16,661	98.1	552,875	96.9	10,572	95.2	542,304	96.9	46,910	96.4	3,510	91.6	80,951	96.0
		(711,670)	(99.8)			(701,515)	(99.8)	(55,054)	(98.4)				
16,197	97.2	543,654	98.3	10,155	96.1	533,499	98.4	44,594	95.1	3,073	87.5	75,236	92.9
...	...	7,723	...	7,723	...	...	...	...	...	3,004	97.8	73,777	98.1
...	...	7,221	93.5	7,221	93.5	...	...	...	...	3,047	101.4	71,226	96.5
...	...	7,210	99.8	7,210	99.8	...	...	...	...	3,092	101.5	77,931	109.4
...	...	7,044	97.7	7,044	97.7	...	...	...	...	3,265	105.6	84,169	108.0
...	...	6,930	98.4	6,930	98.4	...	...	...	...	2,986	91.4	86,806	103.1
...	...	6,508	93.9	6,507	93.9	...	...	...	...	3,139	105.1	88,289	101.7
...	...	6,382	98.1	6,382	98.1	...	...	...	...	3,275	104.4	90,689	102.7
...	...	6,290	98.6	6,290	98.6	...	...	...	...	3,191	97.4	94,549	104.3
...	...	5,993	95.3	5,993	95.3	...	...	...	...	3,364	105.4	96,286	101.8
...	...	5,486	91.5	5,486	91.5	...	...	...	...	3,076	91.5	94,592	98.2
...	...	3,047	55.5	3,047	55.5	...	...	...	...	1,523	49.5	31,600	33.4
...	...	3,227	105.9	3,227	105.9	...	...	...	...	1,847	121.3	46,742	147.9
...	...	4,059	125.8	4,059	125.8	...	...	...	...	...	0.0	86,508	185.1

自動車輸送統計年報、航空輸送統計年報)、海事局内航課

5. 平成22、23年度の自動車の数値には、平成23年3,4月の北海道及び東北6県の数値(営業用バスを除く)を含まない。
6. 自動車の数値は平成22年度より、調査方法及び集計方法を変更した。21年度以前とは連続しない。
　(自家用乗用車、自家用貨物車及び軽自動車を調査対象から除外している。)
　なお、原典資料の自動車輸送統計年報においては、接続係数を用いて遡及改訂をおこなっているが、
　本書はそれによらず、従前調査体系の原数値系列により掲載している。
7. 令和3年の合計には、旅客船の数値は入っていない。

輸
送

輸 送 機 関 別 国 内
Domestic Passenger Transportation

年 度 Fiscal Year	鉄 道 Railways						自					
	計 Total		J R (JR)		民 鉄 Private (ex,JR)		計 Total		バ ス 計 Sub Total		営業用 Commercial use	
	人数 Pax	人キロ Pax-km	人数 Pax	人キロ Pax-km	人数 Pax	人キロ Pax-km	人数 Pax	人キロ Pax-km	人数 Pax	人キロ Pax-km	人数 Pax	人キロ Pax-km
S35 (1960)	60.6	75.8	25.3	51.0	35.3	24.8	38.9	22.8	31.0	18.1	30.5	17.6
S40 (1965)	51.3	66.8	21.8	45.5	29.5	21.3	48.3	31.6	34.3	21.0	32.6	19.2
S45 (1970)	40.3	49.2	16.1	32.3	24.3	16.9	59.2	48.4	29.1	17.5	25.3	14.0
S50 (1975)	38.1	45.6	15.3	30.3	22.8	15.3	61.5	50.8	23.2	15.5	20.1	11.3
S55 (1980)	34.8	40.2	13.2	24.7	21.6	15.5	64.8	55.2	19.1	14.1	16.0	9.4
S60 (1985)	35.3	38.5	12.9	23.0	22.4	15.5	64.4	57.0	16.3	12.2	13.4	8.3
	(28.2)	(29.8)	(10.7)	(18.3)	(17.4)	(11.5)	(71.6)	(65.7)	(11.0)	(8.5)		
H2 (1990)	33.9	35.0	12.9	21.4	21.0	13.5	65.8	59.8	13.2	10.0	10.4	7.0
	(27.3)	(29.1)	(10.7)	(18.0)	(16.6)	(11.2)	(72.4)	(65.9)	(9.5)	(7.3)		
H7 (1995)	33.2	34.0	13.2	21.2	20.0	12.8	66.5	60.0	11.2	8.3	8.8	6.3
	(26.8)	(28.6)	(10.7)	(17.9)	(16.1)	(10.7)	(72.9)	(66.1)	(8.9)	(6.7)		
H12 (2000)	32.1	32.1	12.9	20.1	19.2	12.0	67.6	60.9	9.8	7.3	7.5	5.8
	(24.7)	(27.2)	(9.8)	(17.1)	(14.9)	(10.1)	(75.1)	(66.8)	(6.8)	(6.1)		
H17 (2005)	32.5	33.6	12.8	21.1	19.6	12.5	67.2	59.0	8.7	7.6	6.7	6.2
	(25.2)	(28.2)	(9.9)	(17.7)	(15.2)	(10.5)	(74.6)	(65.4)	(6.7)	(6.3)		
H20 (2008)	34.2	35.7	13.4	22.4	20.8	13.3	65.5	56.8	8.8	7.9	6.9	6.5
	(25.4)	(28.7)	(9.9)	(17.8)	(15.5)	(10.9)	(74.4)	(65.6)	(6.4)	(6.4)	(0.0)	(0.0)
H21 (2009)	34.3	35.7	13.3	22.1	20.9	13.6	65.5	57.2	8.6	7.9	6.8	6.5
H22 (2010)	78.0	71.8	30.3	44.6	47.6	27.2	21.5	14.2	15.3	12.8	15.3	12.8
H23 (2011)	78.4	72.7	30.6	45.5	47.8	27.3	21.0	13.6	15.3	12.3	15.3	12.3
H24 (2012)	78.7	72.1	30.6	45.2	48.1	26.8	20.7	13.5	15.1	12.2	15.1	12.2
H25 (2013)	78.8	71.9	30.6	45.1	48.3	26.8	20.6	31.6	15.0	11.7	15.0	11.7
H26 (2014)	79.1	71.8	30.5	45.1	48.6	26.7	20.3	12.6	15.1	11.4	15.1	11.4
H27 (2015)	79.6	72.4	30.5	45.6	49.1	26.8	19.8	12.1	15.0	11.0	15.0	11.0
H28 (2016)	79.8	72.5	30.5	45.6	49.3	26.8	19.6	11.8	14.9	10.7	14.9	10.7
H29 (2017)	79.9	72.3	30.4	45.5	49.6	26.8	19.5	11.5	14.8	10.5	14.8	10.5
H30 (2018)	80.2	72.2	30.3	45.4	49.9	26.8	19.2	11.5	14.8	10.5	14.8	10.5
R1 (2019)	80.8	72.7	30.5	45.5	50.3	27.3	18.6	11.0	14.5	10.0	14.5	10.0
R2 (2020)	81.2	81.8	30.8	47.2	50.4	34.5	18.4	7.9	15.0	7.0	15.0	7.0
R3 (2021)	81.1	78.6	30.5	46.2	50.7	32.5	18.4	8.2	15.0	7.3	15.0	7.3
R4 (2022)	81.2	73.0	30.4	45.0	50.8	28.0	18.4	9.1	14.7	8.3	14.7	8.3
資 料	国土交通省総合政策局情報政策課交通経済統計調査室(鉄道輸送統計年報、											

(注) 1. 平成2年度から平成21年度までの上段( )内は、軽自動車及び自家用貨物車を含む数値である。
　　　 ただし、自家用貨物車の上段( )内は軽自動車のみの数値であり、下段( )内は登録車のみの数値である。

旅　客　輸　送　分　担　率
Share　by　Mode　of　Transportation

単位：%（Unit：Percent）　Pax＝Passenger

自動車　Motor vehicles										旅客船 Maritime		航空 Aviation	
Buses 自家用 Private use		乗用車　Passenger Cars						自家用貨物車 Truck for Private use					
		計 Sub Total		営業用 Commercial use		自家用 Private use							
人数 Pax	人キロ Pax-km	人数 Pax	人キロ Pax-km	人数 Pax	人キロ Pax-km	人数 Pax	人キロ Pax-km	人数 Pax	人キロ Pax-km	人数 Pax	人キロ Pax-km	人数 Pax	人キロ Pax-km
0.6	0.5	7.9	4.7	5.9	2.1	2.0	2.6	...	...	0.5	1.1	0.0	0.3
1.7	1.8	14.0	10.6	8.5	2.9	5.5	7.7	...	...	0.4	0.9	0.0	0.8
3.8	3.5	30.1	30.9	10.6	3.3	19.5	27.6	...	...	0.4	0.8	0.0	1.6
3.1	4.2	38.3	35.3	7.0	2.2	31.3	33.1	...	...	0.4	1.0	0.1	2.7
8.1	4.7	45.7	41.1	6.6	2.1	39.1	39.0	...	...	0.3	0.8	0.1	3.8
2.9	4.0	48.1	44.8	6.0	1.8	42.0	43.0	...	...	0.3	0.7	0.1	3.9
		(46.5)	(44.3)			(42.3)	(43.1)	(9.7)	(7.1)	(0.2)	(0.5)	(0.1)	(4.0)
2.8	3.0	52.6	49.8	5.0	1.4	47.6	48.4	(5.3)	(6.7)	0.3	0.6	0.1	4.7
		(50.1)	(47.0)			(46.7)	(46.0)	(9.0)	(6.1)	(0.2)	(0.4)	(0.1)	(4.5)
2.4	2.0	55.3	51.7	4.0	1.2	51.3	50.6	(4.6)	(6.3)	0.2	0.5	0.1	5.5
		(51.8)	(48.6)			(48.7)	(47.6)	(8.6)	(5.6)	(0.2)	(0.4)	(0.1)	(4.9)
2.3	1.5	57.8	53.6	3.6	1.0	54.1	52.6	(2.9)	(4.2)	0.2	0.4	0.1	6.6
		(59.5)	(52.9)			(57.0)	(52.1)	(6.2)	(4.2)	(0.1)	(0.3)	(0.1)	(5.8)
2.0	1.3	58.5	51.4	3.3	1.0	55.2	50.4	(3.1)	(4.3)	0.2	0.3	0.1	7.1
		(59.7)	(51.6)			(57.2)	(50.8)	(5.9)	(4.1)	(0.1)	(0.3)	(0.1)	(6.1)
2.0	1.5	56.7	48.8	3.0	0.9	53.7	47.9	(2.8)	(4.1)	0.1	0.3	0.1	7.2
(0.0)	(0.0)	(60.5)	(51.9)	(0.0)	(0.0)	(58.4)	(51.2)	(5.5)	(4.0)	(0.1)	(0.2)	(0.1)	(5.5)
1.9	1.5	56.8	49.3	2.9	0.9	53.9	48.4	(2.7)	(4.0)	0.1	0.3	0.1	6.8
...	...	6.1	1.4	6.1	1.4	...	...	...	...	0.3	0.5	0.3	13.5
...	...	5.7	1.3	5.7	1.3	...	...	...	...	0.3	0.6	0.3	13.2
...	...	5.6	1.3	5.6	1.3	...	...	...	...	0.3	0.6	0.3	13.9
...	...	5.5	1.2	5.5	1.2	...	...	...	...	0.3	0.6	0.3	14.6
...	...	5.2	1.2	5.2	1.2	...	...	...	...	0.3	0.5	0.3	15.1
...	...	4.8	1.1	4.8	1.1	...	...	...	...	0.3	0.5	0.3	15.0
...	...	4.7	1.1	4.7	1.1	...	...	...	...	0.3	0.5	0.3	15.2
...	...	4.6	1.0	4.6	1.0	...	...	...	...	0.3	0.5	0.3	15.6
...	...	4.4	1.0	4.4	1.0	...	...	...	...	0.3	0.6	0.3	15.7
...	...	4.1	0.9	4.1	0.9	...	...	...	...	0.3	0.5	0.3	15.8
...	...	3.4	0.9	3.4	0.9	...	...	...	...	0.2	0.5	0.2	9.8
...	...	3.5	0.9	3.5	0.9	...	...	...	...	0.2	0.5	0.2	12.7
...	...	3.7	0.8	3.7	0.8	...	...	...	...	...	...	0.4	17.9

自動車輸送統計年報、航空輸送統計年報）

2. 国鉄の61年度は、JR各社が発足した62年4月以降に整合する接続値である。

3. 平成6年度の自動車の数値には、平成7年1～3月の兵庫県の数値（営業用バス等を除く）を含まない。

国 際 貨 物 輸 送 量

Volume of International Freight Transportation

暦 年 Calendar Year (CY)	海 運 Shipping		定 期 航 空 Scheduled Air Transport			
	千トン Thousand tons	対前年度比(%) Ratio to Preceding FY	千トン Thousand tons	対前年度比(%) Ratio to Preceding FY	百万トンキロ Million tons-km	対前年度比(%) Ratio to Preceding FY
S45　(1970)	343,937	127.4	49	114.1	362	105.8
S50　(1975)	517,958	99.7	114	120.9	825	115.9
S55　(1980)	552,614	96.6	232	116.0	1,542	114.8
S60　(1985)	549,065	102.1	361	107.8	2,649	110.1
H2　(1990)	597,822	100.9	620	99.5	4,288	98.1
H7　(1995)	703,606	105.1	857	110.1	5,596	108.5
H12　(2000)	739,377	100.0	1,188	106.4	7,389	106.0
H17　(2005)	779,108	100.2	1,319	100.0	7,711	101.2
H18　(2006)	803,050	103.1	1,309	99.2	8,097	105.0
H19　(2007)	833,217	103.8	1,350	103.2	8,600	106.2
H20　(2008)	877,002	105.3	1,314	97.3	7,451	86.6
H21　(2009)	823,850	93.9	1,165	88.7	6,065	81.4
H22　(2010)	819,075	99.4	1,323	113.5	6,658	109.8
H23　(2011)	966,697	118.0	1,057	79.9	5,627	84.5
H24　(2012)	1,001,130	103.6	1,140	107.9	6,096	108.3
H25　(2013)	1,026,984	102.6	1,204	91.0	6,535	98.2
H26　(2014)	1,035,238	100.8	1,389	115.4	7,697	117.8
H27　(2015)	1,056,143	102.0	1,402	100.9	7,947	103.2
H28　(2016)	1,018,441	96.4	1,529	109.1	8,412	105.9
H29　(2017)	997,068	97.9	1,750	114.5	9,700	115.3
H30　(2018)	1,032,337	103.5	1,537	87.8	8,415	86.8
H31・R1　(2019)	959,693	93.0	1,444	93.9	8,071	95.9
R2　(2020)	889,365	92.7	1,282	88.8	7,272	90.1
R3　(2021)	883,042	99.3	1,768	137.9	10,357	142.4
R4　(2022)	929,426	105.3	1,551	87.7	9,098	87.8
資 料	国土交通省海事局外航課、 総合政策局情報政策課　交通経済統計調査室(航空輸送統計年報)					

(注)　1. 海運の貨物には、外国用船による輸送を含む。
　　　2. 定期航空は、定期航空運送事業に係る輸送である。

国 際 旅 客 輸 送 量

Volume of International Passenger Transportation

暦　年 Calendar Year (CY)	海　運 Shipping		定　期　航　空 Scheduled Air Transport			
	千　人 Thousand Persons	対前年度比(%) Ratio to Preceding FY	千　人 Thousand Persons	対前年度比(%) Ratio to Preceding FY	百万人キロ Million Persons-km	対前年度比(%) Ratio to Preceding FY
S45 (1970)	98	107.8	1,628	123.9	6,638	114.5
S50 (1975)	76	105.2	2,555	111.2	13,888	115.4
S55 (1980)	76	119.3	4,831	101.8	23,151	101.5
S60 (1985)	95	113.1	6,496	106.4	32,165	106.6
H2 (1990)	126	111.5	9,433	116.4	45,486	114.7
H7 (1995)	242	95.7	11,029	98.1	52,316	98.9
H12 (2000)	318	95.5	15,959	100.9	82,462	101.6
H17 (2005)	580	100.0	17,909	100.0	83,127	100.0
H18 (2006)	633	109.1	17,390	97.1	80,293	96.6
H19 (2007)	673	106.4	17,756	102.1	78,726	98.0
H20 (2008)	649	96.3	16,425	92.5	72,805	92.5
H21 (2009)	530	81.6	15,388	93.7	67,200	92.3
H22 (2010)	630	118.9	14,565	94.7	63,352	94.3
H23 (2011)	…	…	12,158	83.5	53,039	83.7
H24 (2012)	…	…	13,997	115.1	61,361	115.7
H25 (2013)	…	…	14,858	106.2	65,610	106.9
H26 (2014)	…	…	16,355	110.1	73,608	112.2
H27 (2015)	…	…	18,254	111.6	82,105	111.5
H28 (2016)	…	…	20,505	112.3	90,401	110.1
H29 (2017)	…	…	22,144	108.0	97,527	105.0
H30 (2018)	…	…	23,300	105.2	102,440	105.1
H31・R1 (2019)	…	…	23,455	100.7	105,074	102.6
R2 (2020)	…	…	4,364	18.6	22,545	21.5
R3 (2021)	…	…	1,394	31.9	9,319	41.3
R4 (2022)	…	…	6,793	487.3	42,638	457.5
資　料	国土交通省海事局外航課、 総合政策局情報政策課交通経済統計調査室(航空輸送統計年報)					

(注)　1. 海運は、邦船社による輸送である。
　　　2. 定期航空は、定期航空運送事業に係る輸送である。

輸送機関別品目別輸送量（平成30年度）(FY2018)

Volume of Items Carried by Mode of Transportation

単位：千トン (Unit : thousand tons)

品 目 区 分 Items		合 計 Sum Total	自 動 車　Motor Vehicles			内航海運 Coastal Shipping
			計 Total	営業用 Commercial use	自家用 Private use	
合　　　　計	Sum Total	4,684,229	4,329,784	3,018,819	1,310,965	354,445
穀　　　　物	Cereals	46,273	43,091	33,804	9,288	3,182
野 菜 ・ 果 物	Vegetables, Fruit	68,408	68,407	48,047	20,360	1
その他の農産物	Other Crops	19,321	19,267	12,128	7,138	54
畜　産　品	Stock Products	39,693	39,693	26,364	13,329	
水　産　品	Maline Products	43,577	43,574	36,664	6,910	3
木　　　　材	Lumber	138,834	138,125	91,313	46,813	709
薪　　　　炭	Firewood	1,113	1,111	223	888	2
石　　　　炭	Coal	45,177	31,733	31,635	98	13,444
金　属　鉱	Metallic minarals	12,753	12,197	11,645	552	556
砂利・砂・石材	Gravel,Sands & Stones	492,738	472,394	150,243	322,151	20,344
非金属鉱物(工業用)	Non-ferrous Metals & Minerals	120,130	54,624	35,696	18,928	65,506
金　　　　属	Metals	229,049	185,797	151,939	33,857	43,252
金 属 製 品	Metal Products	129,515	129,112	85,979	43,133	403
輸 送 用 機 械	Transportation machinery	62,925	56,831	32,194	24,637	6,094
輸送用機械部品	Parts for Transportation Machinery	225,274	224,457	215,764	8,693	817
機　　　　械	Machinery	150,316	149,022	102,332	46,690	1,294
セ メ ン ト	Cement	90,198	55,082	39,676	15,406	35,116
その他の窯業品	Other Ceramics	223,566	222,265	99,773	122,492	1,301
石 油 製 品	Petroleum-Products	209,024	132,509	82,717	49,793	76,515
コークス・その他の 石 炭 製 品	Coke,Other Coal Products	11,611	6,231	5,987	244	5,380
化 学 薬 品	Chemicals	54,341	35,242	32,053	3,189	19,099
化 学 肥 料	Chemicals Fertilizers	13,275	12,577	10,730	1,847	698
染料・塗料その他の 化 学 工 業 品	Dyes,Paints,Other Chemicals	112,373	110,341	98,271	12,070	2,032
紙 ・ パ ル プ	Paper,Pulp	146,148	144,197	127,891	16,306	1,951
繊 維 工 業 品	Textile Products	15,802	15,802	11,958	3,844	-
製 造 食 品	Manufactured food	212,762	212,762	192,733	20,029	-
食 料 工 業 品	Foodstuff	241,085	239,680	211,527	28,153	1,405
日 用 品	Daily Necessaries	320,012	320,012	306,991	13,021	-
ゴム製品・木製品・ その他の製造工業品	Rubber,Wood Products	64,868	39,530	30,212	9,318	25,338
特種品・その他	Parcels & Others Products	1,144,067	1,114,119	702,329	411,789	29,948
分 類 不 能 の も の	Others	0	-	-	-	0
資　　料	国土交通省総合政策局情報政策課交通経済統計調査室(自動車輸送統計年報、内航船舶輸送統計年報)					

(注)　1．内航海運は、営業用・自家用の合計である。
　　　2．自動車は、平成22年度より調査方法及び集計方法を変更した。21年度以前の数値とは連続しない。
　　　　　特に、22年度からは自家用軽自動車を対象から除外している。

輸送機関別品目別輸送量（令和元年度）(FY2019)
Volume of Items Carried by Mode of Transportation

単位：千トン（Unit：thousand tons)

品 目 区 分 Items	合 計 Sum Total	自 動 車 Motor Vehicles			内航海運 Coastal Shipping
		計 Total	営業用 Commercial use	自家用 Private use	
合　　　　計　Sum Total	4,670,582	4,329,132	3,053,766	1,275,366	341,450
穀　　　物　Cereals	42,113	39,429	31,016	8,413	2,684
野 菜 ・ 果 物　Vegetables, Fruit	68,761	68,761	50,924	17,837	-
その他の農産物　Other Crops	20,362	20,010	13,331	6,680	352
畜　産　品　Stock Products	49,377	49,377	36,470	12,908	-
水　産　品　Maline Products	40,536	40,532	33,272	7,260	4
木　　　材　Lumber	147,830	147,192	93,759	53,433	638
薪　　　炭　Firewood	413	409	253	156	4
石　　　炭　Coal	43,806	29,719	29,653	66	14,087
金 属 鉱　Metallic minarals	14,623	14,238	13,398	840	385
砂利・砂・石材　Gravel,Sands & Stones	445,087	426,866	139,643	287,223	18,221
非金属鉱物(工業用)　Non-ferrous Metals & Minerals	118,895	50,857	33,574	17,284	68,038
金　　　属　Metals	245,275	206,115	171,366	34,749	39,160
金 属 製 品　Metal Products	147,225	146,856	100,510	46,345	369
輸 送 用 機 械　Transportation machinery	62,144	56,310	31,508	24,803	5,834
輸送用機械部品　Parts for Transportation Machinery	292,465	291,744	277,147	14,596	721
機　　　械　Machinery	147,953	146,546	95,641	50,905	1,407
セ メ ン ト　Cement	78,891	44,906	36,374	8,533	33,985
その他の窯業品　Other Ceramics	234,869	233,597	108,419	125,178	1,272
石 油 製 品　Petroleum-Products	212,318	141,755	99,001	42,754	70,563
コークス・その他の石炭製品　Coke,Other Coal Products	15,004	10,156	9,306	850	4,848
化 学 薬 品　Chemicals	64,650	46,369	42,099	4,270	18,281
化 学 肥 料　Chemicals Fertilizers	14,326	13,694	8,986	4,708	632
染料・塗料その他の化学工業品　Dyes,Paints,Other Chemicals	126,753	124,939	111,966	12,973	1,814
紙 ・ パ ル プ　Paper,Pulp	128,865	126,826	109,061	17,764	2,039
繊 維 工 業 品　Textile Products	15,540	15,540	11,013	4,527	-
製 造 食 品　Manufactured food	220,245	220,245	204,625	15,619	-
食 料 工 業 品　Foodstuff	225,301	224,046	196,146	27,901	1,255
日 用 品　Daily Necessaries	333,032	333,032	321,331	11,700	-
ゴム製品・木製品・その他の製造工業品　Rubber,Wood Products	58,836	33,557	23,603	9,953	25,279
特 種 品 ・ そ の 他　Parcels & Others Products	1,055,087	1,025,509	620,372	405,138	29,578
分 類 不 能 の も の　Others	0	-	-	-	0
資　　料	国土交通省総合政策局情報政策課交通経済統計調査室（自動車輸送統計年報、内航船舶輸送統計年報）				

(注) 1. 内航海運は、営業用・自家用の合計である。
2. 自動車は、平成22年度より調査方法及び集計方法を変更した。21年度以前の数値とは連続しない。
特に、22年度からは自家用軽自動車を対象から除外している。

輸送機関別品目別輸送量（令和２年度）(FY2020)

Volume of Items Carried by Mode of Transportation

単位：千トン(Unit：thousand tons)

品　目　区　分 Items	合　計 Sum Total	自 動 車 Motor Vehicles			内航海運 Coastal Shipping
		計 Total	営業用 Commercial use	自家用 Private use	
合　　　　計 Sum Total	4,093,074	3,786,998	2,550,515	1,236,483	306,076
穀　　　　物 Cereals	41,883	39,427	29,304	10,123	2,456
野 菜・果 物 Vegetables, Fruit	60,071	60,070	41,703	18,367	1
その他の農産物 Other Crops	25,343	25,316	19,185	6,131	27
畜　産　品 Stock Products	44,796	44,796	34,040	10,756	-
水　産　品 Maline Products	28,394	28,393	21,984	6,409	1
木　　　　材 Lumber	119,123	118,368	73,458	44,910	755
薪　　　　炭 Firewood	529	529	240	289	-
石　　　　炭 Coal	32,191	18,885	18,801	84	13,306
金　属　鉱 Metallic minarals	9,184	8,970	7,807	1,163	214
砂利・砂・石材 Gravel,Sands & Stones	588,501	570,629	280,687	289,941	17,872
非金属鉱物(工業用) Non-ferrous Metals & Minerals	93,865	34,299	25,707	8,591	59,566
金　　　　属 Metals	180,143	146,952	116,126	30,826	33,191
金　属　製　品 Metal Products	109,095	108,763	65,985	42,778	332
輸 送 用 機 械 Transportation machinery	81,503	75,813	54,067	21,745	5,690
輸送用機械部品 Parts for Transportation Machinery	138,592	138,182	130,585	7,597	410
機　　　　械 Machinery	128,815	128,542	90,199	38,343	273
セ メ ン ト Cement	119,074	87,353	71,081	16,273	31,721
その他の窯業品 Other Ceramics	285,694	283,912	136,026	147,886	1,782
石　油　製　品 Petroleum-Products	224,615	160,958	110,144	50,814	63,657
コークス・その他の石 炭 製 品 Coke,Other Coal Products	6,492	3,304	2,719	585	3,188
化　学　薬　品 Chemicals	53,048	32,915	30,957	1,958	20,133
化　学　肥　料 Chemicals Fertilizers	10,701	10,088	7,597	2,491	613
染料・塗料その他の化 学 工 業 品 Dyes,Paints,Other Chemicals	90,680	89,492	79,018	10,474	1,188
紙 ・ パ ル プ Paper,Pulp	97,398	95,442	79,120	16,322	1,956
繊 維 工 業 品 Textile Products	13,339	13,338	7,949	5,388	1
製　造　食　品 Manufactured food	121,789	121,789	109,541	12,248	-
食　料　工　業　品 Foodstuff	197,871	196,769	176,684	20,084	1,102
日　用　品 Daily Necessaries	171,386	171,386	160,661	10,725	-
ゴム製品・木製品・その他の製造工業品 Rubber,Wood Products	51,760	27,415	21,571	5,844	24,345
特種品・その他 Parcels & Others Products	967,200	944,901	547,569	397,334	22,299
分類不能のもの Others	0	-	-	-	0
資　　料	国土交通省総合政策局情報政策課交通経済統計調査室(自動車輸送統計年報、内航船舶輸送統計年報)				

(注) 1. 内航海運は、営業用・自家用の合計である。
2. 自動車は、平成22年度より調査方法及び集計方法を変更した。21年度以前の数値とは連続しない。
特に、22年度からは自家用軽自動車を対象から除外している。

輸送機関別品目別輸送量（令和３年度）(FY2021)

Volume of Items Carried by Mode of Transportation

単位：千トン（Unit：thousand tons）

品　目　区　分 Items	合　計 Sum Total	自　動　車　Motor Vehicles			内航海運 Coastal Shipping
		計 Total	営業用 Commercial use	自家用 Private use	
合　　　　　計　Sum Total	4,213,056	3,888,397	2,602,052	1,286,344	324,659
穀　　　　物　Cereals	43,936	41,410	29,821	11,589	2,526
野　菜　・　果　物　Vegetables, Fruit	58,248	58,244	39,971	18,273	4
その他の農産物　Other Crops	30,629	30,612	23,545	7,068	17
畜　　産　　品　Stock Products	48,718	48,718	38,456	10,262	0
水　　産　　品　Maline Products	25,517	25,516	19,075	6,442	1
木　　　　材　Lumber	130,331	129,224	79,670	49,554	1,107
薪　　　炭　Firewood	1,094	1,094	862	231	-
石　　　炭　Coal	28,424	13,945	13,879	65	14,479
金　属　鉱　Metallic minarals	7,206	6,783	6,010	773	423
砂利・砂・石材　Gravel,Sands & Stones	598,839	582,835	278,288	304,547	16,004
非金属鉱物（工業用）　Non-ferrous Metals & Minerals	98,080	39,764	26,982	12,782	58,316
金　　　属　Metals	194,523	157,393	124,555	32,837	37,130
金　属　製　品　Metal Products	111,359	111,103	66,838	44,265	256
輸　送　用　機　械　Transportation machinery	81,668	74,227	47,875	26,351	7,441
輸送用機械部品　Parts for Transportation Machinery	138,371	137,469	128,988	8,481	902
機　　　械　Machinery	131,185	130,844	90,841	40,003	341
セ　メ　ン　ト　Cement	123,429	93,147	76,940	16,207	30,282
その他の窯業品　Other Ceramics	270,001	268,362	136,057	132,305	1,639
石　油　製　品　Petroleum-Products	244,428	168,185	124,911	43,274	76,243
コークス・その他の石炭製品　Coke,Other Coal Products	8,490	5,940	5,476	464	2,550
化　学　薬　品　Chemicals	49,073	29,882	27,860	2,022	19,191
化　学　肥　料　Chemicals Fertilizers	11,917	11,307	8,362	2,945	610
染料・塗料その他の化学工業品　Dyes,Paints,Other Chemicals	87,695	86,060	76,639	9,421	1,635
紙　・　パ　ル　プ　Paper,Pulp	102,524	100,634	83,263	17,370	1,890
繊　維　工　業　品　Textile Products	12,852	12,852	9,907	2,945	-
製　造　食　品　Manufactured food	118,863	118,863	106,618	12,245	-
食　料　工　業　品　Foodstuff	209,706	208,454	187,290	21,164	1,252
日　用　品　Daily Necessaries	177,186	177,186	166,694	10,492	-
ゴム製品・木製品・その他の製造工業品　Rubber,Wood Products	50,133	22,748	15,801	6,947	27,385
特種品・その他　Parcels & Others Products	1,018,367	995,596	560,576	435,019	22,771
分類不能のもの　Others	265	-	-	-	265
資　　　料	国土交通省総合政策局情報政策課交通経済統計調査室（自動車輸送統計年報、内航船舶輸送統計年報）				

(注)　1. 内航海運は、営業用・自家用の合計である。

　　　2. 自動車は、平成22年度より調査方法及び集計方法を変更した。21年度以前の数値とは連続しない。

　　　　特に、22年度からは自家用軽自動車を対象から除外している。

輸送機関別品目別輸送量（令和4年度）(FY2022)
Volume of Items Carried by Mode of Transportation

単位：千トン（Unit：thousand tons）

品　目　区　分 Items	合　計 Sum Total	自 動 車 Motor Vehicles 計 Total	営業用 Commercial use	自家用 Private use	内航海運 Coastal Shipping
合　　　　計 Sum Total	4,146,928	3,825,999	2,557,548	1,268,451	320,929
穀　　　　物 Cereals	43,913	41,303	31,938	9,365	2,610
野　菜　・　果　物 Vegetables, Fruit	54,885	54,873	38,546	16,327	12
その他の農産物 Other Crops	22,164	22,101	17,715	4,386	63
畜　産　　品 Stock Products	39,019	39,019	28,762	10,257	-
水　産　　品 Maline Products	25,700	25,699	19,167	6,532	1
木　　　　材 Lumber	124,812	123,620	72,398	51,223	1,192
薪　　　　炭 Firewood	594	593	316	277	1
石　　　　炭 Coal	18,852	6,423	6,385	38	12,429
金　属　鉱 Metallic minarals	11,471	11,073	10,405	668	398
砂利・砂・石材 Gravel,Sands & Stones	600,060	584,384	277,115	307,269	15,676
非金属鉱物（工業用） Non-ferrous Metals & Minerals	98,598	38,521	22,850	15,671	60,077
金　　　　属 Metals	195,112	161,412	120,071	41,341	33,700
金　属　製　品 Metal Products	108,226	108,045	68,653	39,393	181
輸　送　用　機　械 Transportation machinery	75,804	67,672	46,515	21,156	8,132
輸送用機械部品 Parts for Transportation Machinery	150,351	149,504	139,072	10,432	847
機　　　　械 Machinery	125,548	125,371	82,715	42,656	177
セ　メ　ン　ト Cement	124,885	93,581	78,989	14,592	31,304
その他の窯業品 Other Ceramics	265,168	263,488	134,961	128,528	1,680
石　油　製　品 Petroleum-Products	233,053	157,260	112,274	44,987	75,793
コークス・その他の石炭製品 Coke,Other Coal Products	10,323	7,478	7,335	143	2,845
化　学　薬　品 Chemicals	55,692	37,863	34,424	3,439	17,829
化　学　肥　料 Chemicals Fertilizers	12,271	11,643	9,312	2,331	628
染料・塗料その他の化学工業品 Dyes,Paints,Other Chemicals	83,609	81,847	70,862	10,985	1,762
紙　・　パ　ル　プ Paper,Pulp	103,621	101,631	84,889	16,741	1,990
繊　維　工　業　品 Textile Products	12,377	12,377	7,226	5,151	0
製　造　食　品 Manufactured food	115,943	115,943	103,173	12,770	-
食　料　工　業　品 Foodstuff	207,209	206,021	184,206	21,815	1,188
日　用　　品 Daily Necessaries	173,773	173,773	163,319	10,455	-
ゴム製品・木製品・その他の製造工業品 Rubber,Wood Products	52,952	24,367	18,844	5,523	28,585
特種品・その他 Parcels & Others Products	1,000,935	979,111	565,111	413,998	21,824
分類不能のもの Others	2	-	-	-	2
資　　料	国土交通省総合政策局情報政策課交通経済統計調査室（自動車輸送統計年報、内航船舶輸送統計年報）				

（注）　1．内航海運は、営業用・自家用の合計である。
　　　2．自動車は、平成22年度より調査方法及び集計方法を変更した。21年度以前の数値とは連続しない。
　　　特に、22年度からは自家用軽自動車を対象から除外している。

少 量 物 品 輸 送 量

Volume of Baggage and Parcels Transportation

単位 : 万個(Unit : Ten Thousand Parcels)

年 度 Fiscal Year	国　鉄　JNR			宅配便 Private Parcels	郵便小包 Postal Parcels	メール便 Printed Matter Parcels
	小計 Sub Total	手荷物 Baggage	普通小荷物 Ordinary Parcels			
S40 (1965)	7,890	998	6,892	...	13,777	...
S45 (1970)	7,540	730	6,810	...	19,572	...
S50 (1975)	7,935	463	7,471	...	15,649	...
S55 (1980)	4,152	203	3,949	...	18,392	...
S60 (1985)	1,230	10	1,220	49,303	15,098	...
H2 (1990)	...	...	...	110,050	35,143	...
H7 (1995)	...	...	...	141,933	40,018	...
H12 (2000)	...	...	...	257,379	31,048	...
H17 (2005)	...	...	...	292,784	207,498	206,823
H22 (2010)	...	...	...	321,983	...	524,264
H25 (2013)	...	...	...	363,668	...	563,772
H26 (2014)	...	...	...	361,379	...	546,425
H27 (2015)	...	...	...	374,493	...	526,394
H28 (2016)	...	...	...	397,780	...	528,960
H29 (2017)	...	...	...	425,134	...	527,599
H30 (2018)	...	...	...	430,701	...	502,112
R 1 (2019)	...	...	...	432,349	...	470,192
R 2 (2020)	...	...	...	483,647	...	423,870
R 3 (2021)	...	...	...	495,323	...	428,714
R 4 (2022)	...	...	...	500,588	...	403,223
資　料	日本国有鉄道(鉄道統計年報)			国土交通省 自動車局	情報通信白書	国土交通省 自動車局

注: 1)国鉄による手荷物・小荷物輸送は、昭和61年(1986年)廃止

　　2)郵便小包は、郵政民営化により貨物自動車運送事業法に基づく荷物となり、
　　　平成19年度より宅配便(普通小包)とメール便(冊子小包)にそれぞれ含まれる。

輸

送

地 域 相 互 間
Volume of Inter-area

令和2年度　(FY2020)

着地域 発地域	全 国	北海道	北東北	東東北	西東北	東関東
全 国	4,265,535,253	415,041,697	156,991,051	267,574,548	110,701,765	225,151,410
北海道	406,305,668	384,867,092	1,386,288	2,042,684	858,929	4,085,840
北東北	158,541,170	3,614,684	132,363,755	7,407,812	4,821,121	2,325,661
東東北	268,853,481	4,328,627	10,006,523	218,514,448	7,661,440	6,694,577
西東北	102,769,697	532,507	2,274,924	3,886,501	91,020,934	531,287
東関東	238,078,887	5,647,000	2,628,489	8,375,062	1,143,943	154,886,037
北関東	265,103,490	663,034	1,476,194	4,020,412	757,062	16,371,020
京浜葉	625,003,522	8,537,541	4,276,729	13,014,328	2,027,323	32,329,531
新 潟	107,019,182	370,993	141,860	1,659,529	1,166,453	793,903
北 陸	113,604,018	1,269,856	102,207	233,129	81,496	332,425
甲 信	113,409,247	85,776	16,336	96,662	155,530	685,249
静 岡	113,726,522	319,091	168,630	834,271	88,193	1,464,697
中 京	368,686,986	2,659,068	1,151,809	3,192,622	151,969	1,862,688
近 畿	145,451,915	240,241	150,407	431,887	73,410	274,791
阪 神	302,052,948	456,095	295,314	956,809	166,512	952,081
山 陰	55,323,036	5,507	7,859	7,486	2,415	18,356
山 陽	172,301,968	424,173	171,924	757,321	218,788	277,561
山 口	82,734,232	373,202	107,202	252,634	82,860	216,032
北四国	84,389,008	125,234	89,462	155,124	24,936	109,423
南四国	58,783,798	40,188	10,325	226,440	6,555	307,418
北九州	215,324,555	215,709	143,258	653,301	147,849	269,436
中九州	128,159,090	142,515	14,709	56,471	41,961	310,942
南九州	106,454,713	123,134	6,847	799,614	2,086	52,455
沖 縄	33,458,120	430	0	1	0	0
資料	国土交通省総合政策局情報政策課					

(注) 地域の区分分けは、4頁の凡例7(1)による。

貨　物　輸　送　量　（その1）

Freight　Transportation　(No.1)

単位：トン（Unit：tons）

北関東	京浜葉	新　潟	北　陸	甲　信	静　岡
285,080,672	616,831,092	108,716,863	121,453,281	112,050,376	121,401,893
482,682	5,653,870	360,898	1,681,737	51,749	174,412
1,292,984	4,343,892	260,544	185,625	42,152	106,488
4,030,185	8,108,945	1,760,428	195,346	144,455	697,576
1,199,745	1,400,583	748,284	98,826	120,938	167,498
25,015,010	29,267,411	1,208,346	472,487	674,066	1,528,219
178,238,806	48,263,248	2,807,059	463,222	3,048,208	2,356,716
59,096,212	445,274,067	3,018,729	676,129	5,904,765	9,811,807
2,873,782	2,088,558	90,973,094	1,504,393	2,750,545	232,875
665,023	540,953	1,436,289	103,019,569	135,393	224,638
3,095,432	5,752,525	1,719,017	528,425	94,524,751	2,808,476
2,179,834	8,343,875	107,532	188,341	972,861	84,879,591
2,960,387	15,689,724	607,464	3,075,862	2,819,058	12,334,531
854,103	2,042,138	275,054	2,192,828	333,544	1,019,307
1,683,590	9,097,995	928,756	2,699,223	274,000	1,405,536
144,255	280,642	28,491	66,574	485	48,897
442,503	4,306,863	689,303	1,343,623	134,063	644,412
156,087	4,463,699	867,629	998,265	6,416	370,500
92,683	1,847,378	160,670	225,685	1,715	197,852
38,946	6,050,044	5,536	89,159	30,397	127,147
365,924	6,875,989	230,375	1,177,107	69,845	556,117
61,367	2,374,322	519,656	558,516	9,180	1,695,294
111,132	4,399,529	3,709	12,339	1,790	14,004
0	364,842	0	0	0	0

（貨物・旅客地域流動調査）

地 域 相 互 間

Volume of Inter-area

令和2年度 （FY2020）

着地域 発地域	中 京	近 畿	阪 神	山 陰	山 陽	山 口
全 国	366,519,719	150,145,240	309,189,053	58,639,121	161,295,740	71,910,108
北海道	1,906,665	217,263	1,266,414	124,218	166,109	172,942
北東北	613,931	113,403	622,455	48,365	163,450	67,150
東東北	3,791,104	216,831	1,129,769	1,455	515,305	140,819
西東北	147,976	37,085	348,090	2,572	74,768	29,249
東関東	2,899,293	614,915	1,435,818	63,945	736,623	258,433
北関東	2,603,725	647,164	2,164,070	55,773	429,377	41,483
京浜葉	12,801,224	1,415,489	9,286,239	93,298	2,931,471	1,767,969
新 潟	553,469	169,862	835,263	110,519	160,451	156352
北 陸	1,982,399	777,239	1,725,667	97,640	188,995	21,080
甲 信	2,692,768	224,017	641,461	565	229,786	2,975
静 岡	7,635,516	875,016	1,752,828	71,540	550,244	77,951
中 京	289,575,425	6,593,710	10,737,240	274,443	3,736,358	1,659,233
近 畿	6,444,937	110,147,673	16,730,993	435,197	1,439,486	415,703
阪 神	10,894,714	20,455,382	214,600,101	1,647,577	9,782,358	2,193,344
山 陰	415,584	222,134	1,177,226	50,206,255	1,836,208	395,587
山 陽	6,538,646	2,027,788	13,061,882	3,339,526	116,496,961	4,912,215
山 口	2,189,329	428,254	8,875,321	1,139,914	6,714,329	41,980,614
北四国	1,090,880	363,385	5,194,740	98,363	2,949,293	821,486
南四国	1,337,821	1,165,492	2,585,556	69,964	1,116,839	198,265
北九州	4,715,052	425,949	5,067,696	546,957	2,704,565	4,387,242
中九州	5,121,682	260,824	3,868,541	167,969	4,617,040	8,371,478
南九州	397,334	2,733,659	5,719,594	43,066	3,750,982	3,838,209
沖 縄	170,245	12,706	362,089	0	4,742	329
資料					国土交通省総合政策局情報政策課	

(注) 地域の (注)地域の区分分けは、4頁の凡例7(1)による。

貨 物 輸 送 量　（その2）

Freight　Transportation　(Continued　No.2)

単位：トン（Unit：tons）

北四国	南四国	北九州	中九州	南九州	沖　縄
89,744,182	53,005,891	220,958,765	109,345,549	93,186,565	40,600,672
118,708	29,200	331,326	244,640	51,983	30,019
14,247	4,610	98,577	18,066	9,200	2,998
37,231	179,871	579,799	85,494	26,330	6,923
9,372	23,871	95,251	16,716	2,720	0
246,616	36,990	561,646	327,951	49,851	736
112,649	35,930	501,617	36,850	9,871	0
2,022,207	254,648	7,856,958	779,940	545,422	1,281,496
139,247	18,720	252,348	53,579	13,187	200
12,837	70,530	577,632	74,273	34,748	0
30,816	2,510	107,406	4,862	3,902	0
118,284	47,213	339,303	2,625,755	72,976	12,980
1,842,871	567,374	4,960,044	713,828	1,052,727	468,551
301,090	382,020	884,442	241,611	138,683	2,370
8,098,999	1,916,796	6,687,134	4,265,502	816,724	1,778,406
154,381	5,209	284,640	8,504	6,341	0
5,351,086	1,092,299	6,362,923	1,989,372	1,388,835	329,901
1,907,560	1,287,617	7,390,290	1,865,253	795,839	265,386
63,580,754	3,508,451	2,125,486	455,108	473,064	697,836
1,885,040	42,600,726	587,912	252,511	21,517	30,000
1,093,709	704,397	166,584,952	12,419,433	3,435,756	2,533,937
2,108,173	208,212	11,292,167	80,412,489	5,684,345	261,237
534,957	27,051	1,963,553	2,444,655	78,492,633	982,381
23,348	1,646	533,359	9,157	59,911	31,915,315

（貨物・旅客地域流動調査）

地　域　相　互　間

Volume of Inter-area

令和3年度（FY2021）

発地域＼着地域	全　国	北海道	北東北	東東北	西東北	東関東
全　国	4,387,712,000	322,718,351	119,307,146	193,540,308	97,048,818	185,087,786
北海道	316,588,676	295,172,679	1,352,571	1,731,964	903,924	4,246,716
北東北	120,970,981	3,689,461	98,817,818	4,802,129	3,953,603	1,790,078
東東北	196,394,378	3,868,809	7,645,561	155,506,924	5,917,349	5,431,278
西東北	90,592,802	647,196	1,954,336	2,326,429	80,933,574	355,724
東関東	194,101,006	5,161,956	1,490,004	6,735,420	559,176	125,131,006
北関東	241,870,331	487,034	784,098	3,478,193	976,314	14,722,995
京浜葉	528,994,642	7,519,262	4,730,801	10,074,683	1,500,505	24,843,941
新　潟	97,640,939	343,464	239,804	1,305,520	993,051	455,544
北　陸	137,191,782	1,327,157	33,126	184,470	66,049	329,665
甲　信	95,372,236	44,538	68,134	290,949	43,732	521,839
静　岡	139,746,524	266,391	207,342	754,445	160,784	1,127,095
中　京	433,256,072	2,198,592	1,065,258	2,869,326	184,217	1,994,767
近　畿	187,719,098	96,837	118,736	321,085	48,409	589,396
阪　神	389,401,067	417,672	249,446	1,079,270	176,055	1,040,018
山　陰	79,059,647	24,861	7,795	16,865	670	3,676
山　陽	218,043,734	360,938	146,833	598,049	258,363	516,474
山　口	105,912,884	441,752	94,531	285,421	165,850	330,130
北四国	104,653,459	136,481	126,606	170,132	14,050	201,739
南四国	74,222,206	60,417	9,575	180,522	8,152	482,529
北九州	277,145,379	226,994	149,801	538,017	146,968	377,437
中九州	163,578,001	183,544	7,790	11,542	34,178	329,433
南九州	145,804,828	42,194	7,180	278,840	3,845	199,234
沖　縄	49,451,314	122	0	113	0	67,072
資料					国土交通省総合政策局情報政策課	

(注)地域の区分けは、4頁の凡例7(1)による。

※国土交通省から令和6年1月22日に発表された正誤情報に対応しています

貨 物 輸 送 量　（その1）

Freight　Transportation　(No.1)

単位：トン（Unit：tons）

北関東	京浜葉	新　潟	北　陸	甲　信	静　岡
252,171,522	530,656,269	97,814,439	145,775,128	99,439,642	141,299,794
285,358	5,788,998	484,293	1,654,452	50,550	164,941
968,853	4,371,888	145,524	212,841	6,719	181,013
3,173,876	6,046,430	1,117,814	302,945	308,048	695,194
885,214	1,648,129	535,399	60,787	109,522	167,843
18,410,072	24,911,112	617,678	376,574	472,886	1,552,033
164,063,179	44,048,873	1,977,066	312,193	2,400,755	1,816,395
49,740,155	367,098,975	2,413,988	611,370	5,973,963	9,607,736
1,444,846	1,868,468	83,488,125	2,382,877	2,298,693	125,023
285,125	709,797	1,556,499	124,655,825	156,745	455,642
2,781,595	4,184,633	767,791	290,027	80,138,266	1,970,148
2,567,982	7,408,715	129,114	451,143	3,276,296	105,218,683
2,719,581	15,338,386	563,826	4,390,425	3,412,425	12,747,771
794,363	2,483,036	290,022	2,037,139	252,945	1,363,349
2,105,273	10,545,629	760,270	2,902,612	318,563	1,322,006
126,268	310,055	10,556	107,224	14,803	67,454
512,398	5,247,699	796,202	1,535,041	124,636	573,540
164,428	4,667,840	991,725	1,590,358	12,250	571,615
323,849	2,071,879	210,346	194,643	1,565	285,976
177,534	6,551,624	13,693	71,531	37,156	202,842
359,113	7,807,892	458,481	1,138,574	40,487	546,311
199,908	2,483,559	479,242	463,236	11,878	1,636,087
82,552	4,617,471	5,285	33,311	20,491	28,192
0	445,181	1,500	0	0	0

（貨物・旅客地域流動調査）

地 域 相 互 間

Volume of Inter-area

令和3年度 (FY2021)

発地域＼着地域	中 京	近 畿	阪 神	山 陰	山 陽	山 口
全 国	434,648,477	193,186,122	394,361,461	82,113,315	204,317,049	93,633,951
北海道	2,008,178	164,573	974,271	65,718	156,634	289,931
北東北	730,869	95,094	513,172	47,887	79,054	94,540
東東北	3,388,838	114,014	1,137,058	1,735	432,745	227,599
西東北	153,963	64,131	229,655	4,643	134,987	12,540
東関東	3,014,070	562,675	2,335,787	32,858	885,739	259,427
北関東	2,183,833	595,925	2,412,094	27,160	693,670	111,305
京浜葉	13,629,544	1,416,136	11,002,820	89,542	2,927,212	1,653,102
新 潟	436,093	379,706	841,699	69,585	280,872	44807
北 陸	2,952,326	1,371,397	1,630,415	162,735	391,157	100,526
甲 信	2,940,645	189,436	725,760	625	177,409	22,000
静 岡	10,975,561	997,799	1,781,599	114,484	520,377	164,849
中 京	345,703,981	7,808,278	14,416,562	287,019	5,216,814	1,771,998
近 畿	8,733,019	137,621,109	26,733,930	331,426	2,133,441	391,728
阪 神	13,797,708	32,093,953	277,681,667	1,700,065	12,710,992	2,080,365
山 陰	237,290	453,113	2,310,335	71,765,799	2,215,608	726,883
山 陽	7,462,751	3,267,438	16,295,730	4,627,323	150,814,867	7,676,858
山 口	2,461,196	521,913	8,953,202	1,721,973	8,045,243	57,797,587
北四国	1,338,346	603,709	6,279,725	108,314	3,518,292	973,608
南四国	1,429,206	1,340,874	2,596,850	10,654	1,253,309	158,292
北九州	5,462,275	642,743	6,705,055	648,589	3,882,696	5,814,666
中九州	5,064,874	194,403	4,869,593	223,033	4,821,238	8,026,949
南九州	365,643	2,674,997	3,431,360	72,148	3,021,334	5,234,383
沖 縄	178,268	12,706	503,122	0	3,359	8
資料						国土交通省総合政策局情報政策課

(注)地域の区分分けは、4頁の凡例7(1)による。

※国土交通省から令和6年1月22日に発表された正誤情報に対応しています

貨 物 輸 送 量 （その2）

Freight Transportation （Continued No.2）

単位：トン（Unit：tons）

北四国	南四国	北九州	中九州	南九州	沖 縄
110,890,360	69,562,889	283,348,362	142,620,665	138,009,303	56,160,829
113,585	29,083	460,110	330,094	148,831	11,222
108,275	34,853	79,782	53,623	192,557	1,348
65,302	157,310	668,027	171,574	11,508	4,440
8,458	14,650	126,888	15,531	203,203	0
222,121	100,784	813,183	416,587	36,508	3,350
114,875	99,960	497,014	36,322	31,078	0
2,025,046	361,207	8,913,793	1,004,085	611,572	1,245,204
190,041	20,247	336,899	74,802	20,773	0
99,758	22,376	601,859	79,511	19,622	0
75,475	3,081	125,195	5,320	5,638	0
265,444	105,377	514,769	2,658,768	52,238	27,269
2,007,432	966,079	5,502,953	814,421	882,577	393,384
751,369	302,352	1,879,418	285,994	157,625	2,370
9,597,168	3,106,763	8,205,155	4,617,248	1,123,920	1,769,249
127,994	85,990	371,260	56,027	19,121	0
6,047,498	1,482,730	6,423,385	1,559,332	1,269,414	446,235
2,519,750	1,247,199	9,588,788	2,129,134	1,167,241	443,758
80,114,986	4,110,837	2,071,510	537,336	581,008	678,522
2,445,741	56,272,278	594,146	298,007	26,623	651
1,115,670	783,449	218,894,578	13,807,052	5,178,807	2,419,724
2,207,349	193,425	13,659,360	111,044,836	7,196,861	235,683
641,569	62,859	2,498,189	2,598,760	118,935,689	949,302
25,454	0	522,101	26,301	136,889	47,529,118

（貨物・旅客地域流動調査）

地　域　相　互　間

Volume　of　Inter-area

令和4年度　（FY2022）

発地域＼着地域	全　国	北海道	北東北	東東北	西東北	東関東
全　国	4,324,768,704	335,292,325	121,550,624	182,390,188	103,894,530	169,439,630
北海道	328,984,102	307,715,855	1,487,238	1,667,604	877,623	4,515,502
北東北	125,088,788	3,393,329	100,928,348	5,528,093	4,193,510	2,284,920
東東北	183,444,774	4,077,423	6,772,633	143,333,095	5,548,562	4,751,045
西東北	97,656,184	704,532	2,260,461	2,099,379	87,296,973	622,209
東関東	172,853,169	5,161,835	1,400,055	5,823,618	777,483	109,425,333
北関東	220,858,453	457,434	976,361	3,360,008	626,348	13,118,754
京浜葉	544,345,226	7,549,311	5,111,766	10,896,723	1,851,447	26,020,446
新　潟	91,050,451	365,404	382,900	1,126,976	1,103,508	718,083
北　陸	135,478,126	1,238,082	43,496	136,514	61,546	266,951
甲　信	106,449,390	77,417	95,727	204,358	75,202	452,029
静　岡	135,022,470	275,960	247,184	1,171,794	218,875	1,146,055
中　京	428,677,317	2,288,742	954,690	3,017,286	254,271	1,818,116
近　畿	183,763,260	143,946	46,318	423,390	82,527	595,878
阪　神	390,576,375	428,052	231,460	869,185	154,757	1,116,147
山　陰	72,622,885	12,073	10,760	14,274	8,950	29,116
山　陽	213,847,255	435,894	152,520	764,099	335,054	575,832
山　口	102,818,768	285,818	74,433	352,506	179,657	275,551
北四国	110,343,202	162,641	154,153	203,516	19,339	228,097
南四国	60,316,204	50,007	9,681	150,572	25,294	494,374
北九州	258,441,996	268,863	186,745	829,267	147,955	468,725
中九州	171,781,051	174,422	13,216	120,491	54,849	319,237
南九州	137,440,824	21,178	10,121	296,900	800	197,230
沖　縄	52,908,411	4,107	358	540	0	0
資料					国土交通省総合政策局情報政策課	

(注) 地域の区分分けは、4頁の凡例7(1)による。

貨 物 輸 送 量 （その1）

Freight Transportation （No.1）

単位：トン（Unit：tons）

北関東	京浜葉	新 潟	北 陸	甲 信	静 岡
241,256,358	534,346,368	92,205,154	141,952,467	107,343,557	137,714,871
330,376	5,674,420	340,631	1,728,622	53,072	169,851
1,023,952	5,371,418	394,681	134,197	57,372	128,429
3,906,476	6,635,746	875,532	242,378	195,127	854,638
923,970	1,383,093	810,571	66,461	106,300	382,329
20,532,080	19,382,720	757,791	251,031	729,790	1,645,171
149,744,760	39,572,498	2,140,174	603,950	2,336,557	2,249,847
49,592,421	379,264,513	2,040,972	829,252	5,336,198	10,447,325
1,855,938	1,563,550	77,574,700	1,487,589	2,156,036	241,437
740,689	621,695	1,058,278	121,921,554	330,146	128,018
2,234,209	4,946,155	1,153,198	293,768	88,930,602	3,038,829
2,810,731	8,478,818	317,817	460,081	2,200,882	98,504,633
2,614,187	15,518,805	779,319	3,986,676	3,701,159	12,205,524
867,976	2,689,843	334,376	1,748,546	278,958	1,602,567
1,991,619	9,434,621	683,146	3,344,204	524,538	2,102,709
149,597	329,186	9,118	96,753	10,393	40,623
740,448	5,487,429	891,036	1,507,083	241,203	690,673
200,191	4,992,745	852,945	1,353,264	19,310	382,128
326,837	1,902,087	191,249	211,059	10,669	447,765
85,744	6,887,895	59,313	43,807	665	102,724
267,903	7,952,337	447,923	1,208,303	67,567	536,366
178,677	2,293,670	485,217	394,194	55,043	1,766,759
137,577	3,243,078	5,767	39,695	1,970	46,526
0	720,046	1,400	0	0	0

（貨物・旅客地域流動調査）

地 域 相 互 間
Volume of Inter-area

令和4年度 (FY2022)

発地域＼着地域	中 京	近 畿	阪 神	山 陰	山 陽	山 口
全 国	427,334,420	193,920,048	399,340,099	74,122,916	203,199,858	90,559,998
北海道	1,729,664	150,818	1,106,990	77,927	161,213	278,523
北東北	649,345	82,425	480,769	32,905	116,749	82,491
東東北	3,408,144	138,084	999,317	18,278	525,784	136,067
西東北	201,922	108,507	265,146	4,462	47,564	4,585
東関東	1,951,248	618,794	1,972,500	32,823	805,305	183,457
北関東	1,595,761	475,166	2,156,196	48,659	413,533	13,573
京浜葉	14,555,408	1,390,043	10,510,492	81,615	3,183,334	1,581,622
新 潟	426,009	350,540	867,109	84,633	175,659	75776
北 陸	3,739,641	1,523,017	2,160,320	183,968	328,872	48,203
甲 信	3,264,206	292,164	920,564	780	212,039	3,470
静 岡	10,867,393	1,216,690	2,770,586	6,286	442,171	83,968
中 京	341,427,793	9,431,580	13,353,858	534,126	4,919,877	1,689,043
近 畿	8,857,960	136,684,596	22,288,844	375,193	2,366,785	388,881
阪 神	13,055,103	30,898,773	281,912,593	2,347,751	11,597,408	1,808,864
山 陰	392,354	518,990	2,507,830	63,656,985	3,778,792	549,554
山 陽	6,520,634	3,249,865	16,356,202	4,135,854	148,804,273	7,268,709
山 口	2,541,194	572,731	9,266,506	1,430,746	8,500,521	57,105,854
北四国	1,111,719	513,009	8,956,657	144,762	2,978,575	802,614
南四国	1,679,308	1,369,745	2,592,878	54,971	1,018,160	287,727
北九州	4,726,668	572,452	8,684,004	359,138	3,419,325	6,249,185
中九州	4,249,623	424,019	5,194,861	373,161	5,397,446	7,587,748
南九州	242,432	3,325,334	3,315,409	137,893	4,002,962	4,329,751
沖 縄	140,891	12,706	700,468	0	3,511	333
資料					国土交通省総合政策局情報政策課	

(注)地域の区分けは、4頁の凡例7(1)による。

貨 物 輸 送 量 （その2）

Freight Transportation （Continued No.2)

単位：トン（Unit：tons）

北四国	南四国	北九州	中九州	南九州	沖 縄
113,817,312	54,834,261	264,301,721	149,207,813	127,750,137	58,994,026
134,081	28,133	424,754	257,714	64,417	9,074
39,666	20,260	87,624	50,718	6,135	1,452
51,308	145,022	643,477	93,642	88,555	4,441
33,424	2,375	133,004	31,811	167,106	0
166,645	114,047	720,465	295,822	102,152	3,004
137,869	22,217	712,550	51,466	44,772	0
2,335,673	496,583	8,653,221	753,253	599,612	1,263,996
174,690	3,620	253,642	54,000	8,652	0
77,977	47,303	601,479	87,196	133,181	0
19,763	31,000	148,563	32,424	22,923	0
379,265	24,124	557,530	2,754,710	56,503	30,414
1,910,983	906,286	5,213,193	829,330	859,234	463,239
583,363	749,514	1,992,642	496,542	160,100	4,515
9,637,788	2,409,311	8,448,356	4,488,416	1,272,318	1,819,256
97,847	59,105	325,384	16,208	8,993	0
5,174,108	1,327,709	6,453,876	1,310,737	1,215,480	208,537
1,811,741	1,386,198	8,108,944	1,909,784	915,520	300,481
84,514,832	3,388,485	2,371,275	513,626	471,392	718,844
2,133,707	42,386,044	570,706	257,908	24,974	30,000
1,256,302	976,317	198,687,278	13,803,366	4,894,195	2,431,812
2,610,942	230,664	15,719,435	117,661,832	6,087,933	387,612
463,425	78,000	2,609,211	3,425,782	110,451,923	1,057,860
71,913	1,944	865,112	31,526	94,067	50,259,489

（貨物・旅客地域流動調査）

地 域 相 互 間

Volume of Inter-area

令和2年度 （FY2020）

発地域＼着地域	全国	北海道	東東北	西東北	北関東	南関東	北 陸	甲 信
全 国	21,631,878.6	574,287.7	364,487.9	66,202.9	265,789.1	12,930,321.7	205,505.3	125,811.4
北海道	574,280.6	570,320.2	449.3	21.9	36.7	2,408.7	35.0	11.4
東東北	364,415.6	458.4	356,523.3	1,385.1	915.4	4,146.7	131.5	32.7
西東北	66,270.3	22.1	1,462.1	63,855.6	30.5	713.6	82.6	4.9
北関東	266,331.5	35.3	916.1	30.2	211,134.9	53,207.1	220.4	297.4
南関東	12,929,919.5	2,413.8	4,177.4	689.7	52,681.5	12,828,704.6	3,101.2	6,172.1
北 陸	205,459.3	31.5	101.1	89.1	220.1	3,071.8	199,559.2	337.5
甲 信	125,848.2	11.3	33.5	5.1	259.8	6,283.6	300.8	118,239.9
東 海	1,414,449.7	274.3	234.0	69.3	203.0	13,733.1	414.3	472.0
近 畿	870,039.9	2.9	33.8	4.5	56.1	3,006.3	649.4	66.1
阪 神	3,423,419.2	569.1	413.9	51.1	183.9	7,440.6	841.7	132.9
山 陰	26,514.6	0.8	5.9	0.0	0.0	246.9	3.0	1.0
山 陽	366,227.0	16.9	40.2	1.2	29.0	1,584.8	55.3	16.6
四 国	94,317.7	4.1	2.5	0.0	4.0	768.6	9.6	2.5
北九州	705,843.5	111.3	73.2	0.0	24.0	2,395.2	83.1	23.9
南九州	156,405.3	1.6	0.0	0.1	0.0	1,093.0	8.5	0.5
沖 縄	42,136.6	14.1	21.6	0.0	10.4	1,517.2	9.7	0.0
資料						国土交通省総合政策局情報政策課		

(注)地域の区分分けは、4頁の凡例7(2)による。

旅 客 輸 送 量
Passenger Transportation

単位：千人 (Unit : Thousand Persons)

東海	近畿	阪神	山陰	山陽	四国	北九州	南九州	沖縄
1,414,492.9	870,165.8	3,422,996.3	26,525.1	366,080.9	94,843.0	705,904.9	156,342.0	42,121.8
274.3	2.4	570.5	0.8	16.9	6.1	112.2	0.0	14.4
234.5	34.2	412.2	6.2	39.3	2.4	72.6	0.0	21.2
40.7	4.8	52.1	0.0	1.4	0.0	0.0	0.0	0.0
178.9	57.0	186.3	0.1	29.6	3.8	24.2	0.1	10.0
13,804.0	2,979.3	7,610.4	255.6	1,590.3	768.8	2,368.7	1,095.7	1,506.4
403.9	665.8	809.2	2.6	54.9	10.0	84.5	8.7	9.5
455.2	87.4	127.0	1.0	17.1	2.5	23.5	0.5	0.0
1,389,481.9	3,285.1	4,617.4	47.2	481.5	102.2	573.5	213.4	247.5
3,270.5	726,307.4	135,794.6	30.0	375.6	113.1	283.1	46.4	0.0
4,686.8	135,917.3	3,265,114.9	473.5	3,806.3	799.6	1,629.2	715.7	642.8
48.0	30.9	464.6	25,389.6	279.2	8.2	31.9	4.5	0.0
472.8	370.2	3,477.7	271.4	353,432.6	2,670.4	3,575.6	176.9	35.2
101.9	94.8	751.5	11.4	2,223.7	90,117.7	104.5	103.4	17.5
577.7	282.9	1,641.3	31.0	3,520.4	102.9	692,580.8	4,014.1	381.7
214.7	46.1	722.0	4.7	176.4	117.4	4,059.3	149,888.6	72.4
247.0	0.0	644.6	0.0	35.8	18.0	381.1	74.0	39,163.2

（貨物・旅客地域流動調査）

地 域 相 互 間

Volume of Inter-area

令和3年度 （FY2021）

発地域＼着地域	全国	北海道	東東北	西東北	北関東	南関東	北 陸	甲 信
全 国	23,078,467.7	534,464.1	373,416.5	55,131.2	276,932.6	13,762,618.2	231,891.0	116,275.5
北海道	534,474.4	528,556.7	583.1	35.3	56.8	3,628.0	77.5	17.8
東東北	373,186.9	587.2	362,618.1	1,598.1	1,079.5	5,965.7	128.4	67.0
西東北	55,363.3	32.2	1,835.4	52,180.6	40.9	1,045.2	84.3	6.5
北関東	277,898.6	54.8	1,085.6	40.1	215,474.6	59,907.9	280.3	460.5
南関東	13,761,193.6	3,622.4	5,979.2	1,054.1	59,001.2	13,634,822.4	4,474.9	8,059.5
北 陸	231,928.3	76.1	129.9	79.0	288.3	4,506.9	223,986.5	284.5
甲 信	116,398.3	17.3	44.0	6.4	375.7	8,112.9	326.1	106,366.1
東 海	1,523,153.1	411.9	322.9	55.4	201.8	18,096.7	581.7	668.4
近 畿	965,411.2	12.6	50.8	6.1	89.2	4,185.5	729.2	101.2
阪 神	3,651,540.7	850.3	567.8	73.1	215.0	10,681.0	990.6	181.6
山 陰	41,381.6	0.6	6.8	0.0	0.5	371.4	3.8	1.2
山 陽	391,552.2	28.5	52.6	2.7	59.1	2,378.2	89.0	22.4
四 国	123,794.5	3.8	10.1	0.0	5.3	1,253.3	12.7	3.6
北九州	782,433.1	179.1	104.6	0.2	32.0	3,775.7	104.6	33.7
南九州	189,707.8	1.3	0.2	0.0	0.4	1,855.5	9.7	1.4
沖 縄	59,049.9	29.2	25.3	0.0	12.1	2,031.3	11.9	0.0
資料	国土交通省総合政策局情報政策課							

(注) 地域の区分けは、4頁の凡例7(2)による。

旅　客　輸　送　量
Passenger Transportation

単位：千人 (Unit : Thousand Persons)

東海	近畿	阪神	山陰	山陽	四国	北九州	南九州	沖縄
1,523,022.2	965,134.0	3,651,878.1	41,411.3	391,424.6	123,670.4	782,425.4	189,746.9	59,025.4
414.7	10.2	850.4	0.6	29.1	4.2	180.2	0.1	29.7
325.2	51.9	565.4	7.2	53.7	10.4	103.4	0.1	25.3
56.1	5.7	73.5	0.0	2.6	0.0	0.3	0.0	0.0
213.9	83.5	204.4	0.5	43.1	5.8	31.5	0.4	11.7
17,844.9	4,101.6	10,632.5	378.5	2,362.4	1,251.4	3,737.4	1,861.8	2,008.9
548.0	833.7	985.8	3.7	67.7	12.8	104.4	9.7	11.5
818.3	99.8	169.3	0.9	23.5	3.6	33.3	1.2	0.0
1,490,918.4	4,004.5	5,618.1	56.3	641.6	133.3	800.7	289.8	351.2
3,993.0	809,304.7	145,843.0	35.9	488.4	153.1	357.6	60.9	0.0
5,628.3	145,530.6	3,477,388.3	563.0	3,801.4	1,121.3	2,134.3	996.7	817.4
56.2	36.3	561.6	39,989.9	297.5	9.9	40.4	5.7	0.0
608.6	497.9	3,839.0	318.9	376,580.6	2,611.4	4,177.7	242.4	42.9
150.2	159.1	1,187.8	9.7	2,626.9	118,083.6	161.9	110.3	15.9
804.8	355.3	2,134.8	40.3	4,122.3	141.0	765,388.3	4,722.5	493.5
290.7	59.6	1,005.2	6.0	241.2	112.5	4,680.5	181,353.0	90.4
350.4	0.0	818.6	0.0	42.7	15.9	493.3	92.2	55,127.0

（貨物・旅客地域流動調査）

地 域 相 互 間

Volume of Inter-area

令和4年度 （FY2022）

発地域＼着地域	全国	北海道	東東北	西東北	北関東	南関東	北 陸	甲 信
全 国	25,846,290.5	619,763.0	409,031.8	64,692.4	312,210.1	15,379,419.2	257,084.1	141,452.3
北海道	619,765.5	608,990.5	937.6	75.2	97.5	6,604.0	182.4	33.9
東東北	408,809.0	944.2	392,518.0	2,112.7	1,322.8	9,660.2	171.5	72.3
西東北	64,765.3	70.7	2,200.1	59,901.1	71.9	2,101.9	128.9	12.7
北関東	313,587.4	96.0	1,325.3	60.3	238,756.8	71,142.2	468.8	656.4
南関東	15,378,344.0	6,611.7	9,731.2	2,113.2	69,983.2	15,196,447.5	7,642.6	12,588.6
北 陸	257,265.1	178.1	183.8	141.3	420.7	7,705.3	243,578.3	485.5
甲 信	141,152.0	33.6	72.2	12.4	536.2	12,337.2	521.1	125,746.0
東 海	1,680,417.9	764.1	583.0	98.8	348.8	27,199.2	1,013.2	1,147.4
近 畿	1,093,282.6	18.5	102.1	12.3	142.8	7,190.9	1,057.0	180.5
阪 神	4,091,894.0	1,576.8	1,061.5	158.9	355.4	17,818.9	1,909.0	420.4
山 陰	47,723.2	2.3	14.7	0.0	1.3	729.8	8.3	2.3
山 陽	439,602.4	93.0	79.6	5.3	63.9	4,378.5	128.7	40.9
四 国	142,466.0	1.6	8.4	0.2	8.1	2,429.5	22.3	7.4
北九州	873,877.1	327.7	162.5	0.6	58.0	6,384.2	183.6	54.7
南九州	215,401.8	0.6	0.2	0.0	0.5	3,363.8	17.0	3.2
沖 縄	77,937.4	53.6	51.8	0.0	42.0	3,926.3	51.5	0.0
資 料						国土交通省総合政策局情報政策課		

(注) 地域の区分分けは、4頁の凡例7(2)による。

旅　客　輸　送　量

Passenger Transportation

単位：千人（Unit : Thousand Persons）

東海	近畿	阪神	山陰	山陽	四国	北九州	南九州	沖縄
1,680,210.9	1,093,292.7	4,092,152.6	47,705.5	439,419.3	142,519.6	873,803.6	215,563.7	77,969.4
764.3	16.5	1,581.0	2.4	94.5	1.6	330.0	0.0	54.2
540.9	114.4	1,032.5	16.2	80.4	8.9	161.8	0.1	52.3
98.1	13.7	159.8	0.0	5.2	0.1	0.8	0.0	0.0
365.1	158.5	378.6	1.6	68.6	8.4	58.8	1.1	41.0
27,066.0	7,041.9	17,839.5	745.1	4,416.4	2,435.7	6,357.1	3,392.8	3,931.2
1,010.1	1,203.2	1,939.2	7.9	135.1	22.7	185.1	16.8	51.6
1,114.8	249.9	401.8	15.0	45.6	7.7	55.6	3.1	0.0
1,631,116.1	5,531.0	8,675.6	119.6	1,055.0	241.9	1,290.5	491.9	741.8
5,519.9	911,852.0	165,219.4	65.2	868.2	347.4	597.9	108.1	0.0
8,673.9	165,076.2	3,877,787.2	1,070.6	6,447.9	2,291.4	3,704.0	1,849.0	1,692.7
118.5	77.9	1,131.0	45,040.6	484.3	36.7	65.9	10.0	0.0
1,038.7	914.1	6,415.5	510.0	416,594.4	3,489.6	5,355.9	372.3	121.5
260.1	333.7	2,357.8	36.7	3,371.1	133,150.1	267.5	147.7	63.3
1,298.3	599.6	3,703.6	64.7	5,263.8	263.2	847,855.4	6,686.3	971.1
491.6	109.6	1,844.2	10.0	368.3	150.3	6,557.0	202,291.9	193.8
734.5	0.0	1,685.4	0.0	120.8	63.3	960.4	193.0	70,054.8

（貨物・旅客地域流動調査）

輸
送

三 大 都 市 交 通 圏 内 輸
Volume of Passenger Transportation in Three Major

都市圏	年 度 Fiscal Year	合 計 Sum Total	J R (JR) 計 Total	定期外 Other than Season Tickets	定 期 Season Tickets	私 鉄　Private 計 Total	定期外 Other than Season Tickets
首都交通圏	S55 (1980)	17,046	3,938	1,320	2,619	3,929	1,299
	S60 (1985)	18,700	4,283	1,485	2,798	4,265	1,432
	H2 (1990)	22,752	5,109	1,739	3,370	4,878	1,650
	H7 (1995)	24,021	5,374	1,819	3,555	5,135	1,749
	H12 (2000)	23,411	5,252	1,869	3,383	4,896	1,859
	H17 (2005)	23,866	5,381	2,026	3,355	5,123	2,039
	H22 (2010)	16,438	5,555	2,088	3,467	5,434	2,167
	H27 (2015)	17,910	5,850	2,258	3,592	5,778	2,303
	H28 (2016)	18,135	5,897	2,274	3,623	5,847	2,319
	H29 (2017)	18,460	5,971	2,304	3,667	5,940	2,349
	H30 (2018)	18,715	6,031	2,327	3,704	6,024	2,381
	R1 (2019)	18,598	5,998	2,250	3,748	6,010	2,329
中京交通圏	S55 (1980)	3,639	185	107	78	485	169
	S60 (1985)	3,781	198	115	84	478	162
	H2 (1990)	4,637	271	153	118	496	165
	H7 (1995)	4,892	221	74	147	497	167
	H12 (2000)	4,734	215	76	139	437	150
	H17 (2005)	5,205	230	85	146	487	197
	H22 (2010)	1,373	239	81	158	454	164
	H27 (2015)	1,419	255	88	167	493	172
	H28 (2016)	1,515	259	89	170	502	175
	H29 (2017)	1,535	264	91	173	515	180
	H30 (2018)	1,555	267	92	174	522	182
	R1 (2019)	1,551	267	89	177	526	180
京阪神交通圏	S55 (1980)	8,555	1,086	413	673	2,456	918
	S60 (1985)	8,903	1,074	408	666	2,575	948
	H2 (1990)	10,303	1,229	448	781	2,715	1,009
	H7 (1995)	10,587	1,381	506	875	2,590	1,010
	H12 (2000)	10,108	1,353	500	853	2,324	979
	H17 (2005)	9,786	1,354	490	864	2,138	932
	H22 (2010)	5,227	1,344	477	867	2,052	957
	H27 (2015)	5,708	1,422	528	894	2,172	1,023
	H28 (2016)	5,734	1,429	533	897	2,190	1,030
	H29 (2017)	5,794	1,446	541	905	2,210	1,034
	H30 (2018)	5,797	1,446	538	908	2,217	1,031
	R1 (2019)	5,767	1,449	532	917	2,214	1,007
資料						(一財)運輸総合研究所	

(注)1. 首都交通圏は東京駅中心半径50km、中京交通圏は名古屋駅中心半径40km、京阪神交通圏は
　　大阪駅中心半径50km範囲で、特に交通不便な地域及びその大半が圏外にある行政区域を除く。
　2. 路面電車には無軌条電車を含む。
　3. 自家用乗用車の値については、平成22年10月の自動車輸送統計調査の調査方法変更により公表が
　　行われなくなったため、公表値がない。このため、合計値の値は前年度までと連続しない。

送 機 関 別 旅 客 輸 送 量
Urban Commuting Areas by Mode of Transportation

単位：百万人（Unit : Million Persons）

Railways 定期 Season Tickets	地下鉄 Subway 計 Total	定期外 Other than Season Tickets	定期 Season Tickets	路面電車 Streetcars	乗合バス Buses	ハイヤー タクシー Hired cars & Taxis	自家用 乗用車 Private Passenger Cars
2,630	2,021	733	1,288	44	2,257	891	3,965
2,833	2,370	884	1,486	42	2,116	892	4,731
3,228	2,768	1,024	1,744	44	2,197	820	6,936
3,386	2,771	1,042	1,730	40	2,025	748	7,928
3,036	2,792	1,134	1,659	39	1,769	725	7,937
3,084	3,031	1,318	1,713	40	1,685	688	7,918
3,267	3,369	1,439	1,930	38	1,447	595	—
3,475	3,769	1,589	2,180	37	1,923	553	—
3,529	3,852	1,617	2,234	37	1,963	539	—
3,591	3,953	1,651	2,301	38	2,015	543	—
3,643	4,041	1,685	2,356	39	2,049	531	—
3,681	4,044	1,652	2,392	38	2,012	496	—
316	304	130	174	9	491	151	2,012
316	319	141	179	7	421	144	2,213
331	352	168	184	6	388	146	2,978
330	381	195	187	5	341	127	3,320
287	361	197	164	4	266	94	3,357
290	419	241	178	—	187	98	3,784
290	422	224	197	—	182	78	—
321	466	223	243	—	206	73	—
327	473	224	249	—	209	72	—
334	479	225	254	—	210	67	—
340	488	228	259	—	214	64	—
346	487	225	262	—	211	60	—
1,538	918	420	421	32	1,129	477	2,457
1,627	960	428	532	64	1,039	445	2,745
1,706	1,157	520	637	60	1,020	445	3,677
1,580	1,158	537	621	53	973	364	4,069
1,345	1,080	518	563	33	806	293	4,219
1,206	1,051	529	522	31	749	298	4,165
1,095	1,036	635	401	24	612	159	—
1,149	1,102	707	395	25	753	234	—
1,160	1,112	718	394	25	748	230	—
1,176	1,139	733	406	25	751	223	—
1,187	1,158	734	424	25	738	213	—
1,208	1,156	719	437	25	725	198	—

（都市・地域交通年報）

4. 乗合バスについては、平成27年度（2015年度）から国土交通省公表の自動車輸送統計年報（営業用乗合バス）により集計。このため、「乗合バス」「合計」は平成26年度までと連続しない。

5. 乗合バス、ハイヤー・タクシーについて、首都交通圏は東京都・神奈川県・千葉県・埼玉県、中京交通圏は愛知県・岐阜県、京阪神交通圏は大阪府・兵庫県・京都府・奈良県に所在する営業所の輸送人員である。（乗合バスについては平成27年度（2015年度）から）

鉄 道 貨 物
Volume of Freight

年 度 Fiscal Year	総 計 Sum Total	J　R　(JR) 合 計 Total	車 扱 Wagon	コンテナ Container	小口扱 LCL	民 合 計 Total
S35 (1960)	238,199	195,295	192,236	(322)	3,059	42,904
S40 (1965)	252,472	200,010	196,994	(1,906)	3,015	52,463
S45 (1970)	255,757	198,503	189,538	(8,715)	8,965	57,254
S50 (1975)	184,428	141,691	129,577	12,114	…	42,737
S55 (1980)	166,550	121,619	111,664	9,955	…	44,931
S60 (1985)	99,341	68,552	56,368	12,184	…	30,790
H2 (1990)	86,619	58,400	38,239	20,161	…	28,219
H7 (1995)	76,932	51,456	30,886	20,570	…	25,477
H12 (2000)	59,274	39,621	18,976	20,644	…	19,654
H17 (2005)	52,474	36,864	14,536	22,328	…	15,610
H22 (2010)	43,646	30,790	10,344	20,446	…	12,856
		総　　計		車　　扱		
H25 (2013)		44,101 (100.0)			19,905 (45.1)	
H26 (2014)		43,424 (100.0)			19,241 (44.3)	
H27 (2015)		43,210 (100.0)			18,454 (42.7)	
H28 (2016)		44,089 (100.0)			19,431 (44.1)	
H29 (2017)		45,170 (100.0)			19,971 (44.2)	
H30 (2018)		42,321 (100.0)			19,271 (45.5)	
R1 (2019)		42,660 (100.0)			19,154 (44.9)	
R2 (2,020)		39,124 (100.0)			17,850 (45.6)	
R3 (2021)		38,912 (100.0)			18,093 (46.5)	
R4 (2022)		38,264 (100.0)			17,749 (46.4)	

資　料　'86まで国鉄…国鉄情報システム部（鉄道統計年報・月報）、民鉄…運輸省情報管理部統計課（民営鉄道

(注)1. 小口扱はJRについては49年10月より、民鉄については50年4月よりコンテナ及び一般の小口扱に分離され、
　　　後者は小荷物に統合された。従って、JRのコンテナは49年度までは小口扱の内数であり、民鉄の50年4月から
　　　の小口扱はコンテナのみである。

輸 送 量
Transportation by Railways

| 鉄 (Private) | | 総 計 | J R (JR) | | | | 民 鉄 |
| 車 扱 | コンテナ（小口扱） | Sum total | 合 計 | 車 扱 | コンテナ | 小口扱 | Private |
Wagon	Container		Total	Wagon	Container	LCL	
42,533	371	54,515	53,592	52,449	...	1,144	923
52,311	152	57,299	56,408	54,819	(1,197)	1,590	890
57,167	86	63,423	62,435	56,087	(6,301)	6,348	988
42,553	184	47,347	46,577	37,199	9,378	...	770
44,745	187	37,701	36,961	28,764	8,197	...	740
30,347	443	22,135	21,626	10,906	10,720	...	509
27,198	1,021	27,196	26,728	8,231	18,497	...	468
23,914	1,563	25,101	24,072	5,481	19,221	...	399
17,465	2,189	22,136	21,855	3,341	18,515	...	280
12,774	2,836	22,812	22,601	2,654	19,947	...	211
10,158	2,698	20,398	20,227	1,773	18,454	...	170

コ ン テ ナ	総　　計	車　　扱	コ ン テ ナ
24,196	21,071	1,730	19,341
(54.9)	(100.0)	(8.2)	(91.8)
24,183	21,029	1,579	19,450
(55.7)	(100.0)	(7.5)	(92.5)
24,756	21,519	1,568	19,951
(57.3)	(100.0)	(7.3)	(92.7)
24,657	21,265	1,614	19,652
(55.9)	(100.0)	(7.6)	(92.4)
25,199	21,663	1,696	19,966
(55.8)	(100.0)	(7.8)	(92.2)
23,050	19,369	1,645	17,724
(54.5)	(100.0)	(8.5)	(91.5)
23,506	19,993	1,610	18,382
(55.1)	(100.0)	(8.1)	(91.9)
21,273	18,340	1,502	16,838
(54.4)	(100.0)	(8.2)	(91.8)
20,819	18,042	1,505	16,537
(53.5)	(100.0)	(8.3)	(91.7)
20,516	17,984	1,501	16,483
(53.6)	(100.0)	(8.3)	(91.7)

輸送統計月報）、'87から国土交通省総合政策局情報政策課交通経済統計調査室（鉄道輸送統計年報）

2. JRは61年度までは無賃・有賃を含み、62年度以降は有賃のみ。

3. 平成23年度より、JRと民鉄の数値の公表を取り止めたため、鉄道貨物輸送全体の総計とコンテナ及び車扱の計の数値を公表する。

鉄 道 旅 客

Volume of Passengers

年　度 Fiscal Year	輸 送 人 員 （千人） Number of Passengers （Thousand Persons）					
	合　計 Sum Total	国鉄およびJR （JNR&JR）			民　鉄 （Private）	
		計 Total	定期外 Other than Season Tickets	定期 Season Tickets	計 Total	定期外 Other than Season Tickets
S35 (1960)	12,290,380	5,123,901	1,783,867	3,340,034	7,166,479	2,988,500
S40 (1965)	15,798,168	6,721,827	2,042,674	4,679,153	9,076,341	3,484,350
S45 (1970)	16,384,035	6,534,477	2,173,598	4,360,879	9,849,557	3,644,636
S50 (1975)	17,587,925	7,048,013	2,557,703	4,490,310	10,539,912	3,848,812
S55 (1980)	18,004,958	6,824,813	2,376,381	4,448,432	11,180,145	4,203,919
S60 (1985)	18,989,703	6,941,358	2,443,542	4,497,816	12,048,345	4,546,258
H2 (1990)	21,938,609	8,357,583	3,052,828	5,304,757	13,581,026	5,150,308
H7 (1995)	22,630,439	8,982,284	3,284,437	5,697,847	13,648,155	5,365,819
H12 (2000)	21,646,751	8,670,971	3,259,053	5,411,918	12,975,780	5,453,292
H17 (2005)	21,963,020	8,683,062	3,330,585	5,352,477	13,279,958	5,893,777
H22 (2010)	22,669,011	8,818,311	3,324,801	5,493,510	13,850,700	6,197,609
H25 (2013)	23,606,390 (100.0)	9,146,991 (38.7)	3,514,570 (14.9)	5,632,421 (23.9)	14,459,399 (61.3)	6,442,266 (27.2)
H26 (2014)	23,599,839 (100.0)	9,088,121 (38.5)	3,537,041 (15.0)	5,551,080 (23.5)	14,511,718 (61.5)	6,445,789 (27.2)
H27 (2015)	24,289,880 (100.0)	9,308,375 (38.3)	3,634,587 (15.0)	5,673,788 (23.4)	14,981,505 (61.7)	6,669,569 (27.5)
H28 (2016)	24,598,365 (100.0)	9,392,177 (38.2)	3,663,487 (14.9)	5,728,487 (23.3)	15,206,188 (61.8)	6,744,566 (27.4)
H29 (2017)	24,972,593 (100.0)	9,488,030 (38.0)	3,714,203 (14.9)	5,773,827 (23.1)	15,484,563 (62.0)	6,837,839 (27.4)
H30 (2018)	25,269,494 (100.0)	9,555,915 (37.8)	3,738,779 (14.8)	5,817,136 (23.0)	15,713,564 (62.2)	6,903,314 (27.3)
R1 (2019)	25,189,733 (100.0)	9,503,181 (37.7)	3,627,328 (14.4)	5,875,853 (23.3)	15,686,552 (62.3)	6,765,110 (26.9)
R2 (2020)	17,669,659 (100.0)	6,706,603 (38.0)	2,098,657 (11.9)	4,607,946 (26.1)	10,963,056 (62.0)	4,319,050 (24.4)
R3 (2021)	18,805,399 (100.0)	7,061,211 (37.5)	2,485,304 (13.2)	4,575,907 (24.3)	11,744,184 (62.5)	4,976,099 (26.5)
R4 (2022)	21,053,533 (100.0)	7,884,632 (37.5)	3,121,037 (14.8)	4,763,596 (22.6)	13,168,901 (62.5)	5,946,092 (28.2)
資　料	1986年まで国鉄…国鉄情報システム部（鉄道統計年報・月報）、民鉄…運輸省情報管理部統計課					

（注）定期とは、通勤・通学定期乗車券で一定区間を往復する旅客をいう。

輸　送　量

Carried　by　Railways

(ex.JR) 定期 Season Tickets	合　計 Sum Total	国鉄およびJR (JNR&JR) 計 Total	定期外 Other than Season Tickets	定期 Season Tickets	民　鉄 (Private) (ex.JR) 計 Total	定期外 Other than Season Tickets	定期 Season Tickets
		輸　送　人　キ　ロ（百万人キロ） Passengers-kilometers（million person-km）					
4,177,979	184,340	123,983	66,888	57,095	60,357	22,607	37,750
5,591,991	255,384	174,014	95,334	78,680	81,370	27,709	53,661
6,204,921	288,816	189,726	118,772	70,954	99,090	33,622	65,468
6,691,100	323,800	215,289	139,304	75,985	108,511	36,652	71,859
6,976,226	314,542	193,143	115,152	77,992	121,399	41,689	79,710
7,502,087	330,083	197,463	117,235	80,227	132,620	44,871	87,749
8,430,718	387,478	237,657	140,097	97,560	149,821	50,311	99,510
8,282,336	400,056	248,998	138,951	110,046	151,059	52,126	98,933
7,522,489	384,441	240,659	132,834	107,825	143,783	52,977	90,806
7,386,181	391,227	245,996	138,051	107,945	145,231	56,384	88,847
7,653,079	393,465	244,592	134,632	109,960	148,873	58,865	r 90,009
8,017,133	414,387	260,013	148,057	111,955	154,374	61,383	92,991
(34.0)	(100.0)	(62.7)	(35.7)	(27.0)	(37.3)	(14.8)	(22.4)
8,065,929	413,970	260,097	150,619	109,478	153,873	61,303	92,570
(34.2)	(100.0)	(62.8)	(36.4)	(26.4)	(37.2)	(14.8)	(22.4)
8,311,936	427,486	269,394	157,783	111,611	158,092	63,298	94,795
(34.2)	(100.0)	(63.0)	(36.9)	(26.1)	(37.0)	(14.8)	(22.2)
8,461,622	431,799	271,996	159,762	112,233	159,802	63,681	96,121
(34.4)	(100.0)	(63.0)	(37.0)	(26.0)	(37.0)	(14.7)	(22.3)
8,646,724	437,363	275,124	162,388	112,736	162,239	64,625	97,614
(34.6)	(100.0)	(62.9)	(37.1)	(25.8)	(37.1)	(14.8)	(22.3)
8,810,250	441,614	277,670	164,493	113,177	163,944	65,066	98,878
(34.9)	(100.0)	(62.9)	(37.2)	(25.6)	(37.1)	(14.7)	(22.4)
8,921,424	435,063	271,936	158,029	113,907	163,126	63,523	99,604
(35.4)	(100.0)	(62.5)	(36.3)	(26.2)	(37.5)	(14.6)	(22.9)
6,643,986	263,211	152,084	64,216	87,868	111,127	38,447	72,680
(37.6)	(100.0)	(57.8)	(24.4)	(33.4)	(42.2)	(14.6)	(27.6)
6,768,085	289,890	170,190	82,906	87,284	119,700	45,124	74,576
(36.0)	(100.0)	(58.7)	(28.6)	(30.1)	(41.3)	(15.6)	(25.7)
7,222,803	352,853	217,509	126,194	91,315	135,344	55,501	79,842
(34.3)	(100.0)	(61.6)	(35.8)	(25.9)	(38.4)	(15.7)	(22.6)

（民営鉄道輸送統計月報）、1987年より国土交通省総合政策局情報政策課交通経済統計調査室（鉄道輸送統計年報）

新 幹 線 輸 送 実 績
Volume of Passengers Carried by SHINKANSEN

年 度 Fiscal Year	列車キロ Trains-km 千キロ 1000km	車両キロ Wagons-km 千キロ 1000km	輸送人員 Number of Passengers 千人 (Thousand)	人キロ Passengers- km 百万人キロ (Million-km)	平均 輸送人員 Daily Mean Passengers 人(Person)	平均 乗車キロ Daily Mean Passengers-km キ ロ(km)
S40 (1965)	14,545	180,291	30,967	10,651	84,841	344
S45 (1970)	34,553	472,499	84,628	27,890	231,855	330
S50 (1975)	53,505	857,690	157,218	53,318	429,557	339
S55 (1980)	57,016	914,900	125,636	41,790	344,209	333
S60 (1985)	80,864	1,144,292	179,833	55,422	492,693	308
H2 (1990)	102,642	1,381,642	260,053	72,173	712,474	278
H7 (1995)	111,125	1,498,920	275,896	70,826	755,879	257
H12 (2000)	114,171	1,495,930	280,612	71,154	768,800	254
H17 (2005)	134,443	1,718,428	301,405	77,908	825,767	258
H20 (2008)	130,254	1,712,768	310,290	81,660	850,110	264
H21 (2009)	137,798	1,821,611	288,880	76,040	791,452	263
H22 (2010)	134,294	1,813,455	292,094	77,430	800,257	265
H23 (2011)	142,746	1,886,532	307,046	81,420	841,222	265
H24 (2012)	145,735	1,932,724	355,862	85,994	974,964	242
H25 (2013)	146,610	1,957,641	334,337	89,168	915,992	267
H26 (2014)	144,830	1,950,108	339,928	91,002	931,310	268
H27 (2015)	155,231	2,102,088	365,705	97,398	1,001,932	266
H28 (2016)	156,054	2,118,241	372,663	99,637	1,020,995	267
H29 (2017)	158,543	2,147,514	378,449	101,393	1,036,847	268
H30 (2018)	160,368	2,175,795	386,249	103,640	1,058,216	268
R1 (2019)	162,040	2,195,787	370,451	99,332	1,012,161	268
R2 (2020)	150,368	2,019,910	156,296	34,936	428,208	224
R3 (2021)	147,022	1,966,585	195,356	46,533	535,222	238
R4 (2022)	150,673	2,024,856	295,482	77,060	809,540	261
資 料	国土交通省総合政策局情報政策課　交通経済統計調査室(鉄道輸送統計年報)					

車　両　キ　ロ
Volume of Wagon-km Carried (Railways)

単位 ： 千キロ(Unit : Thousand km)

年　度	国鉄およびJR (JNR & JR)		民　鉄 (Private)	
Fiscal Year	旅客車 Passenger	貨　車 Freight	旅客車 Passenger	貨　車 Freight
S40 (1965)	3,091,381	5,272,920	1,312,976	102,313
S45 (1970)	3,877,839	5,447,070	1,578,822	86,124
S50 (1975)	4,304,782	4,088,084	1,754,686	58,292
S55 (1980)	4,427,193	3,076,453	1,957,442	50,350
S60 (1985)	4,092,244	1,505,187	2,163,922	29,729
H2 (1990)	4,696,929	1,453,888	2,479,446	29,415
H7 (1995)	4,865,866	1,318,303	2,813,058	23,738
H12 (2000)	4,818,878	1,145,834	2,941,792	16,158
H17 (2005)	4,968,346	1,178,144	3,120,370	11,768
H20 (2008)	5,180,243	1,157,126	3,195,911	10,294
H21 (2009)	5,282,910	1,039,904	3,231,158	9,198
H22 (2010)	5,096,024	1,056,674	3,211,265	10,036
H23 (2011)	5,122,934	1,037,718	3,204,597	…
H24 (2012)	5,175,267	1,048,589	3,229,974	…
H25 (2013)	5,142,844	1,090,030	3,222,457	…
H26 (2014)	5,234,268	1,095,489	3,299,302	…
H27 (2015)	5,275,865	1,108,776	3,265,890	…
H28 (2016)	5,276,275	1,078,201	3,279,577	…
H29 (2017)	5,329,268	1,095,467	3,306,646	…
H30 (2018)	5,314,166	971,144	3,303,593	…
R1 (2019)	5,362,326	1,020,833	3,323,363	…
R2 (2020)	5,121,300	949,465	3,301,396	…
R3 (2021)	5,001,926	923,598	3,258,559	…
R4 (2022)	5,048,239	923,660	3,211,976	…
資　料	国土交通省総合政策局情報政策課　交通経済統計調査室(鉄道輸送統計年報)			

(注)1. 車両キロとは、営業キロに通過客車(貨車)数を乗じた実績キロをいう。

　　2. 国鉄およびJR欄の1986年度以前は、空車・無賃を含む。

　　3. .2011年度より貨物輸送に関してはJRと民鉄の数値の公表を取り止めたため、両者の総計をJR欄に記

鉄 道 主 要 品 目 別 輸 送
Tonnage of Commodities

品 目 区 分 Items	H2 (1990FY) 合計 Total	H2 (1990FY) うちJR貨物 JNR	H12 (2000FY) 合計 Total	H12 (2000FY) うちJR貨物 JRF	H22 (2010FY) 合計 Total	H22 (2010FY) うちJR貨物 JRF
合　　　　　計　Sum-Total	65,396	38,239	36,912	18,976	20,091	10,344
穀　　　　　物　Cereals	398	293	0	0	...	...
野 菜 ・ 果 物　Vegetables, Fruit	33	33	...	...	...	...
そ の 他 の 農 産 物　Other Crops	661	488	0	...	0	...
畜　　　産　　　品　Stock Products	11	7	0	0	...	...
水　　　産　　　品　Maline Products	93	...	18	...	...	...
木　　　　　材　Lumber	334	331	177	174	2	...
薪　　　　　炭　Firewood	0	0	...	...	...	...
石　　　　　炭　Coal	3,681	1,011	1,989	279	767	163
金　　属　　鉱　Metallic minerals	553	335	416	207	365	193
砂 利 ・ 砂 ・ 石 材　Gravel,Sands & Stones	377	162	1,232	1,227	95	93
非金属鉱物（工業用）　Non-ferrous Metals & Minerals	15,415	5,863	8,600	749	5,383	612
金　　　　　属　Metals	563	357	106	66	52	40
金　属　製　品　Metal Products	300	0	69	...	14	...
機　　　　　械　Machinery	3,787	3,240	1,924	1,619	992	913
セ メ ン ト　Cement	13,333	7,952	4,385	2,581	1,301	674
そ の 他 の 窯 業 品　Other Ceramics	186	164	135	...	117	...
石　油　製　品　Petroleum-Products	16,743	11,802	14,055	9,978	10,021	7,192
コークス・その他の石炭製品　Coke,Others Coal Products	39	36	...	...	...	...
化　学　薬　品　Chemicals	3,664	2,370	1,890	1,030	158	158
化　学　肥　料　Chemicals Fertilizers	80	44	...	...	...	...
染料・塗料その他の化学工業品　Dyes,Paints,Others Chemicals	269	198	235	22	263	...
紙　・　パ　ル　プ　Paper,Pulp	3,172	2,620	1,161	895	232	185
繊　維　工　業　品　Textile Products	13	9	...	...	...	...
食　料　工　業　品　Foodstuff	611	423	1	1	...	0
日　　用　　品　Daily Necessaries	0	...	0	...	2	...
ゴ ム 製 品 ・ 木 製 品 ・ その他の製造工業品　Rubber,Wood Products	95	94	9	8	3	3
特 種 品 ・ そ の 他　Parcels & Others Products	283	157	280	137	234	120
分 類 不 能 の も の　Others	702	250	61	...	92	0
資　料					国土交通省鉄道局監修	

(注)1. 有賃のみ

　2. 特種品には、「くずもの」「動植物性飼肥料」「廃棄物」「運送用容器」「取り合わせ品」等を含む。

ト ン 数 の 推 移 （車 扱）

Carried by Freight Wagons

単位：千トン（Unit：Thousand tons)

H27 (2015FY)		H28 (2016FY)		H29 (2017FY)		H30 (2018FY)		R1 (2019FY)		R2 (2020FY)		R3 (2021FY)	
合計	うちJR貨物	合計	うちJR貨物	合計	うちJR貨物	合計	うちJR貨物	合計	うちJR貨物	合計	うちJR貨物	合計	うちJR貨物
Total	JRF	Total	JRF	Total	JRF	Total	JRF	Total	JRF	Total	JRF	Total	JRF
18,631	8,661	19,459	8,945	20,141	9,205	19,423	8,949	19,338	8,774	18,017	8,153	18,190	8,159
...	...	...	...	...	...	...	...	...	...	...	...	...	...
0	...	0	...	0	...	0	...	0	...	0	...	0	...
...	...	...	...	...	...	...	...	...	...	...	...	...	...
...	...	...	...	...	...	...	...	...	...	...	...	...	...
1	...	1	...	3	...	1	...	1	...	0	...	1	...
...	...	...	...	...	...	...	...	...	...	...	...	...	...
582	145	713	140	762	137	373	115	250	120	...	...	...	...
345	179	375	199	372	200	322	170	305	164	304	164	289	155
3	2	1	...	1	...	2	...	1	...	2	...	0	...
5,915	626	6,128	655	6,316	653	6,338	648	6,231	603	5,712	544	5,954	556
165	32	172	29	174	26	170	25	175	24	175	26	162	20
28	...	30	...	31	...	27	...	23	...	21	...	23	...
918	853	956	894	964	905	935	877	933	875	885	832	861	810
1,496	747	1,594	795	1,444	721	1,514	757	1,582	790	1,634	816	1,607	803
138	...	141	...	139	...	124	...	139	...	100	...	126	...
8,349	5,794	8,635	5,944	9,136	6,250	8,876	6,071	8,968	5,914	8,602	5,563	8,467	5,544
...	...	...	...	...	...	...	...	...	...	...	...	...	...
145	145	146	146	175	175	161	161	146	146	108	108	145	145
...	...	...	...	...	...	...	...	...	...	...	...	...	...
294	...	296	...	355	...	327	...	296	...	220	...	294	...
...	...	...	...	...	...	...	...	...	...	...	...	...	...
...	...	...	...	...	...	...	...	...	...	...	...	...	...
...	...	...	...	...	...	...	...	...	...	...	...	...	...
0	...	0	...	0	...	0	...	0	...	...	...	0	...
...	...	...	...	...	...	...	...	...	...	...	...	...	...
235	138	255	141	242	139	227	124	263	139	229	100	239	125
15	...	17	...	29	...	27	...	26	...	25	...	22	...

（鉄道統計年報）

輸

送

68 輸 送

車 扱 貨 物 主 要 品 目 別
Volume of Commodities

事業者名 Names of Railway Company	合計 Total	農 水 産 品 Agricultural & Aquastic Products					林 産 品 Forestry Products	
		農 産 品			畜産品	水産品	木材	薪炭
		穀物 Cereals	野菜 Vegetables	その他 Others	Stock Products	Marine Products	Lumber	Firewood
	トン	トン	トン	トン	トン	トン	トン	トン
(貨)太平洋石炭販売輸送	473,040	0	0	0	0	0	0	0
(貨)岩手開発鉄道	2,331,108	0	0	0	0	0	0	0
(貨)仙台臨海鉄道	580,793	0	0	0	0	0	0	0
(貨)福島臨海鉄道	190,654	0	0	0	0	0	0	0
(貨)秩父鉄道	1,968,106	0	0	0	0	0	0	0
(貨)京葉臨海鉄道	1,497,029	0	0	0	0	0	0	0
(貨)神奈川臨海鉄道	1,104,751	0	0	0	0	0	0	0
(貨)西濃鉄道	653,412	0	0	0	0	0	0	0
(貨)名古屋臨海鉄道	732,525	0	0	0	0	0	0	0
(貨)衣浦臨海鉄道	328,895	0	0	0	0	0	0	0
その他の鉄道	1,075,813	0	0	90	0	0	2,811	0
合計(民鉄) Total (Local Rail)	10,936,126	0	0	90	0	0	2,811	0
日本貨物鉄道 JR Freight	9,205,373	0	0	0	0	0	0	0
資 料	国土交通省鉄道局監修							

(注) 「平成31年・令和元年版」から鹿島臨海鉄道を秩父鉄道に入れ替えた。

輸 送 実 績（平成29年度）（FY2017）（その１）

Carried by Wagon Load Freight (No.1)

単位 ： トン(Unit: tons)

鉱　産　品					金属・機械工業品			
Mining Products					Fabricated Metals Products & Machinery			
石炭	金属鉱	砂利	石灰石	その他	鉄鋼 Iron	非鉄金属	金属製品	機械
Coal	Metallic minerals	Gravel	Limestone	Others	& Steel	Non-ferrous metals	Metal Products	Machinery
トン	トン	トン	トン	トン	トン	トン	トン	トン
473,040	0	0	0	0	0	0	0	0
0	0	0	2,331,108	0	0	0	0	0
0	0	0	0	0	8,587	0	0	52,848
0	172,482	0	0	0	0	0	18,172	0
152,000	0	0	1,804,720	0	0	0	0	0
0	0	0	0	0	0	138,698	0	1,200
0	0	0	0	0	0	0	0	0
0	0	0	653,412	0	0	0	0	0
0	0	0	730,284	0	0	0	0	0
0	0	0	0	142,940	0	0	0	0
0	0	1,139	0	0	0	0	13,025	5,501
625,040	172,482	1,139	5,519,524	142,940	8,587	138,698	31,197	59,549
136,680	199,896	0	653,412	0	26,265	0	0	904,804

（鉄道統計年報）

車 扱 貨 物 主 要 品 目 別

Volume of Commodities

事業者名 Names of Railway Company	化 学 工 業 品 Chemical Industrial Products						
	窯 業 品 Ceramics Products		石油製品 Petroleum Products	石炭製品 Coal Products	化学薬品 Chemicals	化学肥料 Chemical Fertilizers	その他 Others
	セメント Cement	その他 Others					
	トン	トン	トン	トン	トン	トン	トン
(貨)太平洋石炭販売輸送	0	0	0	0	0	0	0
(貨)岩手開発鉄道	0	0	0	0	0	0	0
(貨)仙台臨海鉄道	0	0	519,358	0	0	0	0
(貨)福島臨海鉄道	0	0	0	0	0	0	0
(貨)秩父鉄道	0	0	0	0	0	0	0
(貨)京葉臨海鉄道	0	0	1,357,131	0	0	0	0
(貨)神奈川臨海鉄道	0	0	1,007,593	0	0	0	0
(貨)西濃鉄道	0	0	0	0	0	0	0
(貨)名古屋臨海鉄道	0	0	0	0	0	0	0
(貨)衣浦臨海鉄道	0	0	0	0	0	0	179,795
その他の鉄道	722,872	138,856	1,849	0	0	0	174,962
総合計(民鉄) Total (Local Rail)	722,872	138,856	2,885,931	0	0	0	354,757
日本貨物鉄道 JR Freight	720,784	0	6,249,932	0	174,744	0	0
資 料	国土交通省鉄道局監修						

(注) 「平成31年・令和元年版」から鹿島臨海鉄道を秩父鉄道に入れ替えた。

輸 送 実 績（平成29年度）（FY2017）（その２）

Carried by Wagon Load Freight (Continued No.2)

単位：トン（Unit: tons）

軽工業品 Light Manufacturing Products			雑工業品 Miscellaneous Products		特 殊 品 Special Products			分類不能
紙・パルプ	繊維工業品	食料工業品	日用品	その他	金属屑	動植物性飼料	その他	Others
Paper Pulp	Textile Products	Food Stuff	Daily Necessities	Others	Metallic Scrap	Foodstuff & Fertilizers	Others	
トン	トン	トン	トン	トン	トン	トン	トン	トン
0	0	0	0	0	0	0	0	0
0	0	0	0	0	0	0	0	0
0	0	0	0	0	0	0	0	0
0	0	0	0	0	0	0	0	0
0	0	0	0	0	0	0	0	11,386
0	0	0	0	0	0	0	0	0
0	0	0	0	0	0	0	97,158	0
0	0	0	0	0	0	0	0	0
0	0	0	0	0	0	0	0	2,241
0	0	0	0	0	0	0	0	6,160
0	0	0	66	0	0	0	5,510	9,132
0	0	0	66	0	0	0	102,668	28,919
0	0	0	0	0	0	0	138,856	0

（鉄道統計年報）

車 扱 貨 物 主 要 品 目 別
Volume of Commodities

事業者名 Names of Railway Company	合計 Total トン	農 水 産 品 Agricultural & Aquastic Products					林 産 品 Forestry Products	
		農 産 品			畜産品	水産品	木材	薪炭
		穀物 Cereals トン	野菜 Vegetables トン	その他 Others トン	Stock Products トン	Marine Products トン	Lumber トン	Firewood トン
(貨)太平洋石炭販売輸送	128,580	0	0	0	0	0	0	0
(貨)岩手開発鉄道	2,422,262	0	0	0	0	0	0	0
(貨)仙台臨海鉄道	580,150	0	0	0	0	0	0	0
(貨)福島臨海鉄道	167,846	0	0	0	0	0	0	0
(貨)秩父鉄道	1,904,378	0	0	0	0	0	0	0
(貨)京葉臨海鉄道	1,466,472	0	0	0	0	0	0	0
(貨)神奈川臨海鉄道	1,054,154	0	0	0	0	0	0	0
(貨)西濃鉄道	648,414	0	0	0	0	0	0	0
(貨)名古屋臨海鉄道	726,337	0	0	0	0	0	0	0
(貨)衣浦臨海鉄道	300,862	0	0	0	0	0	0	0
その他の鉄道	1,074,606	0	0	85	0	0	1,013	0
合計(民鉄) Total (Local Rail)	10,474,061	0	0	85	0	0	1,013	0
日本貨物鉄道 JR Freight	8,949,358	0	0	0	0	0	0	0
資 料						国土交通省鉄道局監修		

(注)「平成31年・令和元年版」から鹿島臨海鉄道を秩父鉄道に入れ替えた。

輸　送　実　績（平成30年度）（FY2018）（その１）

Carried by Wagon Load Freight (No.1)

単位 ： トン(Unit: tons)

鉱　産　品					金属・機械工業品			
Mining Products					Fabricated Metals Products & Machinery			
石炭 Coal	金属鉱 Metallic minerals	砂利 Gravel	石灰石 Limestone	その他 Others	鉄鋼 Iron & Steel	非鉄金属 Non-ferrous metals	金属製品 Metal Products	機械 Machinery
トン	トン	トン	トン	トン	トン	トン	トン	トン
128,580	0	0	0	0	0	0	0	0
0	0	0	2,422,262	0	0	0	0	0
0	0	0	0	0	7,447	0	0	52,446
0	151,810	0	0	0	0	0	16,036	0
129,136	0	0	1,766,640	0	0	0	0	0
0	0	0	0	0	0	137,398	0	800
0	0	0	648,414	0	0	0	0	0
0	0	0	724,702	0	0	0	0	0
0	0	0	0	127,960	0	0	0	0
0	0	2,064	0	0	0	0	10,929	4,185
257,716	151,810	2,064	5,562,018	127,960	7,447	137,398	26,965	57,431
115,498	170,228	0	648,448	0	24,883	0	0	877,498

（鉄道統計年報）

車 扱 貨 物 主 要 品 目 別
Volume of Commodities

事業者名	化 学 工 業 品 Chemical Industrial Products						
Names of Railway Company	窯 業 品 Ceramics Products		石油製品	石炭製品	化学薬品	化学肥料	その他
	セメント Cement	その他 Others	Petroleum Products	Coal Products	Chemicals	Chemical Fertilizers	Others
	トン	トン	トン	トン	トン	トン	トン
(貨)太平洋石炭販売輸送	0	0	0	0	0	0	0
(貨)岩手開発鉄道	0	0	0	0	0	0	0
(貨)仙台臨海鉄道	0	0	520,257	0	0	0	0
(貨)福島臨海鉄道	0	0	0	0	0	0	0
(貨)秩父鉄道	0	0	0	0	0	0	0
(貨)京葉臨海鉄道	0	0	1,328,274	0	0	0	0
(貨)神奈川臨海鉄道	0	0	955,873	0	0	0	0
(貨)西濃鉄道	0	0	0	0	0	0	0
(貨)名古屋臨海鉄道	0	0	0	0	0	0	0
(貨)衣浦臨海鉄道	0	0	0	0	0	0	165,550
その他の鉄道	757,300	124,304	657	0	0	0	161,064
総合計(民鉄) Total (Local Rail)	757,300	124,304	2,805,061	0	0	0	326,614
日本貨物鉄道 JR Freight	756,656	0	6,070,937	0	160,906	0	0
資 料	国土交通省鉄道局監修						

(注)　「平成31年・令和元年版」から鹿島臨海鉄道を秩父鉄道に入れ替えた。

輸 送 実 績（平成30年度）（FY2018）（その２）

Carried by Wagon Load Freight (Continued No.2)

単位: トン（Unit: tons）

軽工業品 Light Manufacturing Products			雑工業品 Miscellaneous Products		特 殊 品 Special Products			分類不能
紙・パルプ Paper Pulp	繊維工業品 Textile Products	食料工業品 Food Stuff	日用品 Daily Necessities	その他 Others	金属屑 Metallic Scrap	動植物性飼料 Foodstuff & Fertilizers	その他 Others	Others
トン	トン	トン	トン	トン	トン	トン	トン	トン
0	0	0	0	0	0	0	0	0
0	0	0	0	0	0	0	0	0
0	0	0	0	0	0	0	0	0
0	0	0	0	0	0	0	0	0
0	0	0	0	0	0	0	0	8,602
0	0	0	0	0	0	0	0	0
0	0	0	0	0	0	0	98,281	0
0	0	0	0	0	0	0	0	0
0	0	0	0	0	0	0	0	1,635
0	0	0	0	0	0	0	0	7,352
0	0	0	51	0	0	0	3,970	8,984
0	0	0	51	0	0	0	102,251	26,573
0	0	0	0	0	0	0	124,304	0

（鉄道統計年報）

車 扱 貨 物 主 要 品 目 別

Volume of Commodities

事業者名 Names of Railway Company	合計 Total	農 水 産 品 Agricultural & Aquastic Products					林 産 品 Forestry Products	
		農 産 品			畜産品 Stock Products	水産品 Marine Products	木材 Lumber	薪炭 Firewood
		穀物 Cereals	野菜 Vegetables	その他 Others				
	トン	トン	トン	トン	トン	トン	トン	トン
岩手開発鉄道	2,345,796	0	0	0	0	0	0	0
仙台臨海鉄道	564,208	0	0	0	0	0	0	0
福島臨海鉄道	156,214	0	0	0	0	0	0	0
黒部峡谷鉄道	24,390	0	0	161	0	0	980	0
秩父鉄道	2,001,418	0	0	0	0	0	0	0
京葉臨海鉄道	1,529,686	0	0	0	0	0	0	0
神奈川臨海鉄道	1,280,434	0	0	0	0	0	0	0
名古屋鉄道	3,200	0	0	0	0	0	0	0
大井川鐵道	793	0	0	0	0	0	0	0
三岐鉄道	1,079,888	0	0	0	0	0	0	0
西濃鉄道	602,956	0	0	0	0	0	0	0
名古屋臨海鉄道	676,568	0	0	0	0	0	0	0
衣浦臨海鉄道	297,730	0	0	0	0	0	0	0
合計(民鉄) Total (Local Rail)	10,563,281	0	0	161	0	0	980	0
日本貨物鉄道 JR Freight	8,774,244	0	0	0	0	0	0	0
資 料	国土交通省鉄道局監修							

輸 送 実 績 （令和元年度）（FY2019）（その 1 ）

Carried by Wagon Load Freight （No.1）

単位 ： トン（Unit : tons）

鉱　産　品					金属・機械工業品			
Mining Products					Fabricated Metals Products & Machinery			
石炭	金属鉱	砂利	石灰石	その他	鉄鋼 Iron & Steel	非鉄金属	金属製品	機械
Coal	Metallic minerals	Gravel	Limestone	Others		Non-ferrous metals	Metal Products	Machinery
トン	トン	トン	トン	トン	トン	トン	トン	トン
0	0	0	2,345,796	0	0	0	0	0
0	0	0	0	0	6,611	0	0	50,713
0	141,398	0	0	0	0	0	14,816	0
0	0	1,332	0	0	0	0	3,033	3,666
129,880	0	0	1,862,520	0	0	0	0	0
0	0	0	0	0	0	144,834	0	400
0	0	0	0	0	0	0	0	0
0	0	0	0	0	0	0	0	3,200
0	0	0	0	0	0	0	0	0
0	0	0	0	0	0	0	4,832	0
0	0	0	602,956	0	0	0	0	0
0	0	0	673,892	0	0	0	0	0
0	0	0	0	142,940	0	0	0	0
129,880	141,398	1,332	5,485,164	142,940	6,611	144,834	22,681	57,979
119,680	163,506	0	602,956	86	23,581	0	0	875,226

（鉄道統計年報）

車 扱 貨 物 主 要 品 目 別

Volume of Commodities

事業者名 Names of Railway Company	化 学 工 業 品 Chemical Industrial Products						
	窯 業 品 Ceramics Products		石油製品 石油製品	石炭製品 石炭製品	化学薬品 化学薬品	化学肥料 化学肥料	その他 その他
	セメント Cement	その他 Others	Petroleum Products	Coal Products	Chemicals	Chemical Fertilizers	Others
	トン	トン	トン	トン	トン	トン	トン
岩手開発鉄道	0	0	0	0	0	0	0
仙台臨海鉄道	0	0	506,884	0	0	0	0
福島臨海鉄道	0	0	0	0	0	0	0
黒部峡谷鉄道	870	0	740	0	0	0	215
秩父鉄道	0	0	0	0	0	0	0
京葉臨海鉄道	0	0	1,384,452	0	0	0	0
神奈川臨海鉄道	0	0	1,161,338	0	0	0	0
名古屋鉄道	0	0	0	0	0	0	0
大井川鐵道	80	0	0	0	0	0	0
三岐鉄道	790,476	138,856	0	0	0	0	145,724
西濃鉄道	0	0	0	0	0	0	0
名古屋臨海鉄道	0	0	0	0	0	0	0
衣浦臨海鉄道	0	0	0	0	0	0	150,010
総合計(民鉄) Total (Local Rail)	791,426	138,856	3,053,414	0	0	0	295,949
日本貨物鉄道 JR Freight	790,476	0	5,914,153	0	145,724	0	0
資 料	国土交通省鉄道局監修						

輸 送 実 績 （令和元年度） （FY2019） （その２）

Carried by Wagon Load Freight （Continued No.2）

単位: トン（Unit: tons）

軽工業品 Light Manufacturing Products			雑工業品 Miscellaneous Products		特 殊 品 Special Products			分類不能
紙・パルプ Paper Pulp	繊 維 工業品 Textile Products	食 料 工業品 Food Stuff	日用品 Daily Necessities	その他 Others	金属屑 Metallic Scrap	動植物性 飼　料 Foodstuff & Fertilizers	その他 Others	Others
トン	トン	トン	トン	トン	トン	トン	トン	トン
0	0	0	0	0	0	0	0	0
0	0	0	0	0	0	0	0	0
0	0	0	0	0	0	0	0	0
0	0	0	40	0	0	0	4,905	8,448
0	0	0	0	0	0	0	0	9,018
0	0	0	0	0	0	0	0	0
0	0	0	0	0	0	0	119,096	0
0	0	0	0	0	0	0	0	0
0	0	0	0	0	0	0	0	713
0	0	0	0	0	0	0	0	0
0	0	0	0	0	0	0	0	0
0	0	0	0	0	0	0	0	2,676
0	0	0	0	0	0	0	0	4,780
0	0	0	40	0	0	0	124,001	25,635
0	0	0	0	0	0	0	138,856	0

（鉄道統計年報）

車 扱 貨 物 主 要 品 目 別

Volume of Commodities

事業者名 Names of Railway Company	合計 Total	農 水 産 品 Agricultural & Aquastic Products					林 産 品 Forestry Products	
		農 産 品 Cereals		その他 Others	畜産品 Stock Products	水産品 Marine Products	木材 Lumber	薪炭 Firewood
		穀物 Cereals	野菜 Vegetables	その他 Others	畜産品 Stock Products	水産品 Marine Products	木材 Lumber	薪炭 Firewood
	トン	トン	トン	トン	トン	トン	トン	トン
岩手開発鉄道	2,130,372	0	0	0	0	0	0	0
仙台臨海鉄道	529,571	0	0	0	0	0	0	0
福島臨海鉄道	154,194	0	0	0	0	0	0	0
黒部峡谷鉄道	25,503	0	0	87	0	0	238	0
秩父鉄道	1,790,892	0	0	0	0	0	0	0
京葉臨海鉄道	1,495,733	0	0	0	0	0	0	0
神奈川臨海鉄道	1,331,756	0	0	0	0	0	0	0
名古屋鉄道	3,200	0	0	0	0	0	0	0
大井川鐵道	1,744	0	0	0	0	0	0	0
三岐鉄道	1,028,834	0	0	0	0	0	0	0
西濃鉄道	543,456	0	0	0	0	0	0	0
名古屋臨海鉄道	610,043	0	0	0	0	0	0	0
衣浦臨海鉄道	218,717	0	0	0	0	0	0	0
合計(民鉄) Total (Local Rail)	9,864,015	0	0	87	0	0	238	0
日本貨物鉄道 JR Freight	8,152,938	0	0	0	0	0	0	0
資 料	国土交通省鉄道局監修							

輸 送 実 績（令和２年）（FY2020）（その１）

Carried by Wagon Load Freight (No.1)

単位 ： トン(Unit：tons)

鉱　産　品 Mining Products					金属・機械工業品 Fabricated Metals Products & Machinery			
石炭 Coal	金属鉱 Metallic minerals	砂利 Gravel	石灰石 Limestone	その他 Others	鉄鋼 Iron & Steel	非鉄金属 Non-ferrous metals	金属製品 Metal Products	機械 Machinery
トン	トン	トン	トン	トン	トン	トン	トン	トン
0	0	0	2,130,372	0	0	0	0	0
0	0	0	0	0	7,017	0	0	48,092
0	139,498	0	0	0	0	0	14,696	0
0	0	2,379	0	0	0	0	1,064	2,121
0	0	0	1,785,000	0	0	0	0	0
0	0	0	0	0	0	142,144	0	0
0	0	0	0	0	0	0	0	0
0	0	0	0	0	0	0	0	3,200
0	0	0	0	0	0	0	0	0
0	0	0	0	0	0	0	4,812	0
0	0	0	543,456	0	0	0	0	0
0	0	0	607,392	0	0	0	0	0
0	0	0	0	102,550	0	0	0	0
0	139,498	2,379	5,066,220	102,550	7,017	142,144	20,572	53,413
0	164,188	0	543,456	86	25,883	0	0	831,981

（鉄道統計年報）

車 扱 貨 物 主 要 品 目 別
Volume of Commodities

事業者名 Names of Railway Company	化 学 工 業 品 Chemical Industrial Products						
	窯 業 品 Ceramics Products		石油製品	石炭製品	化学薬品	化学肥料	その他
	セメント Cement	その他 Others	Petroleum Products	Coal Products	Chemicals	Chemical Fertilizers	Others
	トン	トン	トン	トン	トン	トン	トン
岩手開発鉄道	0	0	0	0	0	0	0
仙台臨海鉄道	0	0	474,462	0	0	0	0
福島臨海鉄道	0	0	0	0	0	0	0
黒部峡谷鉄道	1,220	0	1,080	0	0	0	243
秩父鉄道	0	0	0	0	0	0	0
京葉臨海鉄道	0	0	1,353,589	0	0	0	0
神奈川臨海鉄道	0	0	1,209,416	0	0	0	0
名古屋鉄道	0	0	0	0	0	0	0
大井川鐵道	256	0	0	0	0	0	0
三岐鉄道	816,316	99,620	0	0	0	0	108,086
西濃鉄道	0	0	0	0	0	0	0
名古屋臨海鉄道	0	0	0	0	0	0	0
衣浦臨海鉄道	0	0	0	0	0	0	111,265
総合計(民鉄) Total (Local Rail)	817,792	99,620	3,038,547	0	0	0	219,594
日本貨物鉄道 JR Freight	816,316	0	5,563,322	0	108,086	0	0
資 料	国土交通省鉄道局監修						

輸 送 実 績 （令和２年） （FY2020） （その２）

Carried by Wagon Load Freight (Continued No.2)

単位: トン(Unit: tons)

軽工業品 Light Manufacturing Products			雑工業品 Miscellaneous Products		特 殊 品 Special Products			分類不能
紙・パルプ Paper Pulp	繊 維 工業品 Textile Products	食 料 工業品 Food Stuff	日用品 Daily Necessities	その他 Others	金属屑 Metallic Scrap	動植物性 飼　料 Foodstuff & Fertilizers	その他 Others	Others
トン	トン	トン	トン	トン	トン	トン	トン	トン
0	0	0	0	0	0	0	0	0
0	0	0	0	0	0	0	0	0
0	0	0	0	0	0	0	0	0
0	0	0	0	0	0	0	7,097	9,974
0	0	0	0	0	0	0	0	5,892
0	0	0	0	0	0	0	122,340	0
0	0	0	0	0	0	0	0	0
0	0	0	0	0	0	0	0	1,488
0	0	0	0	0	0	0	0	0
0	0	0	0	0	0	0	0	2,651
0	0	0	0	0	0	0	0	4,902
0	0	0	0	0	0	0	129,437	24,907
0	0	0	0	0	0	0	99,620	0

（鉄道統計年報）

車 扱 貨 物 主 要 品 目 別
Volume of Commodities

事業者名 Names of Railway Company	合計 Total トン	農 水 産 品 Agricultural & Aquastic Products					林 産 品 Forestry Products	
		農 産 品			畜産品 Stock Products	水産品 Marine Products	木材 Lumber	薪炭 Firewood
		穀物 Cereals トン	野菜 Vegetables トン	その他 Others トン	トン	トン	トン	トン
岩手開発鉄道	2,249,712	0	0	0	0	0	0	0
仙台臨海鉄道	505,909	0	0	0	0	0	0	0
福島臨海鉄道	148,478	0	0	0	0	0	0	0
黒部峡谷鉄道	20,530	0	0	161	0	0	792	0
秩父鉄道	1,847,428	0	0	0	0	0	0	0
京葉臨海鉄道	1,509,616	0	0	0	0	0	0	0
神奈川臨海鉄道	1,201,729	0	0	0	0	0	0	0
名古屋鉄道	2,800	0	0	0	0	0	0	0
大井川鐵道	576	0	0	0	0	0	0	0
三岐鉄道	1,080,238	0	0	0	0	0	0	0
西濃鉄道	555,662	0	0	0	0	0	0	0
名古屋臨海鉄道	624,086	0	0	0	0	0	0	0
衣浦臨海鉄道	284,866	0	0	0	0	0	0	0
合計(民鉄) Total (Local Rail)	10,031,630	0	0	161	0	0	792	0
日本貨物鉄道 JR Freight	8,158,663	0	0	0	0	0	0	0
資 料	国土交通省鉄道局監修							

輸 送 実 績 (令和3年) (FY2021) (その1)

Carried by Wagon Load Freight (No.1)

単位 : トン(Unit: tons)

鉱　産　品 Mining Products					金属・機械工業品 Fabricated Metals Products & Machinery			
石炭 Coal	金属鉱 Metallic minerals	砂利 Gravel	石灰石 Limestone	その他 Others	鉄鋼 Iron & Steel	非鉄金属 Non-ferrous metals	金属製品 Metal Products	機械 Machinery
トン	トン	トン	トン	トン	トン	トン	トン	トン
0	0	0	2,249,712	0	0	0	0	0
0	0	0	0	0	5,600	0	0	45,756
0	134,330	0	0	0	0	0	14,148	0
0	0	488	0	0	0	0	2,631	2,310
0	0	0	1,842,800	0	0	0	0	0
0	0	0	0	0	0	136,068	0	0
0	0	0	0	0	0	0	0	0
0	0	0	0	0	0	0	0	2,800
0	0	0	0	0	0	0	0	0
0	0	0	0	0	0	0	6,376	0
0	0	0	555,662	0	0	0	0	0
0	0	0	621,034	0	0	0	0	0
0	0	0	0	129,535	0	0	0	0
0	134,330	488	5,269,208	129,535	5,600	136,068	23,155	50,866
0	154,808	0	555,662	0	20,188	0	0	810,110

(鉄道統計年報)

車 扱 貨 物 主 要 品 目 別

Volume of Commodities

事業者名 Names of Railway Company	化 学 工 業 品 Chemical Industrial Products						
	窯 業 品 Ceramics Products		石油製品 Petroleum Products	石炭製品 Coal Products	化学薬品 Chemicals	化学肥料 Chemical Fertilizers	その他 Others
	セメント Cement	その他 Others					
	トン	トン	トン	トン	トン	トン	トン
岩手開発鉄道	0	0	0	0	0	0	0
仙台臨海鉄道	0	0	454,553	0	0	0	0
福島臨海鉄道	0	0	0	0	0	0	0
黒部峡谷鉄道	519	0	742	0	0	0	157
秩父鉄道	0	0	0	0	0	0	0
京葉臨海鉄道	0	0	1,373,548	0	0	0	0
神奈川臨海鉄道	0	0	1,093,741	0	0	0	0
名古屋鉄道	0	0	0	0	0	0	0
大井川鐵道	0	0	0	0	0	0	0
三岐鉄道	803,358	125,834	0	0	0	0	144,670
西濃鉄道	0	0	0	0	0	0	0
名古屋臨海鉄道	0	0	0	0	0	0	0
衣浦臨海鉄道	0	0	0	0	0	0	148,925
総合計(民鉄) Total (Local Rail)	803,877	125,834	2,922,584	0	0	0	293,752
日本貨物鉄道 JR Freight	803,358	0	5,544,033	0	144,670	0	0
資 料	国土交通省鉄道局監修						

輸 送 実 績（令和３年）（FY2021）（その２）

Carried by Wagon Load Freight (Continued No.2)

単位: トン（Unit: tons）

軽工業品 Light Manufacturing Products			雑工業品 Miscellaneous Products		特 殊 品 Special Products			分類不能
紙・パルプ Paper Pulp	繊維工業品 Textile Products	食料工業品 Food Stuff	日用品 Daily Necessities	その他 Others	金属屑 Metallic Scrap	動植物性飼料 Foodstuff & Fertilizers	その他 Others	Others
トン	トン	トン	トン	トン	トン	トン	トン	トン
0	0	0	0	0	0	0	0	0
0	0	0	0	0	0	0	0	0
0	0	0	0	0	0	0	0	0
0	0	0	9	0	0	0	5,556	7,165
0	0	0	0	0	0	0	0	4,628
0	0	0	0	0	0	0	0	0
0	0	0	0	0	0	0	107,988	0
0	0	0	0	0	0	0	0	0
0	0	0	0	0	0	0	0	576
0	0	0	0	0	0	0	0	0
0	0	0	0	0	0	0	0	0
0	0	0	0	0	0	0	0	3,052
0	0	0	0	0	0	0	0	6,406
0	0	0	9	0	0	0	113,544	21,827
0	0	0	0	0	0	0	125,834	0

（鉄道統計年報）

貨 物 自 動 車
Tonnage Carried

年 度 Fiscal Year	合 計 Sum Total	営 業 用 Commercial use			
		計 合計	普通車 Ordinary Size	小型車 Small Size	特種用途車 Special Purpose Vehicles
S35 (1960)	1,156,291	380,728	256,450	110,359	13,919
S40 (1965)	2,193,195	664,227	462,599	130,591	71,037
S45 (1970)	4,626,069	1,113,061	861,602	100,790	150,669
S50 (1975)	4,392,859	1,251,482	1,023,632	57,146	170,704
S55 (1980)	5,317,950	1,661,473	1,378,692	48,731	234,050
S60 (1985)	5,048,048	1,891,937	1,612,536	45,571	233,830
H2 (1990)	6,113,565	2,427,625	2,092,641	40,596	283,147
SH7 (1995)	6,016,571	2,647,067	2,216,118	33,608	383,551
H12 (2000)	5,773,619 (100.0)	2,932,696 (50.8)	2,462,354 (42.6)	27,897 (0.5)	425,971 (7.4)
H17 (2005)	4,965,874 (100.0)	2,858,258 (49.5)	2,386,335 (48.1)	25,108 (0.5)	429,243 (8.6)
H22 (2010)	4,480,195 (100.0)	3,069,416 (68.5)	2,525,115 (56.4)	21,843 (0.5)	503,518 (11.2)
H26 (2014)	4,315,836 (100.0)	2,934,361 (68.0)	2,387,773 (55.3)	22,026 (0.5)	502,892 (11.7)
H27 (2015)	4,289,000 (100.0)	2,916,827 (68.0)	2,370,305 (55.3)	21,730 (0.5)	503,338 (11.7)
H28 (2016)	4,378,268 (100.0)	3,019,313 (69.0)	2,477,718 (56.6)	20,379 (0.5)	501,001 (11.4)
H29 (2017)	4,381,246 (100.0)	3,031,940 (69.2)	2,494,933 (57.0)	20,850 (0.5)	495,919 (11.3)
H30 (2018)	4,329,784 (100.0)	3,018,819 (69.7)	2,489,532 (57.5)	20,509 (0.5)	488,782 (11.3)
R1 (2019)	4,329,132 (100.0)	3,053,766 (70.5)	2,527,436 (58.4)	20,426 (0.5)	485,527 (11.2)
R2 (2020)	3,786,998 (100.0)	2,550,515 (67.3)	2,023,309 (53.4)	13,850 (0.4)	493,705 (13.0)
R3 (2021)	3,888,397 (100.0)	2,602,052 (66.9)	2,058,293 (52.9)	14,861 (0.4)	507,204 (13.0)
R4 (2022)	3,825,999 (100.0)	2,557,548 (66.8)	2,039,805 (53.3)	14,897 (0.4)	482,655 (12.6)
資 料	国土交通省総合政策局情報政策課				

(注)1. 区分は、凡例6参照
　2. 特種用途車の輸送トン数は、タンク車・コンクリートミキサー車等の貨物輸送を目的とする車の輸送トン数
　　のみである。
　3. 昭和62年度より軽自動車を含む。平成22年度より自家用軽自動車を対象から除外した。

輸　送　ト　ン　数

by Trucks

単位：千トン（Unit : Thousand tons)

軽自動車 Light Motor Vehicles	自　家　用 Private use				
	計 Total	普通車 Ordinary Size	小型車 Small Size	特種用途車 Special Purpose Vehicles	軽自動車 Light Motor Vehicles
...	775,563	422,009	336,178	17,376	...
...	1,528,978	781,004	690,524	57,440	...
...	3,513,008	1,811,750	1,531,272	169,986	...
...	3,141,377	2,106,926	757,659	276,792	...
...	3,656,477	2,466,643	797,176	392,658	...
...	3,156,111	2,114,946	655,819	385,346	...
11,241	3,685,940	2,529,224	561,625	466,312	128,779
13,790	3,369,504	2,307,007	443,678	479,450	139,369
16,474	2,840,923	1,970,648	336,845	405,899	127,531
(0.3)	(49.2)	(34.1)	(5.8)	(7.0)	(2.2)
17,572	2,107,616	1,458,046	250,493	275,435	123,642
(0.4)	(42.4)	(29.4)	(5.0)	(5.5)	(2.5)
18,940	1,410,779	1,004,710	167,702	238,367	...
(0.4)	(31.5)	(22.4)	(3.7)	(5.3)	
21,670	1,381,475	918,690	190,612	272,174	...
(0.5)	(32.0)	(21.3)	(4.4)	(6.3)	
21,454	1,372,174	913,769	188,278	270,127	...
(0.5)	(32.0)	(21.3)	(4.4)	(6.3)	
20,216	1,358,955	935,231	173,985	249,739	...
(0.5)	(31.0)	(21.4)	(4.0)	(5.7)	
20,238	1,349,306	923,209	167,811	258,286	...
(0.5)	(30.8)	(21.1)	(3.8)	(5.9)	
19,996	1,310,965	897,907	162,897	250,161	...
(0.5)	(30.3)	(20.7)	(3.8)	(5.8)	
20,377	1,275,366	882,778	153,102	239,486	...
(0.5)	(29.5)	(20.4)	(3.5)	(5.5)	
19,650	1,236,483	820,230	155,958	260,296	...
(0.5)	(32.7)	(21.7)	(4.1)	(6.9)	
21,695	1,286,344	878,604	163,055	244,686	...
(0.6)	(33.1)	(22.6)	(4.2)	(6.3)	
20,191	1,268,451	877,465	149,019	241,967	...
(0.5)	(33.2)	(22.9)	(3.9)	(6.3)	

交通経済統計調査室　（自動車輸送統計年報）

4. 平成22年度の数値には、平成23年3月の北海道及び東北6県の数値を含まない。

5. 平成23年度の数値には、平成23年4月の北海道及び東北6県の数値を含まない。

6. 平成22年度調査報告より、調査方法及び集計方法を変更した。これにより、過去の数値とは連続しない。

貨 物 自 動 車

Tonnage－km

年 度 Fiscal Year	合 計 Sum Total	営 業 用 Commercial use			
		計 Total	普通車 Ordinary Size	小型車 Small Size	特種用途車 Special Purpose Vehicles
S35 (1960)	20,801	9,639	8,220	1,128	291
S40 (1965)	48,392	22,385	18,582	1,885	1,918
S45 (1970)	135,916	67,330	61,222	1,774	4,335
S50 (1975)	129,701	69,247	62,327	1,592	5,328
S55 (1980)	178,901	103,541	93,046	1,469	8,999
S60 (1985)	205,941	137,299	123,177	1,642	12,479
H2 (1990)	274,244	194,221	172,834	1,391	19,575
H7 (1995)	294,648	223,090	192,153	1,060	29,443
H12 (2000)	313,118 (100.0)	255,533 (81.6)	217,398 (69.4)	928 (0.3)	36,686 (11.7)
H17 (2005)	334,979 (100.0)	290,773 (86.8)	243,193 (72.6)	908 (0.3)	46,059 (13.7)
H22 (2010)	243,150 (100.0)	213,288 (87.7)	171,365 (70.5)	663 (0.3)	40,804 (16.8)
H26 (2014)	210,008 (100.0)	181,160 (86.3)	143,611 (68.4)	607 (0.3)	36,502 (17.4)
H27 (2015)	204,316 (100.0)	175,981 (86.1)	140,121 (68.6)	582 (0.3)	34,855 (17.1)
H28 (2016)	210,316 (100.0)	180,810 (86.0)	146,547 (69.7)	538 (0.3)	33,307 (15.8)
H29 (2017)	210,829 (100.0)	182,526 (86.6)	148,858 (70.6)	543 (0.3)	32,712 (15.5)
H30 (2018)	210,467 (100.0)	182,490 (86.7)	149,101 (70.8)	536 (0.3)	32,449 (15.4)
R1 (2019)	213,836 (100.0)	186,377 (87.2)	153,280 (71.7)	543 (0.3)	32,144 (15.0)
R2 (2020)	213,419 (100.0)	186,999 (87.6)	146,084 (68.4)	415 (0.2)	40,146 (18.8)
R3 (2021)	224,095 (100.0)	196,439 (87.7)	153,053 (68.3)	434 (0.2)	42,551 (19.0)
R4 (2022)	226,886 (100.0)	199,149 (87.8)	156,367 (68.9)	424 (0.2)	41,957 (18.5)
資 料					国土交通省総合政策局情報政策課

(注)1. 区分は、凡例6参照
　　2. 特種用途車の輸送トン数は、タンク車・コンクリートミキサー車等の貨物輸送を目的とする車の輸送トン数のみである。
　　3. 昭和62年度より軽自動車を含む。平成22年度より自家用軽自動車を対象から除外した。

輸 送 ト ン キ ロ
Carried by Trucks

単位：百万トンキロ(Unit :Millon Tons-km)

軽自動車 Light Motor Vehicles	自 家 用 Private use				
	計 Total	普通車 Ordinary Size	小型車 Small Size	特種用途車 Special Purpose Vehicles	軽自動車 Light Motor Vehicles
...	11,163	7,375	3,543	245	...
...	26,006	15,199	9,821	986	...
...	68,586	42,343	23,807	2,436	...
...	69,455	41,685	15,033	3,737	...
...	75,360	52,963	16,669	5,729	...
...	68,641	47,254	14,882	6,504	...
422	80,023	58,086	12,401	7,870	1,665
435	71,558	52,284	9,570	8,057	1,647
522 (0.2)	57,585 (18.4)	41,806 (13.4)	7,266 (2.3)	6,953 (2.2)	1,559 (0.5)
613 (0.2)	44,206 (13.2)	31,858 (9.5)	5,503 (1.6)	5,391 (1.6)	1,455 (0.4)
456 (0.2)	29,862 (12.3)	22,785 (9.4)	2,999 (1.2)	4,078 (1.7)	...
440 (0.2)	28,848 (13.7)	20,341 (9.7)	3,487 (1.7)	5,020 (2.4)	...
423 (0.2)	28,335 (13.9)	19,998 (9.8)	3,451 (1.7)	4,886 (2.4)	...
418 (0.2)	29,506 (14.0)	21,549 (10.2)	3,257 (1.5)	4,700 (2.2)	...
412 (0.2)	28,303 (13.4)	20,500 (9.7)	3,137 (1.5)	4,666 (2.2)	...
404 (0.2)	27,977 (13.3)	20,470 (9.7)	3,030 (1.4)	4,476 (2.1)	...
410 (0.2)	27,459 (12.8)	19,988 (9.3)	2,865 (1.3)	4,607 (2.2)	...
354 (0.2)	26,421 (12.4)	19,400 (9.1)	2,590 (1.2)	4,430 (2.1)	...
401 (0.2)	27,656 (12.3)	20,500 (9.1)	2,604 (1.2)	4,552 (2.0)	...
401 (0.2)	27,737 (12.2)	20,521 (9.0)	2,676 (1.2)	4,540 (2.0)	...

交通経済統計調査室 （自動車輸送統計年報）

4. 平成6年度の数値には、平成7年1月～3月の兵庫県の数値を含まない。
5. 平成22年度の数値には、平成23年3月の北海道及び東北6県の数値を含まない。
6. 平成23年度の数値には、平成23年4月の北海道及び東北6県の数値を含まない。
7. 平成22年度調査報告より、調査方法及び集計方法を変更した。これにより、過去の数値とは連続しない。

旅 客 自 動 車
Number of Passengers

年 度 Fiscal Year	合 計 Sum Total	バ　ス　　Bus			
		計 Total	営 業 用　Commercial use		
			小計 Sub Total	乗 合 Regular	貸 切 Charter
S35 (1960)	7,900,743	6,290,722	6,178,805	6,044,498	134,307
S40 (1965)	14,863,470	10,557,428	10,028,983	9,862,056	166,927
S45 (1970)	24,032,433	11,811,524	10,254,693	10,073,704	180,989
S50 (1975)	28,411,450	10,730,770	9,293,477	9,118,868	174,609
S55 (1980)	33,515,233	9,903,047	8,300,314	8,096,622	203,692
S60 (1985)	34,678,904	8,780,339	7,229,794	6,997,602	232,192
H2 (1990)	55,767,427	8,558,007	6,756,251	6,500,489	255,762
H7 (1995)	61,271,653	7,619,016	6,005,172	5,756,231	248,941
H12 (2000)	62,841,306 (100.0)	6,635,255 (10.6)	5,057,754 (8.0)	4,803,040 (7.6)	254,714 (0.4)
H17 (2005)	65,946,689 (100.0)	5,888,754 (8.9)	4,545,417 (6.9)	4,243,854 (6.4)	301,563 (0.5)
H22 (2010)	6,241,395 (100.0)	4,458,229 (71.4)	4,458,229 (71.4)	4,158,180 (66.6)	300,049 (4.8)
H26 (2014)	6,057,426 (100.0)	4,500,163 (74.3)	4,500,163 (74.3)	4,174,821 (69.2)	325,342 (5.4)
H27 (2015)	6,031,303 (100.0)	4,565,210 (75.7)	4,565,210 (75.7)	4,269,867 (70.8)	295,343 (4.9)
H28 (2016)	6,034,900 (100.0)	4,582,953 (75.9)	4,582,953 (75.9)	4,288,516 (71.1)	294,437 (4.9)
H29 (2017)	6,084,966 (100.0)	4,639,579 (76.9)	4,639,579 (76.2)	4,342,261 (71.4)	297,318 (4.9)
H30 (2018)	6,036,558 (100.0)	4,645,762 (77.0)	4,645,762 (77.0)	4,347,726 (71.5)	298,035 (4.9)
R1 (2019)	5,799,913 (100.0)	4,532,231 (78.1)	4,532,232 (78.1)	4,257,648 (73.4)	274,584 (4.7)
R2 (2020)	4,000,083 (100.0)	3,261,843 (81.5)	3,261,843 (81.5)	3,120,552 (78.0)	141,291 (3.5)
R3 (2021)	4,269,925 (100.0)	3,467,175 (81.2)	3,467,175 (81.2)	3,308,771 (77.5)	158,404 (3.7)
R4 (2022)	4,783,393 (100.0)	3,815,242 (79.8)	3,815,242 (79.8)	3,617,563 (75.6)	197,679 (4.1)
資 料			国土交通省総合政策局情報政策課		

(注)1. 区分は、3頁の凡例6参照
　　2. 平成22年度調査報告より、調査方法及び集計方法が変更された(営業バスを除く)ため、過去の数値
　　　とは連続しない。

輸 送 人 員
Carried by Motor Vehicles

単位：千人(Unit：Thousand Persons)

| 乗用車 Passenger Car | | | | | 自家用貨物車 Truck for Private use | |
| 自家用 Private Use | 計 Total | 営業用 Commercial Use | 自家用 Private use | | 登録車 Motor Vehicles Registered | 軽自動車 Light Motor Vehicles |
			登録車 Motor Vehicles Registered	軽自動車 Light Motor Vehicles		
111,917	1,610,021	1,205,255	404,766	...	...	...
528,445	4,306,042	2,626,631	1,679,411	...	...	...
1,556,831	12,220,909	4,288,853	7,932,056	...	...	...
1,437,293	17,680,680	3,220,221	14,460,459	...	...	...
1,602,733	23,612,186	3,426,567	20,185,619	...	...	...
1,550,545	25,898,565	3,256,748	22,641,817	...	...	...
1,801,756	36,203,558	3,223,166	30,847,009	2,133,383	3,454,128	7,551,734
1,613,844	43,054,973	2,758,386	35,018,454	5,278,133	3,133,874	7,463,790
1,577,501	47,937,071	2,433,069	36,505,013	8,998,989	2,484,914	5,784,066
(2.5)	(76.3)	(3.6)	(58.1)	(14.3)	(4.0)	(9.2)
1,343,337	52,722,207	2,217,361	37,358,034	13,146,812	2,083,356	5,252,372
(2.0)	(79.9)	(3.4)	(56.6)	(19.9)	(3.2)	(8.0)
...	1,783,166	1,783,166	...	...	...	...
	(28.6)	(28.6)				
...	1,557,263	1,557,263	...	...	...	...
	(25.7)	(25.7)				
...	1,466,093	1,466,093	...	...	...	...
	(24.3)	(24.3)				
...	1,451,975	1,451,975	...	...	...	...
	(24.1)	(24.1)				
...	1,445,386	1,445,386	...	...	...	...
	(23.8)	(23.8)				
...	1,390,797	1,390,797	...	...	...	...
	(22.9)	(22.9)				
...	1,267,682	1,267,682	...	...	...	...
	(21.9)	(21.9)				
...	738,240	738,240	...	...	...	...
	(18.5)	(18.5)				
	802,750	802,750	...	...	...	...
	(18.8)	(18.8)				
	968,151	968,151	...	...	...	...
	(20.2)	(20.2)				

交通経済統計調査室（自動車輸送統計年報）

3 .また平成22年度調査報告より、自家用乗用車、自家用貨物車及び軽自動車を調査対象から除外した。

4. 平成22年度の数値には、平成23年3月の北海道運輸局及び東北運輸局の乗用車の数値を含まない。

旅 客 自 動 車
Passenger-Kilometers

年 度 Fiscal Year	合 計 Sum Total	バ ス Buses 計 Total	営 業 用 Commercial use 小計 Sub Total	乗 合 Regular	貸 切 Charter
S35 (1960)	55,531	43,999	42,742	31,643	11,099
S40 (1965)	120,756	80,134	73,371	53,495	19,876
S45 (1970)	284,229	102,893	82,239	52,712	29,527
S50 (1975)	360,867	110,063	80,110	47,505	32,605
S55 (1980)	431,669	110,396	73,934	41,595	32,339
S60 (1985)	489,261	104,898	70,848	33,752	37,096
H2 (1990)	853,060	110,372	77,341	33,724	43,617
H7 (1995)	917,420	97,288	73,911	30,635	43,276
H12 (2000)	951,251	87,307	69,530	26,978	42,552
	(100.0)	(9.2)	(7.3)	(2.8)	(4.5)
H17 (2005)	933,005	88,065	72,781	27,664	45,117
	(100.0)	(9.4)	(7.8)	(3.0)	(4.8)
H22 (2010)	77,677	69,955	69,955	28,616	41,339
	(100.0)	(90.1)	(90.1)	(36.8)	(53.2)
H26 (2014)	72,579	65,649	65,649	31,384	34,265
	(100.0)	(90.5)	(90.5)	(43.2)	(47.2)
H27 (2015)	71,443	64,936	64,936	33,176	31,760
	(100.0)	(90.9)	(90.9)	(46.4)	(44.5)
H28 (2016)	70,119	63,737	63,737	33,604	30,133
	(100.0)	(90.9)	(90.9)	(47.9)	(43.0)
H29 (2017)	69,815	63,524	63,524	34,260	29,264
	(100.0)	(91.0)	(91.0)	(49.1)	(41.9)
H30 (2018)	70,101	64,108	64,108	35,214	28,894
	(100.0)	(91.5)	(91.5)	(50.2)	(41.2)
R1 (2019)	65,556	60,070	60,070	33,690	26,381
	(100.0)	(91.6)	(91.6)	(51.4)	(40.2)
R2 (2020)	25,593	22,546	22,546	18,195	4,351
	(100.0)	(88.1)	(88.1)	(71.1)	(17.0)
R3 (2021)	30,189	26,963	26,963	21,739	5,224
	(100.0)	(89.3)	(89.3)	(72.0)	(17.3)
R4 (2022)	44,185	40,126	40,126	29,818	10,308
	(100.0)	(90.8)	(90.8)	(67.5)	(23.3)
資 料	国土交通省総合政策局情報政策課				

(注)1. 区分は、凡例6参照
　　 2. 平成6年度の数値には、平成7年1月～3月の兵庫県の数値(営業バス等を除く)を含まない。
　　 3. 平成22年度の数値には、平成23年3月の北海道及び東北6県の数値(営業バスを除く)を含まない。

輸　送　人　キ　ロ
Carried　by　Motor　Vehicles

単位：百万人キロ(Unit：Million　Persons-km)

自家用 Private Use	計 Total	乗　用　車　Passenger　Car			自家用貨物車 Truck for Private use	
		営業用 Commercial Use	自　家　用　Private　use		登録車 Motor Vehicles Registered	軽自動車 Light Motor Vehicles
			登録車 Motor Vehicles Registered	軽自動車 Light Motor Vehicles		
1,257	11,532	5,162	6,370	...	...	...
6,763	40,622	11,216	29,406	...	...	...
20,655	181,335	19,311	162,024	...	...	...
29,953	250,804	15,572	235,232	...	...	...
36,462	321,272	16,243	305,030	...	...	...
34,050	384,363	15,763	368,600	...	...	...
33,031	575,506	15,639	536,773	23,094	74,659	92,523
23,377	664,625	13,796	594,712	56,117	73,887	81,620
17,777 (1.9)	741,148 (77.9)	12,052 (1.3)	630,958 (66.3)	98,138 (10.3)	59,431 (6.2)	63,366 (6.7)
15,284 (1.6)	737,621 (79.1)	11,485 (1.2)	587,657 (63.0)	138,479 (14.8)	49,742 (5.3)	57,576 (6.2)
...	7,723 (9.9)	7,723 (9.9)	...	...	...	...
...	6,930 (9.5)	6,930 (9.5)	...	...	...	...
...	6,508 (9.1)	6,508 (9.1)	...	...	...	...
...	6,382 (9.1)	6,382 (9.1)	...	...	...	...
...	6,290 (9.0)	6,290 (9.0)	...	...	...	...
...	5,993 (8.5)	5,993 (8.5)	...	...	...	...
...	5,486 (8.4)	5,486 (8.4)	...	...	...	...
...	3,047 (11.9)	3,047 (11.9)	...	...	...	...
...	3,227 (10.7)	3,227 (10.7)	...	...	...	...
...	4,059 (9.2)	4,059 (9.2)	...	...	...	...

交通経済統計調査室(自動車輸送統計年報)

4. 平成23年度の数値には、平成23年4月の北海道及び東北6県の数値(営業バスを除く)を含まない。

5. 平成22年度調査報告より、調査方法及び集計方法が変更された(営業バスを除く)ため、過去の数値とは連続しない。

6 .また平成22年度調査報告より、自家用乗用車、自家用貨物車及び軽自動車を調査対象から除外した。

貨 物 自 動 車
Kilometric

年 度 Fiscal Year	合 計 Sum Total	営 業 用 Commercial use			
		計 Total	普通車 Ordinary Size	小型車 Small Size	特種用途車 Special Purpose Vehicles
S35 (1960)	17,444,933	4,377,352	2,594,799	1,645,495	137,058
S40 (1965)	44,563,004	8,465,056	5,490,557	2,384,655	589,844
S45 (1970)	100,040,408	15,592,167	12,014,742	2,416,837	1,160,588
S50 (1975)	104,859,125	17,921,607	14,190,159	2,141,192	1,590,256
S55 (1980)	141,546,599	26,882,697	21,518,271	2,347,225	3,017,201
S60 (1985)	136,533,450	34,682,364	28,083,552	2,627,023	3,971,789
H2 (1990)	255,871,744	51,187,877	39,732,101	2,619,838	6,106,860
H7 (1995)	267,128,018	63,869,017	48,538,375	2,397,843	9,405,178
H12 (2000)	260,845,895	73,695,464	54,226,378	2,269,089	12,708,270
H17 (2005)	242,090,907	76,232,797	54,644,511	2,107,513	14,075,769
H22 (2010)	184,514,054	68,542,308	46,575,347	2,031,095	13,848,218
H26 (2014)	205,685,592	65,645,677	43,923,721	1,790,283	14,233,437
H27 (2015)	203,592,279	65,936,287	44,056,488	1,815,664	14,426,436
H28 (2016)	200,568,290	65,392,633	43,744,261	1,732,178	14,286,805
H29 (2017)	199,040,121	65,831,428	44,100,496	1,734,145	14,287,405
H30 (2018)	196,502,278	66,212,516	44,044,725	1,752,741	14,461,997
R1 (2019)	194,365,347	65,927,448	43,599,667	1,753,320	14,508,090
R2 (2020)	181,362,957	62,249,300	41,311,688	1,595,681	13,786,795
R3 (2021)	178,944,305	64,826,511	43,269,423	1,587,546	14,504,859
R4 (2022)	185,363,979	65,750,583	43,154,031	1,655,955	14,995,775
資 料	国土交通省総合政策局情報政策課交通経済統計調査室				

(注)1. 区分は、3頁の凡例6参照
　　2. 特種用途車の輸送トン数は、タンク車・コンクリートミキサー車等の貨物輸送を目的とする車の走行キロ
　　　のみである。
　　3. 平成22年度の数値には、平成23年3月の北海道及び東北6県の数値を含まない。
　　4. 平成23年度の数値には、平成23年4月の北海道及び東北6県の数値を含まない。

走　行　キ　ロ
Performance　by　Trucks

単位：千キロ（Unit：Thousand　km）

		自　家　用　Private　use			
軽自動車 Light Motor Vehicles	計 Total	普通車 Ordinary Size	小型車 Small Size	特種用途車 Special Purpose Vehicles	軽自動車 Light Motor Vehicles
...	13,067,581	3,673,150	9,250,417	144,014	...
...	36,097,948	6,378,969	29,346,590	372,389	...
...	84,448,241	15,491,848	68,163,358	793,035	...
...	86,937,518	14,730,938	70,515,944	1,690,636	...
...	114,663,902	20,163,657	91,508,840	2,991,405	...
...	111,851,086	20,787,990	87,216,192	3,846,904	...
2,729,078	204,683,867	27,148,708	89,789,012	5,139,466	82,606,681
3,527,621	203,259,001	29,907,983	85,526,055	6,818,600	81,006,363
4,491,727	187,150,431	28,797,198	79,940,123	7,991,047	70,422,063
5,404,004	165,858,110	24,962,312	66,162,139	6,349,014	68,384,645
6,087,648	115,971,746	17,809,207	23,461,578	6,594,275	68,106,686
5,698,236	140,039,915	17,021,649	43,955,232	7,037,031	72,026,003
5,637,699	137,655,992	17,253,393	43,123,408	7,040,634	70,238,557
5,629,389	135,175,657	17,215,971	40,363,669	6,894,403	70,701,614
5,709,382	133,208,693	17,180,429	39,765,507	6,779,665	69,483,092
5,953,053	130,289,762	17,408,973	39,310,754	6,587,051	66,982,984
6,066,371	128,437,899	17,559,435	39,102,160	6,382,943	65,393,361
5,555,136	119,113,657	16,025,743	36,560,317	5,673,951	60,853,646
5,464,683	114,117,794	16,528,116	34,795,243	5,805,353	56,989,082
5,944,822	119,613,396	16,892,499	38,154,777	5,964,993	58,601,127

（自動車輸送統計年報（平成21年度まで）、自動車燃料消費量調査年報（平成22年度より））

6. 平成22年度調査報告より、調査方法及び集計方法が変更されたため、自動車燃料消費量統計年報によることとした。これにより、過去の数値とは連続しない。
7. また、原典資料の章表事項の区分が従前と異なるため、他区分の車種を含むものがある。
　　a) 営業用普通車には、その他LPG車及びCNG車を含む。
　　b) 営業用小型車には、ガソリン貨物車の普通・小型・特種車を含む。
　　c) 自家用特種用途車には、軽油 自家用旅客車の特種車（非貨物）を含む。

旅 客 自 動 車
Kilometric Performance of

年 度 Fiscal Year	合 計 Sum Total	バ ス　　Buses			
		計 Total	営 業 用　Commercial use		
			小計 Sub Total	乗 合 Regular	貸 切 Charter
S35 (1960)	10,719,059	1,994,286	1,945,846	1,680,671	265,175
S40 (1965)	37,592,220	3,589,909	3,147,759	2,636,126	511,633
S45 (1970)	125,976,450	5,394,083	3,674,183	2,935,122	739,061
S50 (1975)	181,485,963	5,450,609	3,622,637	2,878,520	744,177
S55 (1980)	247,505,112	6,045,821	3,890,181	2,909,759	980,422
S60 (1985)	281,908,270	6,351,738	4,115,063	2,879,928	1,235,135
H2 (1990)	577,393,157	7,111,973	4,609,701	3,038,390	1,571,311
H7 (1995)	656,414,264	6,767,953	4,530,987	2,955,635	1,575,352
H12 (2000)	702,027,937	6,619,057	4,525,797	2,896,959	1,628,838
H17 (2005)	692,645,814	6,650,213	4,744,596	3,015,339	1,729,257
H22 (2010)	625,103,916	6,156,261	4,661,356	…	…
H26 (2014)	646,962,736	5,921,132	4,576,650	…	…
H27 (2015)	649,746,545	5,851,272	4,510,808	…	…
H28 (2016)	659,078,058	5,709,074	4,415,432	…	…
H29 (2017)	668,860,448	5,591,787	4,304,159	…	…
H30 (2018)	672,595,146	5,513,362	4,221,204	…	…
R1 (2019)	669,778,130	5,327,535	4,122,346	…	…
R2 (2020)	595,641,285	3,777,140	2,942,857	…	…
R3 (2021)	576,834,052	3,657,893	2,786,704	…	…
R4 (2022)	617,596,982	4,276,654	3,300,671	…	…
資 料	国土交通省総合政策局情報政策課交通経済統計調査室				

(注)1. 区分は、3頁の凡例6参照
　　2. 平成6年度の数値には、平成7年1月～3月の兵庫県の数値(営業バス等を除く)を含まない。
　　3. 平成22年度の数値には、平成23年3月の北海道及び東北6県の数値を含まない(営業用バスを除く)。
　　4. 平成23年度の数値には、平成23年4月の北海道及び東北6県の数値を含まない(営業用バスを除く)。

走 行 キ ロ

Passenger Motor Vehicles

単位：千キロ（Unit：Thousand km）

| 自家用 Private Use | 計 Total | 乗　用　車　Passenger Car | | | | 自家用貨物車 Truck for Private use | |
| | | 営業用 Commercial Use | 自　家　用　Private use | | 登録車 Motor Vehicles Registered | 軽自動車 Light Motor Vehicles |
			登録車 Motor Vehicles Registered	軽自動車 Light Motor Vehicles		
48,440	8,724,773	4,591,153	4,133,620	…	…	…
442,150	34,002,311	11,721,007	22,281,304	…	…	…
1,719,900	120,582,367	19,873,243	100,709,124	…	…	…
1,827,972	176,035,354	17,514,938	158,520,416	…	…	…
2,155,640	241,459,291	19,328,451	222,130,840	…	…	…
2,236,675	275,556,532	19,248,953	256,307,579	…	…	…
2,502,272	365,597,317	19,348,051	330,968,483	15,280,783	122,077,186	82,606,681
2,236,966	446,387,310	18,018,027	388,983,003	39,386,280	122,252,638	81,006,363
2,093,260	508,258,449	16,429,964	421,773,936	70,054,549	116,728,368	70,422,063
1,905,617	520,137,491	15,262,520	402,274,026	102,600,945	97,473,465	68,384,645
1,494,905	486,214,356	12,493,827	338,703,248	135,017,281	64,626,613	68,106,686
1,344,482	503,916,836	10,836,977	336,331,559	156,748,300	65,098,765	72,026,003
1,340,464	509,194,506	10,477,152	338,110,776	160,606,578	64,462,210	70,238,557
1,293,642	521,039,931	9,879,223	341,511,337	169,649,371	61,627,439	70,701,614
1,287,628	532,762,193	9,585,298	347,022,073	176,154,822	61,023,376	69,483,092
1,292,158	543,379,073	9,014,110	354,002,991	180,361,972	56,719,727	66,982,984
1,205,189	542,395,639	8,224,276	353,072,509	181,098,854	56,661,595	65,393,361
834,283	478,424,439	4,812,813	311,065,072	162,546,554	52,586,060	60,853,646
871,189	464,863,718	4,845,036	300,986,894	159,031,788	51,323,359	56,989,082
975,983	499,671,925	5,831,318	328,598,065	165,242,542	55,047,276	58,601,127

（自動車輸送統計年報（平成21年度まで）、自動車燃料消費量調査年報（平成22年度より））

5 平成22年度調査報告より、調査方法及び集計方法が変更されたため、自動車燃料消費量統計年報によることとした。これにより、過去の数値とは連続しない。

6. また、原典資料の章表事項の区分が従前と異なるため、他区分の車種を含むものがある。

・乗用車のうち自家用登録車は、旅客の普通車、小型車、乗用車（ハイブリッド）による。

自 動 車 貨 物 品 目 別 輸 送 ト ン 数（令和元年度）（FY 2019）
Tonnage of Items Carried by Trucks

単位：千トン（Unit：Thousand tons）

品　　　目 Items	合　計 Sum Total	計 Total	普通車 Ordinary Size	小型車 Small Size	特殊用途車 Special	軽自動車 Light Motor	計 Total	普通車 Ordinary Size	小型車 Small Size	特殊用途車 Special
		令和元年度 (FY 2019)								
		営業用 Business use					自家用 Private use			
合　　　計 Sum Total	4,329,132	3,053,766	2,527,436	20,426	485,527	20,377	1,275,366	882,778	153,102	239,486
穀　　物 Cereals	39,429	31,016	26,744	325	3,869	78	8,413	4,893	3,110	410
野菜・果物 Vegetables, Fruit	68,761	50,924	24,733	88	25,866	237	17,837	8,815	5,739	3,284
その他の農産物 Other Crops	20,010	13,331	8,292	263	4,751	24	6,680	3,114	2,793	773
畜産品 Stock Products	49,377	36,470	15,333	20	21,083	33	12,908	6,659	984	5,264
水産品 Maline Products	40,532	33,272	12,524	34	20,525	190	7,260	3,443	1,139	2,678
木材 Lumber	147,192	93,759	91,904	1,205	637	12	53,433	44,723	8,516	195
薪炭 Firewood	409	253	155	2	4	92	156	111	43	3
石炭 Coal	29,719	29,653	28,079	0	1,549	26	66	48	18	0
金属鉱 Metallic minarals	14,238	13,398	13,390	0	0	8	840	690	138	12
砂利・砂・石材 Gravel,Sands,Stones	426,866	139,643	139,401	174	68	0	287,223	259,237	27,357	629
工業用非金属鉱物 Non-ferrous Metals & Minerals	50,857	33,574	29,578	61	3,929	6	17,284	13,675	814	2,794
鉄鋼 Iron & Steel	180,949	152,076	151,771	145	146	14	28,873	25,416	3,448	10
非鉄金属 Non-ferrous Metals & Products	25,166	19,290	18,147	170	871	103	5,876	3,601	2,275	0
金属製品 Metal Products	146,856	100,510	95,898	639	3,837	137	46,345	34,029	12,205	111
輸送用機械 Transportation Machinery	56,310	31,508	30,266	2	1,117	123	24,803	24,305	498	0
輸送用機械部品 Parts for Transportation Machinery	291,744	277,147	273,192	601	2,629	726	14,596	12,095	2,468	33
その他の機械 Other Machinery	146,546	95,641	92,937	738	1,765	202	50,905	42,207	8,596	102
セメント Cement	44,906	36,374	10,684	36	25,623	30	8,533	1,807	1,178	5,548
その他の窯業品 Other Ceramics	233,597	108,419	68,133	482	39,750	53	125,178	10,278	4,256	110,644
揮発油 Gasoline	11,556	11,139	5,128	1	6,010	0	417	7	165	245
重油 Heavy Oil	8,895	5,430	1,932	0	3,498	0	3,466	5	385	3,076
その他の石油 Other Petroleum	59,861	45,451	29,246	65	16,107	33	14,410	1,641	1,361	11,409
その他の石油製品 Other Petroleum-Products	24,249	12,673	11,082	17	1,574	0	11,575	9,340	1,989	246
LPG及びその他のガス LPG Gas and Other Gas	37,194	24,308	11,697	754	11,817	40	12,886	6,532	4,765	1,589
コークス・その他の石炭製品 Coke,Others Coal Products	10,156	9,306	7,864	25	1,418	0	850	841	3	5
化学薬品 Chemicals	46,369	42,099	22,732	153	19,202	13	4,270	1,727	675	1,868
化学肥料 Chemical Fertilizers	13,694	8,986	7,551	698	532	205	4,708	2,684	1,996	28
染料・塗料その他の科学工業品 Dyes,Paints,Others Chemicals	124,939	111,966	96,781	608	13,604	973	12,973	7,298	4,649	1,026
紙・パルプ Paper,Pulp	126,826	109,061	106,250	655	1,963	194	17,764	11,137	3,593	3,035
繊維工業品 Textile Products	15,540	11,013	10,677	79	175	82	4,527	3,481	1,046	0
製造食品 Food Products	220,245	204,625	89,039	205	114,431	951	15,619	5,168	2,053	8,398
食料工業品 Foodstuff	224,046	196,146	155,824	931	39,014	377	27,901	18,599	4,936	4,365
日用品 Daily Necessities	333,032	321,331	285,392	5,471	23,306	7,162	11,700	6,270	4,864	566
ゴム製品・木製品、その他の製造工業品 Rubber,Wood Products	33,557	23,603	21,621	278	1,138	566	9,953	4,302	3,525	2,126
金属くず Metallic Scraps	76,951	38,166	37,580	215	367	5	38,785	37,783	896	106
その他のくずもの Others Scraps	66,472	27,058	19,621	971	5,909	556	39,414	23,367	4,808	11,238
動植物性製造飼・肥料 Foodstuff & Fertilizers	68,577	47,154	29,025	394	17,711	24	21,423	16,655	3,405	1,363
廃棄物 Scrap Waste	216,615	57,597	42,500	454	14,401	242	159,017	93,689	9,307	56,021
廃土砂 Waste mixed with Soil and Sands	212,641	72,899	72,845	54	0	0	139,743	127,494	12,053	196
輸送用容器 Transport Containers	43,186	37,744	35,860	128	1,697	59	5,443	4,750	605	87
取合せ品 Parcels & Other Products	341,067	339,754	296,031	3,285	33,636	6,801	1,313	864	448	2
分類不能のもの Others	0	0	0	0	0	0	0	0	0	0
資　料	国土交通省総合政策局情報政策課交通統計室（自動車輸送統計年報）									

(注) 平成27年4月より品目分類が見直された（5頁の凡例9を参照）。

自 動 車 貨 物 品 目 別 輸 送 ト ン 数（令和2年度）（FY 2020）
Tonnage of Items Carried by Trucks

単位：千トン（Unit：Thousand tons）

品　目　Items	合計 Sum Total	営業用 Business use 計 Total	普通車 Ordinary Size	小型車 Small Size	特殊用途車 Special	軽自動車 Light Motor	自家用 Private use 計 Total	普通車 Ordinary Size	小型車 Small Size	特殊用途車 Special
合・計 Sum Total	3,786,998	2,550,515	2,023,309	13,850	493,705	19,650	1,236,483	820,230	155,958	260,296
穀物 Cereals	39,427	29,304	24,844	249	4,082	129	10,123	5,206	4,472	445
野菜・果物 Vegetables, Fruit	60,070	41,703	12,869	112	28,611	112	18,367	7,073	7,587	3,708
その他の農産物 Other Crops	25,316	19,185	15,143	301	3,723	18	6,131	3,220	2,638	274
畜産品 Stock Products	44,796	34,040	10,154	3	23,838	45	10,756	5,751	710	4,296
水産品 Maline Products	28,393	21,984	4,624	27	17,257	76	6,409	2,909	1,051	2,448
木材 Lumber	118,368	73,458	71,312	1,208	911	27	44,910	36,950	7,765	195
薪炭 Firewood	529	240	235	0	5	-	289	196	77	16
石炭 Coal	18,885	18,801	18,598	15	188	-	84	58	14	13
金属鉱 Metallic minarals	8,970	7,807	7,671	-	135	1	1,163	1,124	32	6
砂利・砂・石材 Gravel,Sands,Stones	570,629	280,687	278,574	164	1,944	5	289,941	262,128	27,372	441
工業用非金属鉱物 Non-ferrous Metals & Minerals	34,299	25,707	22,732	3	2,972	-	8,591	5,686	1,053	1,853
鉄鋼 Iron & Steel	129,795	102,192	101,925	183	76	9	27,603	23,565	4,035	3
非鉄金属 Non-ferrous Metals & Products	17,157	13,934	13,640	164	113	16	3,223	2,267	956	-
金属製品 Metal Products	108,763	65,985	64,721	633	387	244	42,778	30,965	11,773	40
輸送用機械 Transportation Machinery	75,813	54,067	53,911	4	138	14	21,745	21,022	717	6
輸送用機械部品 Parts for Transportation Machinery	138,183	130,585	129,380	148	891	166	7,597	5,543	2,054	-
その他の機械 Other Machinery	128,542	90,199	88,868	294	710	328	38,343	29,419	8,708	216
セメント Cement	87,353	71,081	12,444	64	58,573	-	16,273	5,956	1,505	8,812
その他の窯業品 Other Ceramics	283,912	136,026	46,160	255	89,556	54	147,886	16,999	4,393	126,495
揮発油 Gasoline	24,913	23,252	14,930	0	8,323	0	1,661	399	25	1,236
重油 Heavy Oil	12,406	7,496	700	-	6,796	-	4,910	493	88	4,329
その他の石油 Other Petroleum	51,261	33,807	18,647	59	15,101	0	17,454	662	1,245	15,547
その他の石油製品 Other Petroleum-Products	37,728	21,233	19,645	110	1,477	0	16,496	13,471	2,507	518
LPG及びその他のガス LPG Gas and Other Gas	34,650	24,356	6,030	1,714	16,609	4	10,293	3,999	4,545	1,749
コークス・その他の石炭製品 Coke,Others Coal Products	3,304	2,719	2,100	-	620	-	585	459	18	107
化学薬品 Chemicals	32,915	30,957	12,515	138	18,289	15	1,958	1,014	460	485
化学肥料 Chemical Fertilizers	10,088	7,597	6,261	405	867	63	2,491	875	1,616	-
染料・塗料その他の科学工業品 Dyes,Paints,Others Chemicals	89,492	79,018	68,531	484	9,681	322	10,474	5,079	3,693	1,702
紙・パルプ Paper,Pulp	95,442	79,120	77,176	660	1,087	196	16,332	9,533	2,368	4,421
繊維工業品 Textile Products	13,338	7,949	7,440	61	436	12	5,388	4,468	919	2
製造食品 Food Products	121,789	109,541	25,321	29	83,880	312	12,248	4,002	1,392	6,853
食料工業品 Foodstuff	196,769	176,684	135,802	1,122	39,431	329	20,084	14,019	3,802	2,264
日用品 Daily Necessities	171,386	160,661	148,233	1,791	7,616	3,021	10,725	5,897	4,655	174
ゴム製品・木製品・その他の製造工業品 Rubber,Wood Products	27,415	21,571	20,915	173	394	88	5,844	3,621	1,754	470
金属くず Metallic Scraps	48,059	18,359	18,287	59	9	3	29,701	28,487	1,162	51
その他のくずもの Others Scraps	56,421	20,138	16,214	483	3,305	135	36,283	21,997	4,637	9,650
動植物性製造飼・肥料 Foodstuff & Fertilizers	70,617	43,832	28,190	326	15,243	73	26,785	17,118	6,478	3,189
廃棄物 Scrap Waste	242,873	91,681	72,883	365	18,285	148	151,192	83,650	9,645	57,898
廃土砂 Waste mixed with Soil and Sands	295,206	149,705	149,672	33	-	-	145,501	129,024	16,374	103
輸送用容器 Transport Containers	58,001	53,610	50,066	259	3,273	12	4,391	3,628	665	98
取合せ品 Parcels & Other Products	173,724	170,244	145,946	1,751	8,872	13,674	3,481	2,299	997	184
分類不能のもの Others	-	-	-	-	-	-	-	-	-	-
資料	国土交通省総合政策局情報政策課交通統計室（自動車輸送統計年報）									

（注）平成27年4月より品目分類が見直された（5頁の凡例9を参照）。

自 動 車 貨 物 品 目 別 輸 送 ト ン 数（令和3年度）（FY 2021）
Tonnage of Items Carried by Trucks

単位：千トン（Unit：Thousand tons）

品　　目　　Items	合　計 Sum Total	令和3年度（FY 2021）								
		営業用　Business use					自家用　Private use			
		計 Total	普通車 Ordinary Size	小型車 Small Size	特殊用途車 Special	軽自動車 Light Motor	計 Total	普通車 Ordinary Size	小型車 Small Size	特殊用途車 Special
合　　　　　　計 Sum Total	3,888,397	2,602,052	2,058,293	14,861	507,204	21,695	1,286,344	878,604	163,055	244,686
穀　　　　　　物 Cereals	41,410	29,821	25,374	225	4,080	143	11,589	5,572	5,128	888
野　菜・果　物 Vegetables, Fruit	58,244	39,971	13,926	123	25,829	93	18,273	7,407	7,802	3,064
その他の農産物 Other Crops	30,612	23,545	18,200	56	5,212	76	7,068	4,197	2,529	342
畜　産　品 Stock Products	48,718	38,456	7,308	4	31,025	119	10,262	4,285	883	5,094
水　産　品 Maline Products	25,516	19,075	4,760	15	14,174	126	6,442	2,526	993	2,922
木　　　　材 Lumber	129,224	79,670	77,796	1,124	747	3	49,554	42,069	7,217	268
薪　　　　炭 Firewood	1,094	862	862	-	1	-	231	158	73	-
石　　　　炭 Coal	13,945	13,879	13,829	21	29	-	65	23	42	-
金　属　鉱 Metallic minarals	6,783	6,010	5,986	5	18	1	773	271	502	-
砂利・砂・石材 Gravel,Sands,Stones	582,835	278,288	277,315	186	785	3	304,547	272,666	31,478	403
工業用非金属鉱物 Non-ferrous Metals & Minerals	39,764	26,982	22,688	31	4,263	-	12,782	9,158	1,991	1,634
鉄　　　　鋼 Iron ＆ Steel	136,315	108,109	107,699	157	240	14	28,205	24,312	3,892	1
非　鉄　金　属 Non-ferrous Metals & Products	21,078	16,446	16,194	72	170	10	4,632	3,178	1,452	2
金　属　製　品 Metal Products	111,103	66,838	65,553	592	542	152	44,265	31,989	12,190	87
輸 送 用 機 械 Transportation Machinery	74,227	47,875	47,688	28	121	38	26,351	25,368	972	12
輸送用機械部品 Parts for Transportation Machinery	137,469	128,988	127,722	140	1,003	123	8,481	6,334	2,148	-
その他の機械 Other Machinery	130,844	90,841	89,613	267	673	288	40,003	31,524	8,469	10
セ　メ　ン　ト Cement	93,147	76,940	15,236	186	61,518	0	16,207	4,537	1,536	10,134
その他の窯業品 Other Ceramics	268,362	136,057	48,975	533	86,519	29	132,305	15,510	4,855	111,940
揮　発　油 Gasoline	35,685	34,385	19,024	-	15,348	13	1,300	486	39	776
重　　　　油 Heavy Oil	12,949	8,853	773	-	8,080	-	4,096	124	21	3,950
その他の石油 Other Petroleum	53,230	34,589	17,315	81	17,194	-	18,641	785	1,914	15,942
その他の石油製品 Other Petroleum-Products	34,351	22,812	19,772	19	3,021	-	11,538	9,706	1,763	70
LPG及びその他のガス LPG Gas and Other Gas	31,970	24,272	6,337	1,961	15,974	-	7,699	1,956	3,937	1,806
コークス・その他の石炭製品 Coke,Others Coal Products	5,940	5,476	4,939	-	537	-	464	457	7	-
化　学　薬　品 Chemicals	29,882	27,860	12,114	86	15,612	48	2,022	985	670	367
化　学　肥　料 Chemical Fertilizers	11,307	8,362	7,351	610	398	3	2,945	791	1,795	359
染料・塗料その他の化学工業品 Dyes,Paints,Others Chemicals	86,060	76,639	65,748	714	9,831	346	9,421	5,646	3,158	617
紙・パ　ル　プ Paper,Pulp	100,634	83,263	79,965	633	2,507	158	17,370	10,122	2,488	4,761
繊　維　工　業　品 Textile Products	12,852	9,907	9,711	93	94	9	2,945	2,016	912	16
製　造　食　品 Food Products	118,863	106,618	26,741	95	79,413	370	12,245	5,246	1,434	5,566
食　料　工　業　品 Foodstuff	208,454	187,290	139,105	1,066	46,730	389	21,164	14,213	3,486	3,464
日　用　品 Daily Necessities	177,186	166,694	151,742	2,035	9,468	3,449	10,492	6,624	3,676	192
ゴム製品・木製品・その他の製造工業品 Rubber,Wood Products	22,748	15,801	15,000	150	434	218	6,947	4,663	1,788	496
金　属　く　ず Metallic Scraps	58,320	21,776	21,692	24	60	1	36,544	35,326	1,128	89
その他のくずもの Others Scraps	48,916	16,799	13,844	672	2,173	110	32,117	18,826	4,596	8,695
動植物性製造飼・肥料 Foodstuff & Fertilizers	68,734	44,641	28,272	275	15,954	140	24,093	17,585	3,853	2,655
廃　　棄　　物 Scrap Waste	272,307	95,889	82,106	310	13,470	2	176,418	108,470	10,489	57,459
廃　土　砂 Waste mixed with Soil and Sands	297,426	142,858	142,771	84	2	2	154,568	134,923	19,638	7
輸　送　用　容　器 Transport Containers	61,875	56,172	52,955	163	3,026	28	5,703	5,022	637	44
取　合　せ　品 Parcels & Other Products	188,018	182,441	154,292	2,028	10,932	15,189	5,576	3,546	1,476	555
分類不能のもの Others	-	-	-	-	-	-	-	-	-	-
資　　料	国土交通省総合政策局情報政策課交通統計室（自動車輸送統計年報）									

（注）平成27年4月より品目分類が見直された（5頁の凡例9を参照）。

自 動 車 貨 物 品 目 別 輸 送 ト ン 数 （令和4年度）（FY 2022）
Tonnage of Items Carried by Trucks

単位：千トン（Unit：Thousand tons）

品　　目　　Items	合 計 Sum Total	営業用 Business use 計 Total	普通車 Ordinary Size	小型車 Small Size	特殊用途車 Special	軽自動車 Light Motor	自家用 Private use 計 Total	普通車 Ordinary Size	小型車 Small Size	特殊用途車 Special
合　　　　　計 Sum Total	3,825,999	2,557,548	2,039,805	14,897	482,655	20,191	1,268,451	877,465	149,019	241,967
穀　　　　　物 Cereals	41,303	31,938	26,794	844	4,172	127	9,365	5,204	3,511	651
野 菜 ・ 果 物 Vegetables, Fruit	54,873	38,546	13,917	146	24,255	228	16,327	7,263	6,236	2,827
そ の 他 の 農 産 物 Other Crops	22,101	17,715	11,852	192	5,639	32	4,386	2,266	1,903	217
畜　産　品 Stock Products	39,019	28,762	7,575	8	21,020	159	10,257	5,533	351	4,373
水　産　品 Maline Products	25,699	19,167	4,179	9	14,922	58	6,532	2,992	908	2,631
木　　　材 Lumber	123,620	72,398	70,869	1,147	349	32	51,223	44,237	6,791	195
薪　　　炭 Firewood	593	316	314	-	2	1	277	69	150	58
石　　　炭 Coal	6,423	6,385	6,317	-	68	-	38	35	3	-
金　属　鉱 Metallic minarals	11,073	10,405	10,386	15	4	-	668	641	27	-
砂 利 ・ 砂 ・ 石 材 Gravel,Sands,Stones	584,384	277,115	276,315	259	539	3	307,269	276,988	29,184	1,097
工 業 用 非 金 属 鉱 Non-ferrous Metals & Minerals	38,521	22,850	20,003	4	2,840	3	15,671	11,667	1,978	2,026
鉄　　　鋼 Iron & Steel	141,209	106,237	105,791	269	154	23	34,972	30,930	4,041	1
非 鉄 金 属 Non-ferrous Metals & Products	20,203	13,834	13,552	144	121	18	6,369	5,020	1,340	8
金 属 製 品 Metal Products	108,045	68,653	67,238	671	431	312	39,393	28,598	10,729	66
輸 送 用 機 械 Transportation Machinery	67,672	46,515	46,456	4	54	1	21,156	20,171	985	-
輸 送 用 機 械 部 品 Parts for Transportation Machinery	149,504	139,072	138,279	249	452	92	10,432	8,578	1,854	-
そ の 他 の 機 械 Other Machinery	125,371	82,715	81,413	577	512	213	42,656	33,355	9,300	1
セ メ ン ト Cement	93,581	78,989	15,229	121	63,639	-	14,592	1,957	1,341	11,295
そ の 他 の 窯 業 品 Other Ceramics	263,488	134,961	50,759	250	83,946	6	128,528	13,112	4,694	110,722
揮 発 油 Gasoline	25,268	24,190	14,185	-	10,006	-	1,078	96	44	938
重 油 Heavy Oil	10,817	7,609	360	-	7,249	-	3,209	-	28	3,181
そ の 他 の 石 油 Other Petroleum	49,872	33,396	16,145	73	17,177	0	16,476	498	1,535	14,443
そ の 他 の 石 油 製 品 Other Petroleum-Products	37,709	23,833	21,267	46	2,520	-	13,876	11,274	2,504	98
LPG及びその他のガス LPG Gas and Other Gas	33,594	23,246	6,906	1,459	14,881	-	10,348	3,531	5,032	1,786
コークス・その他の石 炭 製 品 Coke,Others Coal Products	7,478	7,335	6,776	-	560	-	143	134	9	-
化 学 薬 品 Chemicals	37,863	34,424	15,805	72	18,522	24	3,439	1,335	1,442	663
化 学 肥 料 Chemical Fertilizers	11,643	9,312	8,461	456	381	14	2,331	1,089	1,175	67
染料・塗料その他の化 学 工 業 品 Dyes,Paints,Others Chemicals	81,847	70,862	61,974	534	7,965	389	10,985	7,558	3,023	404
紙 ・ パ ル プ Paper,Pulp	101,631	84,889	81,807	1,393	1,456	233	16,741	10,869	1,937	3,936
繊 維 工 業 品 Textile Products	12,377	7,226	7,048	51	120	8	5,151	4,042	1,063	47
製 造 食 品 Food Products	115,943	103,173	26,467	84	76,247	375	12,770	4,859	1,500	6,411
食 料 工 業 品 Foodstuff	206,021	184,206	135,663	903	47,383	257	21,815	16,061	3,318	2,436
日 用 品 Daily Necessities	173,773	163,319	149,830	1,999	8,803	2,687	10,455	5,759	4,563	133
ゴム製品・木製品・その他の製造工業品 Rubber,Wood Products	24,367	18,844	18,542	73	120	109	5,523	3,069	1,983	471
金 属 く ず Metallic Scraps	53,103	20,310	20,214	24	71	0	32,793	31,794	831	168
そ の 他 の く ず も の Others Scraps	55,533	21,016	18,102	333	2,537	44	34,517	21,116	3,139	10,262
動植物性製造飼・肥料 Foodstuff & Fertilizers	71,131	46,745	30,196	387	16,156	6	24,386	16,391	4,493	3,502
廃 棄 物 Scrap Waste	251,087	90,689	77,923	361	12,391	14	160,397	94,183	9,619	56,596
廃 土 砂 Waste mixed with Soil and Sands	294,006	142,632	142,427	205	-	-	151,373	137,436	13,937	-
輸 送 用 容 器 Transport Containers	66,431	61,977	58,802	5	3,155	15	4,454	3,373	885	196
取 合 せ 品 Parcels & Other Products	187,820	181,742	153,669	1,530	11,837	14,707	6,078	4,384	1,631	63
分 類 不 能 の も の Others	-	-	-	-	-	-	-	-	-	-
資　　　料		国土交通省総合政策局情報政策課交通統計室（自動車輸送統計年報）								

(注) 平成27年4月より品目分類が見直された（5頁の凡例9を参照）。

国内定期航空輸送実績（その1）

Performance of Domestic Scheduled Air Services

幹線＋ローカル線（Trunk lines + Local lines）

年 度 Fiscal Year	運航キロ Operation KM	座席キロ Seat KM	旅客数 Number of Passenger	人キロ Passenger KM	貨物重量 Tonnages of Cargo	貨物トンキロ Cargo Ton KM
	×1,000	×1,000,000	×1,000	×1,000,000		×1,000
S35 (1960)	21,580	1,029	1,256	734	9,031	5,684
S40 (1965)	68,087	4,954	5,146	2,939	33,327	21,001
S45 (1970)	128,516	12,353	15,427	9,314	116,373	73,731
S50 (1975)	173,697	31,315	25,445	19,137	190,351	151,556
S55 (1980)	221,336	45,840	40,424	29,686	328,718	289,612
S60 (1985)	231,480	55,807	43,776	33,118	538,042	482,353
H2 (1990)	267,189	69,509	64,466	50,909	684,671	629,383
H7 (1995)	384,636	107,078	78,101	65,012	790,790	761,927
H12 (2000)	483,351	126,072	92,873	79,698	929,837	905,732
H17 (2005)	531,879	129,420	94,490	83,220	889,607	877,372
H20 (2008)	549,124	126,228	90,662	80,931	995,889	1,006,780
H21 (2009)	546,273	121,796	83,872	75,203	959,608	980,226
H22 (2010)	546,136	115,697	82,211	73,751	941,108	970,760
H23 (2011)	566,990	112,749	79,052	71,165	895,762	929,054
H24 (2012)	616,549	122,322	85,996	77,917	905,751	945,901
H25 (2013)	666,854	130,723	92,488	84,144	934,561	966,524
H26 (2014)	681,092	131,538	95,197	86,763	928,757	959,743
H27 (2015)	682,729	129,722	96,063	88,216	918,033	958,747
H28 (2016)	684,797	129,445	98,124	90,576	909,426	959,635
H29 (2017)	689,856	130,282	102,119	94,427	904,327	969,469
H30 (2018)	694,516	131,600	103,903	96,171	823,357	880,896
R1 (2019)	701,257	133,360	101,872	94,488	777,153	828,580
R2 (2020)	397,540	68,793	33,768	31,543	428,032	463,969
R3 (2021)	538,484	92,479	49,695	46,658	479,889	527,730
R4 (2022)	712,688	129,753	90,662	86,382	549,556	599,286
資 料	国土交通省総合政策局情報政策課交通経済統計調査室（航空輸送統計年報）					

（注）1. 幹線とは、千歳、東京、成田、大阪（伊丹）、関空、福岡、那覇の7空港を相互に結ぶ路線である。

2. ローカル線とは、幹線以外の路線である。

3. 貨物重量及び貨物トンキロは、超過手荷物・郵便物を含まない。

国内定期航空輸送実績（その２）

Performance　of　Domestic　Scheduled　Air　Services

幹線、ローカル線別（Trunk lines and Local lines）

	年　度 Fiscal Year	運航キロ Operation KM	座席キロ Seat KM	旅客数 Number of Passenger	人キロ Passenger KM	貨物重量 Tonnages of Cargo	貨物トンキロ Cargo Ton KM
		×1,000	×1,000,000	×1,000	×1,000,000		×1,000
幹線	S40 (1965)	30,602	3,341	2,609	1,870	…	…
	S45 (1970)	57,954	7,766	7,667	5,621	90,706	61,483
	S50 (1975)	70,102	19,018	11,512	11,080	135,663	117,606
	S55 (1980)	66,886	23,651	15,398	14,534	232,200	223,168
	S60 (1985)	68,179	28,314	16,968	16,065	364,976	353,910
	H2 (1990)	78,112	32,577	25,485	24,484	464,525	454,906
	H7 (1995)	103,177	43,804	27,129	27,348	494,573	508,577
	H12 (2000)	144,501	54,850	36,684	36,299	566,897	585,573
	H17 (2005)	159,860	58,942	39,070	38,958	556,729	580,546
	H22 (2010)	175,726	53,516	34,659	35,329	646,382	705,129
	H25 (2013)	224,668	59,438	39,353	40,517	673,343	731,278
	H26 (2014)	224,689	58,628	40,165	41,277	673,862	728,278
線	H27 (2015)	232,883	59,199	41,509	42,924	679,189	739,052
	H28 (2016)	235,669	59,406	42,296	43,935	675,152	745,058
	H29 (2017)	235,074	59,153	43,655	45,377	674,118	756,665
	H30 (2018)	229,273	58,424	43,436	45,271	603,585	677,820
	R1 (2019)	230,115	58,856	42,494	44,381	570,680	638,301
	R2 (2020)	136,777	32,045	15,000	15,840	332,055	378,313
	R3 (2021)	187,841	41,767	22,055	23,034	377,215	433,473
	R4 (2022)	243,710	57,977	39,417	42,099	427,291	486,385
ロ ー カ ル 線	S40 (1965)	37,485	1,614	2,532	1,069	…	…
	S45 (1970)	70,562	4,587	7,760	3,693	25,668	12,248
	S50 (1975)	103,595	12,297	13,932	8,057	54,688	33,950
	S55 (1980)	154,450	22,189	25,026	15,152	96,518	66,444
	S60 (1985)	163,301	27,493	26,808	17,053	173,066	128,443
	H2 (1990)	189,078	36,932	38,981	26,425	220,146	174,477
	H7 (1995)	281,459	63,274	50,971	37,664	296,217	253,350
	H12 (2000)	338,850	71,222	56,189	43,399	362,940	320,159
	H17 (2005)	372,019	70,479	55,420	44,262	332,878	296,826
	H22 (2010)	370,163	62,180	47,552	38,406	294,725	265,632
	H25 (2013)	442,187	71,285	53,134	43,627	261,218	235,246
	H26 (2014)	456,402	72,910	55,032	45,486	254,895	231,465
	H27 (2015)	449,846	70,523	54,554	45,292	238,844	219,695
	H28 (2016)	449,128	70,038	55,828	46,642	234,274	214,577
	H29 (2017)	454,781	71,129	58,464	49,050	230,209	212,803
	H30 (2018)	465,244	73,176	60,466	50,900	219,772	203,076
	R1 (2019)	471,142	74,505	59,378	50,107	206,473	190,279
	R2 (2020)	260,763	36,748	18,768	15,703	95,978	85,656
	R3 (2021)	350,642	50,712	27,639	23,624	102,674	94,257
	R4 (2022)	468,977	71,776	51,244	44,284	122,266	112,901

（注）前ページの資料による。

国際航空輸送実績

Performance of International Scheduled Air Services

年　度 Fiscal Year	運行キロ Operation Km	座席キロ Seat Km	旅客数 Number of Passenger	人キロ Passenger Km	貨物重量 Tonnages of Cargo	貨物トンキロ Cargo Ton Km
	×1,000	×1,000,000	×1,000	×1,000,000		×1,000
S35 (1960)	13,814	...	113	556	3,240	22,113
S40 (1965)	35,799	4,202	477	2,114	11,861	94,976
S45 (1970)	92,369	12,478	1,710	6,867	50,975	375,897
S50 (1975)	114,861	23,891	2,683	14,090	125,919	902,109
S55 (1980)	155,875	38,492	5,024	23,720	238,236	1,581,179
S60 (1985)	179,600	45,039	6,561	32,410	379,626	2,782,464
H2 (1990)	255,540	66,369	10,928	50,822	621,720	4,292,685
H7 (1995)	359,457	101,669	14,559	72,680	857,906	5,630,134
H12 (2000)	453,233	130,140	19,543	97,873	1,160,819	7,228,471
H17 (2005)	466,040	117,367	17,676	82,328	1,325,408	7,729,052
H20 (2008)	465,738	105,260	15,886	69,809	1,201,880	6,579,518
H21 (2009)	420,572	92,710	15,400	67,302	1,265,613	6,450,931
H22 (2010)	391,638	80,416	13,707	59,898	1,254,224	6,368,295
H23 (2011)	388,771	76,367	12,594	54,902	1,072,517	5,756,420
H24 (2012)	421,977	82,510	14,209	62,400	1,145,862	6,124,779
H25 (2013)	458,990	88,531	15,085	66,630	1,238,564	6,749,403
H26 (2014)	526,007	100,790	16,777	75,219	1,421,979	7,996,179
H27 (2015)	563,864	109,758	18,852	84,770	1,386,118	7,807,357
H28 (2016)	617,466	118,304	21,053	92,556	1,593,272	8,777,305
H29 (2017)	653,536	125,110	22,387	98,798	1,763,226	9,828,688
H30 (2018)	645,732	129,469	23,396	102,841	1,446,565	7,889,818
R1 (2019)	650,404	131,464	21,434	98,602	1,459,081	8,207,700
R2 (2020)	304,690	26,816	798	5,106	1,358,562	7,693,679
R3 (2021)	444,773	45,157	1,761	11,712	1,763,893	10,434,043
R4 (2022)	488,193	79,658	9,514	57,025	1,471,049	8,539,084
資　料	国土交通省総合政策局情報政策課交通経済統計調査室(航空輸送統計年報)					

(注)1. 本邦国際航空運送事業者15社の実績である。

　　2. 貨物重量及び貨物トンキロは、超過手荷物・郵便物を含まない。

空港別乗降客数　（その１）
Passenger of Civil Airports (No.1)

単位：千人(Unit : 1,000 Persons)

種別 Category	名　称 Name	暦年	乗　降　客　数　Number of Pax(Thousand)						
			H12 (2000)	H22 (2010)	H30(2018)	H31・R1(2019)	R2(2020)	R3(2021)	R4(2022)
会社管理空港	成田国際 Narita Intl	国際	26,599	29,128	33,426	34,771	6,591	1,449	7,373
		国内	791	1,652	7,249	7,643	3,221	3,351	6,382
		計	27,390	30,780	40,675	42,414	9,813	4,799	13,754
	中部国際 Central	国際	0	4,403	5,900	6,784	1,000	41	441
		国内	0	4,868	6,130	6,677	2,813	2,501	4,529
		計	0	9,271	12,030	13,460	3,813	2,542	4,970
	関西国際 Kansai Intl	国際	12,650	10,355	22,346	24,826	3,485	252	2,350
		国内	7,842	3,866	6,514	6,982	3,049	2,815	5,590
		計	20,491	14,220	28,860	31,808	6,534	3,067	7,940
	大阪国際 Osaka Intl	国際	0	0	0	0	0	0	0
		国内	16,344	14,788	16,185	16,504	7,672	6,770	11,528
		計	16,344	14,788	16,185	16,504	7,672	6,770	11,528
国管理空港	東京国際 Tokyo Intl	国際	926	3,882	17,969	18,537	3,129	722	4,036
		国内	55,476	60,329	67,466	68,869	28,973	25,835	46,392
		計	56,402	64,211	85,435	87,406	32,102	26,558	50,428
	新 千 歳	国際	447	947	3,726	3,867	634	0	257
		国内	17,576	15,801	19,587	20,733	8,666	8,233	14,970
		計	18,023	16,748	23,313	24,599	9,300	8,233	15,228
	稚 内	国際	0	1	0	0	0	0	0
		国内	299	168	195	204	67	77	148
		計	299	169	195	204	67	77	148
	釧 路	国際	3	17	1	1	0	0	0
		国内	899	692	774	866	430	394	630
		計	902	709	775	867	430	394	630
	函 館	国際	20	81	181	168	26	0	0
		国内	2,242	1,502	1,583	1,633	740	689	1,253
		計	2,262	1,582	1,764	1,801	766	689	1,253
	仙 台	国際	466	272	310	393	72	0	1
		国内	2,826	2,254	3,270	3,462	1,549	1,498	2,529
		計	3,292	2,826	3,580	3,855	1,621	1,498	2,530
	新 潟	国際	223	199	131	138	19	0	0
		国内	1,045	742	993	1,064	423	348	698
		計	1,268	942	1,124	1,201	442	348	698
	広 島	国際	311	325	360	345	42	0	0
		国内	3,016	2,485	2,599	2,821	1,116	883	1,717
		計	3,327	2,810	2,958	3,167	1,158	883	1,717
	高 松	国際	51	43	303	337	38	0	6
		国内	1,559	1,380	1,740	1,815	674	556	1,156
		計	1,610	1,423	2,043	2,152	712	556	1,162
	松 山	国際	43	56	93	97	13	0	0
		国内	2,644	2,325	3,045	3,055	1,184	1,005	1,929
		計	2,687	2,381	3,139	3,152	1,197	1,005	1,929
	高 知	国際	3	4	2	2	0	0	0
		国内	1,929	1,269	1,516	1,654	704	638	1,149
		計	1,932	1,273	1,518	1,656	704	638	1,149
	福 岡	国際	2,504	2,407	6,828	6,398	879	22	934
		国内	17,184	13,938	17,811	18,282	8,705	8,454	13,891
		計	19,688	16,345	24,639	24,680	9,584	8,476	14,825
	北 九 州	国際	1	60	325	303	27	0	0
		国内	148	1,140	1,425	1,451	534	437	737
		計	149	1,200	1,750	1,754	560	437	737

資料：空港管理状況調書(国土交通省航空局)

108 輸 送

空港別乗降客数 （その２）
Passenger of Civil Airports (Continued No.2)

単位：千人(Unit : 1,000 Persons)

種別 Category	名称 Name	暦年	H12 (2000)	H22 (2010)	H30(2018)	H31・R1(2019)	R2(2020)	R3(2021)	R4(2022)
国管理空港	長　崎	国際	47	39	60	85	7	0	0
		国内	2,910	2,292	3,170	3,275	1,334	1,141	2,231
		計	2,957	2,331	3,230	3,360	1,341	1,141	2,231
	熊　本	国際	11	38	194	171	12	0	0
		国内	2,707	2,837	3,216	3,321	1,298	1,177	2,263
		計	2,717	2,875	3,410	3,492	1,310	1,177	2,263
	大　分	国際	30	30	126	105	0	0	0
		国内	2,030	1,506	1,852	1,877	813	737	1,293
		計	2,059	1,536	1,978	1,982	813	737	1,293
	宮　崎	国際	15	68	142	98	13	0	1
		国内	3,333	2,615	3,196	3,312	1,373	1,235	2,226
		計	3,348	2,683	3,338	3,410	1,387	1,235	2,227
	鹿児島	国際	113	80	387	412	49	0	0
		国内	6,000	4,888	5,591	5,664	2,528	2,430	4,065
		計	6,114	4,968	5,979	6,075	2,576	2,430	4,065
	那　覇	国際	371	389	3,844	3,681	425	3	104
		国内	10,863	14,137	17,539	18,081	8,786	7,412	13,661
		計	11,234	14,526	21,383	21,762	9,210	7,415	13,765
特定地方管理空港	旭　川	国際	1	72	58	49	7	0	0
		国内	972	1,126	1,067	1,110	431	389	766
		計	973	1,198	1,124	1,159	438	389	766
	帯　広	国際	4	3	3	1	1	0	0
		国内	674	549	673	701	284	257	490
		計	678	552	675	702	285	257	490
	秋　田	国際	10	47	18	12	0	0	0
		国内	1,220	1,062	1,322	1,369	449	367	841
		計	1,230	1,108	1,339	1,381	449	367	841
	山　形	国際	1	7	13	28	7	0	0
		国内	378	156	326	339	126	135	266
		計	379	163	340	367	133	135	266
	山口宇部	国際	0	3	23	13	0	0	0
		国内	700	793	1,016	1,015	385	327	610
		計	700	796	1,039	1,028	385	327	610
地方管理空港	利　尻	国内	23	28	45	45	24	29	46
	礼　文	国内	4	0	0	0	0	0	0
	奥　尻	国内	18	10	10	12	8	10	12
	中標津	国際	0	0	0	0	0	0	0
		国内	214	169	204	215	81	76	134
		計	214	169	204	215	81	76	134
	紋　別	国内	62	50	71	77	35	30	47
	女満別	国際	1	1	1	2	0	0	0
		国内	1,059	710	833	859	377	409	663
		計	1,060	711	834	860	377	409	663
	青　森	国際	45	49	89	72	16	0	0
		国内	1,571	982	1,102	1,181	470	435	887
		計	1,616	1,031	1,192	1,254	486	435	887
	花　巻	国際	8	5	33	47	7	0	0
		国内	520	280	446	470	193	182	353
		計	528	285	478	517	200	182	353
	大館能代	国際	0	0	0	0	0	0	0
		国内	144	122	152	159	49	36	126
		計	144	122	152	159	49	36	126
	庄　内	国際	3	0	2	5	0	0	0
		国内	426	355	394	437	147	105	234
		計	428	356	396	443	147	105	234

資料：空港管理状況調書(国土交通省航空局)

空港別乗降客数　（その３）
Passenger of Civil Airports (Continued No.3)

単位：千人（Unit：1,000 Persons）

種別 Category	名称 Name	歴年	H12 (2000)	H22 (2010)	H30(2018)	H31·R1(2019)	R2(2020)	R3(2021)	R4(2022)
地方管理空港	福　島	国際	82	67	20	27	2	0	0
		国内	627	210	249	256	100	88	158
		計	709	277	268	282	102	88	158
	大　島	国内	103	38	26	25	16	16	23
	新　島	国内	32	27	34	32	21	23	29
	神津島	国内	10	18	22	23	15	17	24
	三宅島	国内	28	5	27	29	19	21	27
	八丈島	国内	248	195	211	214	118	116	181
	佐　渡	国内	8	0	0	0	0	0	0
	富　山	国際	80	101	123	120	14	0	0
		国内	1,083	848	440	456	134	81	214
		計	1,162	949	563	575	148	81	214
	能　登	国際	0	4	2	2	0	0	0
		国内	0	151	166	173	58	37	95
		計	0	155	168	175	58	37	96
	福　井	国内	0	0	0	0	0	0	0
	松　本	国際	0	0	1	2	0	0	0
		国内	190	66	135	154	92	116	205
		計	190	66	136	156	92	116	205
	静　岡	国際	0	238	290	317	36	0	0
		国内	0	355	427	488	190	167	328
		計	0	593	717	805	226	167	328
	神　戸	国際	0	0	0	0	0	0	0
		国内	0	2,224	3,182	3,363	1,625	1,626	2,701
		計	0	2,224	3,182	3,363	1,625	1,626	2,701
	南紀白浜	国際	0	3	1	0	0	0	0
		国内	142	122	153	182	107	118	207
		計	142	124	154	182	107	118	207
	鳥　取	国際	6	0	4	7	0	0	0
		国内	334	305	399	411	143	118	242
		計	342	305	402	418	143	118	242
	隠　岐	国内	54	52	62	64	34	32	57
	出　雲	国際	5	0	1	2	1	0	0
		国内	770	701	1,001	1,049	454	387	736
		計	775	702	1,002	1,051	454	387	736
	石　見	国際	0	0	0	0	0	0	0
		国内	145	76	151	153	49	29	93
		計	145	76	151	153	49	29	93
	岡　山	国際	169	232	312	299	31	0	0
		国内	755	1,116	1,279	1,313	448	339	752
		計	924	1,348	1,591	1,612	479	339	752
	佐　賀	国際	5	0	184	203	14	0	0
		国内	321	340	577	610	216	117	291
		計	326	340	761	813	230	117	291
	対　馬	国際	0	3	0	0	0	0	0
		国内	375	261	258	258	182	165	211
		計	375	264	258	258	182	165	211
	小値賀	国内	6	0	0	0	0	0	0
	福　江	国際	0	0	0	0	0	0	0
		国内	191	130	153	169	92	91	139
		計	191	130	153	169	92	91	139
	上五島	国内	20	0	0	0	0	0	0
	壱　岐	国内	10	29	34	35	24	26	31
	種子島	国際	0	0	0	0	0	0	0
		国内	146	75	93	89	52	52	82
		計	146	76	93	89	52	52	82

資料：空港管理状況調書（国土交通省航空局）

輸　送

空港別乗降客数 （その４）
Passenger of Civil Airports (Continued No.4)

単位；千人(Unit；1,000 Persons)

種別 Category	名　称 Name		乗　降　客　数　Number of Pax(Thousand)						
		暦年	H12(2000)	H22(2010)	H30(2018)	H31・R1(2019)	R2(2020)	R3(2021)	R4(2022)
	屋久島	国内	145	155	179	146	108	116	177
	奄　美	国内	617	527	849	892	558	585	738
	喜　界	国内	84	71	88	90	54	58	70
	徳之島	国際	0	0	0	0	0	0	0
		国内	163	149	193	208	123	142	172
		計	163	149	193	208	123	142	172
	沖永良部	国内	97	82	112	120	73	80	95
	与　論	国内	70	60	82	78	42	56	70
	粟　国	国内	28	7	3	1	1	1	1
	久米島	国内	273	238	263	265	159	138	187
	慶良間	国内	8	0	0	0	0	0	0
	南大東	国内	39	38	47	48	40	40	43
	北大東	国内	14	15	19	22	23	24	25
	伊江島	国内	0	0	0	0	0	1	0
	宮　古	国際	0	0	1	0	0	0	0
		国内	1,002	1,093	1,759	1,803	1,025	841	1,364
		計	1,002	1,093	1,760	1,803	1,025	841	1,364
	下地島	国際	0	0	0	17	3	0	0
		国内	0	0	0	92	107	203	320
		計	0	0	0	109	110	203	320
	多良間	国内	36	29	45	45	30	27	35
	新石垣	国際	—	18	89	100	5	0	0
		国内	1,423	1,675	2,468	2,515	1,485	1,300	2,157
		計	1,423	1,693	2,557	2,615	1,490	1,300	2,157
	波照間	国内	5	0	0	0	0	0	0
	与那国	国際	0	0	0	0	0	0	0
		国内	62	75	103	104	74	65	84
		計	62	75	103	104	74	65	84
共用空港	札幌(丘珠)	国内	336	205	263	277	172	195	288
	三　沢	国際	0	0	0	0	0	0	0
		国内	588	263	291	310	127	129	280
		計	588	263	291	310	127	129	280
	百里(茨城)	国際	0	89	147	169	19	0	0
		国内	0	56	586	653	294	258	495
		計	0	145	733	822	314	258	495
	小　松	国際	49	111	237	234	26	0	0
		国内	2,539	2,007	1,530	1,653	618	467	985
		計	2,588	2,118	1,767	1,888	644	467	985
	美保(米子)	国際	5	34	97	87	4	0	0
		国内	409	435	578	605	215	171	341
		計	414	469	675	692	219	171	341
	岩　国	国際	0	0	0	0	0	0	0
		国内	0	0	520	514	156	110	293
		計	0	0	520	514	156	110	293
	徳　島	国際	1	2	7	8	3	0	0
		国内	997	806	1,150	1,210	417	344	720
		計	998	808	1,157	1,219	420	344	720
その他の空港	調　布	国内	34	64	101	97	63	68	93
	名古屋	国際	4,175	0	1	1	0	0	0
		国内	6,714	445	913	942	444	452	759
		計	10,889	445	914	943	444	452	759
	但　馬	国内	22	28	38	42	21	19	28
	岡　南	国内	0	0	0	0	0	0	0
	天　草	国内	64	57	58	44	22	25	34
	大分県央	国内	0	0	0	0	0	0	0
	八　尾	国内	0	0	0	0	0	0	0
総　計		国際	49,485	53,917	98,410	103,343	16,656	2,490	15,504
		国内	189,142	180,128	221,621	229,551	100,355	91,101	163,124
		計	238,626	234,044	320,031	332,894	117,010	93,591	178,628

資料：空港管理状況調書(国土交通省航空局)

(注)1. 名称欄においては、公共の用に供されている飛行場について記載している。
　　2. 乗降客数欄の「0」は、500人未満を示す。
　　3. 千人以下は四捨五入しているため、表中の計は必ずしも一致しない。

国内海上旅客輸送量（船舶運航事業別）

Number of Passengers Carried by Domestic Passenger Liners

単位：百万人、百万人キロ(Unit：MIllion Persons, Million Persons-km)

年 度 Fiscal Year	一般旅客定期航路事業 Passenger Liner		特定旅客定期航路事業 Special Passenger Liner		旅客不定期航路事業 Passenger Tramper	
	人員 Number of Passenger	人キロ Passenger- Kilometers	人員 Number of Passenger	人キロ Passenger- Kilometers	人員 Number of Passenger	人キロ Passenger- Kilometers
H2 (1990)	137.5	5,963	1.02	5.75	24.1	306
H7 (1995)	126.8	5,415	1.05	8.60	21.5	231
H12 (2000)	91.0	4,090	0.42	2.64	18.7	211
H17 (2005)	94.0	3,871	0.17	5.64	9.0	154
H22 (2010)	76.8	2,872	0.21	1.65	8.1	130
H23 (2011)	76.7	2,933	0.20	1.64	7.2	112
H24 (2012)	79.5	2,968	0.19	1.63	7.4	123
H25 (2013)	79.8	3,131	0.21	1.85	8.1	132
H26 (2014)	77.9	2,842	0.18	1.70	8.2	142
H27 (2015)	78.5	3,005	0.20	2.00	9.3	131
H28 (2016)	78.2	3,152	0.26	2.05	9.0	121
H29 (2017)	78.5	3,053	0.27	2.08	9.4	136
H30 (2018)	77.8	3,225	0.28	2.12	9.6	137
R1 (2019)	72.0	2,960	0.26	2.06	7.9	113
R2 (2020)	42.4	1,475	0.22	1.89	2.7	46
R3 (2021)	45.5	1,797	0.27	2.05	3.4	48
資 料	海事レポート(国土交通省海事局)					

(注)1.「一般旅客定期航路事業」とは、特定旅客定期航路事業以外の旅客定期航路事業をいい、

「特定旅客定期航路事業」とは、特定の者の需要に応じ、特定の範囲の人の運送をする

旅客定期航路事業をいう（海上運送法第2条）。

2.「旅客不定期航路事業」とは、定期航路事業以外の船舶運航事業で、一定の航路に旅客船を

就航させて人の運送をする事業をいう（海上運送法第21条）。

内 航 船 舶

Volume of Cargo Carried by

単位：千トン

(Unit : 1000 Gross Ton)

輸送トン数

(Tonnage Carried)

年 度 Fiscal Year	合 計 Sum Total	営 業 用 Commercial Use					自家用 Private Use
		計 Sub Total	大型鋼船 Large Steel Vessel	小型鋼船 Small Steel Vessel	木 船 Wooden Ship	プッシャーバ ージ・台船 Barge	
S30 (1955)	69,254	…	…	…	…	…	…
S35 (1960)	138,849	…	…	…	…	…	…
S40 (1965)	179,654	…	…	…	…	…	…
S45 (1970)	376,647	…	…	…	…	…	…
S50 (1975)	452,054	407,094	185,960	175,854	15,528	29,752	44,960
S55 (1980)	500,258	457,267	226,929	213,799	9,655	24,885	24,991
S60 (1985)	452,385	441,451	215,123	203,627	3,260	19,441	10,934
H2 (1990)	575,199	562,721	251,169	280,355	3,609	27,588	12,478
H7・(1995)	548,542	541,000	273,471	232,551	839	34,140	7,542
H12 (2000)	537,021	527,367	263,078	230,394	77	34,117	9,654
H17 (2005)	426,145	423,348	242,220	154,563	79	26,485	2,797
H21 (2009)	332,175	330,408	207,593	99,895	…	22,921	1,767
H22 (2010)	366,734	365,418	214,909	122,031	…	28,478	1,316
H23 (2011)	360,983	359,901	217,913	115,654	…	26,334	1,082
H24 (2012)	365,992	364,774	224,873	113,798	…	26,103	1,218
H25 (2013)	378,334	376,583	233,495	117,228	…	25,860	1,751
H26 (2014)	369,302	367,143	227,665	111,365	…	28,114	2,159
H27 (2015)	365,486	364,098	221,934	114,145	…	28,018	1,388
H28 (2016)	364,485	363,130	220,916	114,652	…	27,561	1,355
H29 (2017)	360,127	358,664	218,237	114,069	…	26,358	1,463
H30 (2018)	354,445	352,823	216,028	114,242	…	22,553	1,622
R1 (2019)	341,450	339,876	212,729	105,317	…	21,829	1,574
R2 (2020)	306,076	304,338	192,047	94,082	…	18,209	1,738
R3 (2021)	324,659	323,758	207,462	98,900	…	17,395	901
R4 (2022)	320,929	319,944	211,616	93,405	…	14,923	985
資 料	国土交通省総合政策局情報政策課						

(注) 1. 昭和49年4月から調査方法が変更になったため昭和48年度以前の合計は49年度以降との接続を考慮して
算出した推計値である。
 2. 大型鋼船とは500総トン以上、小型鋼船とは20総トン以上500総トン未満の鋼船をいう。

輸　送　量

Domestic Shipping Vessels

輸送トンキロ
(Tonnage-Kilometers)

単位：百万トンキロ
(Unit：One million tonkilo)

年　度 Fiscal Year	合　計 Sum Total	営　業　用 Commercial Use					自家用 Private Use
		計 Sub Total	大型鋼船 Large Steel Vessel	小型鋼船 Small Steel Vessel	木　船 Wooden Ship	プッシャーバ ージ・台船 Barge	
S30 (1955)	29,022	…	…	…	…	…	…
S35 (1960)	63,579	…	…	…	…	…	…
S40 (1965)	80,635	…	…	…	…	…	…
S45 (1970)	151,243	…	…	…	…	…	…
S50 (1975)	183,579	176,489	118,543	51,845	2,317	3,784	7,090
S55 (1980)	222,173	215,736	139,670	69,743	1,318	5,005	6,436
S60 (1985)	205,818	201,861	124,890	72,363	563	4,045	3,957
H2 (1990)	244,546	239,739	142,960	90,560	430	5,789	4,807
H7 (1995)	238,330	235,204	151,004	78,315	92	5,793	3,126
H12 (2000)	241,671	239,224	150,693	82,329	6	6,197	2,447
H17 (2005)	211,576	211,265	146,552	59,976	12	4,725	311
H21 (2009)	167,315	167,118	122,847	40,312	…	3,958	197
H22 (2010)	179,898	179,723	124,380	49,708	…	5,635	175
H23 (2011)	174,900	174,734	123,189	46,275	…	5,271	165
H24 (2012)	177,791	177,612	126,531	46,092	…	4,989	179
H25 (2013)	184,860	184,420	131,684	47,563	…	5,173	440
H26 (2014)	183,120	182,597	131,201	45,512	…	5,884	523
H27 (2015)	180,381	180,125	126,969	47,327	…	5,838	256
H28 (2016)	180,438	180,199	126,448	48,312	…	5,438	240
H29 (2017)	180,934	180,695	126,536	48,930	…	5,229	239
H30 (2018)	179,089	178,791	125,273	49,822	…	3,696	298
R1 (2019)	169,680	169,296	120,926	44,950	…	3,420	384
R2 (2020)	153,824	153,429	111,727	38,567	…	3,135	395
R3 (2021)	161,795	161,739	117,615	40,935	…	3,188	56
R4 (2022)	162,663	162,558	119,944	39,720	…	2,894	105

交通経済統計調査室　（内航船舶輸送統計年報）

内 航 船 舶 品 目 別
Volume of Cargo by Items Carried

品 目 Items	営 業 用 Commercial Use					自家用
	計 Total	大型鋼船 Large Steel Vessel	小型鋼船 Small Steel Vessel	木 船 Wooden Ship	プッシャーバージ・台船 Barge	Private Use
合 計 (Sum Total)	339,876	212,729	105,317	–	21,829	1,574
穀 物 (Cereals)	2,086	9	2,066	–	11	598
野 菜 ・ 果 物 (Vegetables & Fruit)	–	–	–	–		
畜 産 品 (Stock Products)	–	–	–	–		
水 産 品 (Marine Products)	4	–	4			
その他の農林産品 (Others Crops)	352	–	352			
木 材 (Lumber)	638	56	582			
薪 炭 (Firewood)	4	–	4			
石 炭 (Coal)	14,087	7,274	2,714	–	4,099	–
金属鉱 Metalmining 小 計	385	95	290	–		
鉄 鉱 石	218	93	125	–		
そ の 他 の 金 属 鉱	167	2	165	–		
砂 利 ・ 砂 ・ 石 材	17,993	4,335	12,393	–	1,264	228
非金属鉱物 Non-metallic mineral 小 計	67,534	48,740	12,687	–	6,108	504
石 灰 石	36,517	25,157	5,253		6,106	504
原 油	21,878	21,658	220			
そ の 他 の 非 金 属 鉱 物	9,139	1,925	7,213		1	–
金属 Metal 小 計	39,153	8,056	26,546		4,551	7
鉄 鋼	37,718	7,926	25,240		4,551	7
非 鉄 金 属	1,435	129	1,305			
金 属 製 品 (Metal Goods)	369	51	297		21	0
機械 Machinery 小 計	7,916	6,484	1,431		1	47
輸 送 用 機 械	5,793	5,781	12			41
輸 送 用 機 械 部 品	721	619	102			
そ の 他 の 機 械	1,402	84	1,317			5
窯業品 Ceramics 小 計	35,242	33,278	1,119		844	15
セ メ ン ト	33,985	32,301	839		844	–
そ の 他 の 窯 業 品	1,257	977	280			15
資料	国土交通省総合政策局情報政策本部情報政策課					

(注) 大型鋼船とは500総トン以上、小型鋼船とは20総トン以上500総トン未満の鋼船をいう。

輸 送 量 （令和元年度）

by Domestic Shipping Vessels（FY 2019）

単位：千トン (Unit : 1000 Gross Ton)

品　目　Items	営 業 用 Commercial Use 計 Total	大型鋼船 Large Steel Vessel	小型鋼船 Small Steel Vessel	木船 Wooden Ship	プッシャーバージ・台船 Barge	自家用 Private Use
石油製品 Oil Products 小　計	70,504	62,559	7,945	–	–	59
重　　　　油	17,345	13,202	4,143	–	–	59
揮　発　油	35,605	33,852	1,753	–	–	–
L　P　G	5,239	5,177	61	–	–	–
そ の 他 の ガ ス	209	209	–	–	–	–
その他の石油及び石油製品	12,105	10,118	1,987	–	–	–
石炭製品 Coalproducts 小　計	4,848	1,653	2,021	–	1,175	–
コ ー ク ス	4,795	1,653	1,967	–	1,175	–
そ の 他 の 石 油 製 品	54	–	54	–	–	–
化 学 薬 品 （Chemistry）	18,281	5,582	12,622	–	77	–
化 学 肥 料 （Fertilizers）	632	14	618	–	1	–
その他の化学工業品 （Others Chemicals）	1,814	388	1,426	–	–	–
紙・パルプ （Paper・Pulp）	2,039	1,053	986	–	–	–
繊 維 工 業 品 （Textile Products）	–	–	–	–	–	–
食 料 工 業 品 （Processed Foodstuff）	1,255	795	460	–	–	–
日 用 品 （Daily Necessaries）	–	–	–	–	–	–
その他の製造工業品 （Others Products）	25,279	22,537	2,740	–	1	–
特種品 Products 小　計	29,462	9,771	16,014	–	3,677	116
金 属 く ず	4,046	180	3,864	–	2	1
再 利 用 資 材	11,108	4,256	6,810	–	43	0
新植物性製造飼肥料	2,938	410	2,529	–	–	0
廃 棄 物	3,489	2,430	1,059	–	–	1
廃 土 砂	6,475	1,388	1,455	–	3,632	102
輸 送 用 容 器	417	209	208	–	–	12
取 合 せ 品	988	898	90	–	–	0
分類不能のもの （Others）	–	–	–	–	–	–

交通経済統計調査室（内航船舶輸送統計年報）

内 航 船 舶 品 目 別
Volume of Cargo by Items Carried

品 目 Items	営 業 用 Commercial Use					自家用
	計 Total	大型鋼船 Large Steel Vessel	小型鋼船 Small Steel Vessel	木 船 Wooden Ship	プッシャーバージ・台船 Barge	私用 Private Use
合 計 (Sum Total)	304,338	192,047	94,082	–	18,209	1,738
穀 物 (Cereals)	1,929	7	1,914	–	8	527
野菜・果物 (Vegetables & Fruit)	1	–	1	–	–	–
畜 産 品 (Stock Products)	–	–	–	–	–	–
水 産 品 (Marine Products)	1	–	1	–	–	–
その他の農林産品 (Others Crops)	27	–	27	–	–	–
木 材 (Lumber)	755	186	568	–	–	–
薪 炭 (Firewood)	–	–	–	–	–	–
石 炭 (Coal)	13,306	7,019	2,565	–	3,722	–
Metalmining 金属鉱 小 計	214	25	188	–	1	–
鉄 鉱 石	37	10	27	–	–	–
そ の 他 の 金 属 鉱	177	14	161	–	1	–
砂利・砂・石材	17,571	3,393	12,577	–	1,601	301
Non-metallic mineral 非金属鉱物 小 計	58,953	40,515	11,938	–	6,499	613
石 灰 石	33,375	21,643	5,254	–	6,477	553
原 油	17,554	17,365	189	–	–	–
そ の 他 の 非 金 属 鉱 物	8,024	1,507	6,495	–	22	0
Metal 金属 小 計	33,185	6,956	22,499	–	3,729	6
鉄 鋼	32,186	6,818	21,638	–	3,729	6
非 鉄 金 属	999	138	861	–	–	–
金 属 製 品 (Metal Goods)	329	39	277	–	12	3
Machinery 機械 小 計	6,345	5,990	345	–	10	28
輸 送 用 機 械	5,668	5,662	6	–	–	22
輸 送 用 機 械 部 品	410	325	81	–	4	–
そ の 他 の 機 械	267	3	258	–	6	6
Ceramics 窯業品 小 計	33,489	31,670	1,116	–	703	15
セ メ ン ト	31,721	30,119	900	–	703	–
そ の 他 の 窯 業 品	1,767	1,551	217	–	–	15
資料	国土交通省総合政策局情報政策本部情報政策課					

(注) 大型鋼船とは500総トン以上、小型鋼船とは20総トン以上500総トン未満の鋼船をいう。

輸 送 量（令和２年度）

by Domestic Shipping Vessels（FY 2020）

単位：千トン（Unit : 1000 Gross Ton）

品　目　Items		営　業　用 Commercial Use					自家用
		計 Total	大型鋼船 Large Steel Vessel	小型鋼船 Small Steel Vessel	木　船 Wooden Ship	プッシャーバージ・台船 Barge	Private Use
石油製品 Oil Products	小　計	63,590	56,036	7,553	–	–	67
	重　　　　　　油	16,760	12,715	4,045	–	–	67
	揮　発　油	31,496	29,976	1,520	–	–	–
	Ｌ　　Ｐ　　Ｇ	4,653	4,601	52	–	–	–
	そ　の　他　の　ガ　ス	194	194	–	–	–	–
	その他の石油及び石油製品	10,486	8,549	1,936	–	–	–
石炭製品 Coalproducts	小　計	3,188	1,331	1,226	–	631	–
	コ　ー　ク　ス	3,096	1,303	1,162	–	631	–
	そ　の　他　の　石　油　製　品	93	29	64	–	–	–
化　学　薬　品 （Chemistry）		20,133	5,886	14,184	–	63	
化　学　肥　料 （Fertilizers）		613	8	604	–	1	–
その他の化学工業品 （Others Chemicals）		1,188	341	847	–	–	–
紙　・　パ　ル　プ （Paper・Pulp）		1,956	929	1,027	–	–	–
繊　維　工　業　品 （Textile Products）		1	–	1	–	–	–
食　料　工　業　品 （Processed Foodstuff）		1,102	656	445	–	1	–
日　　用　　品 （Daily Necessaries）		–	–	–	–	–	–
その他の製造工業品 （Others Products）		24,345	22,139	2,205	–	–	–
特種品 Products	小　計	22,120	8,918	11,974	–	1,228	179
	金　属　く　ず	1,774	123	1,585	–	66	12
	再　利　用　資　材	9,447	3,429	5,958	–	60	0
	動植物性製造飼肥料	3,086	1,115	1,971	–	–	–
	廃　　棄　　物	2,937	2,127	809	–	–	1
	廃　土　砂	3,624	1,134	1,389	–	1,101	154
	輸　送　用　容　器	291	113	177	–	1	11
	取　合　せ　品	961	877	84	–	–	0
分類不能のもの （Others）		–	–	–	–	–	–

交通経済統計調査室　（内航船舶輸送統計年報）

内 航 船 舶 品 目 別
Volume of Cargo by Items Carried

品　目　Items	営業用 Commercial Use					自家用 Private Use
	計 Total	大型鋼船 Large Steel Vessel	小型鋼船 Small Steel Vessel	木船 Wooden Ship	プッシャーバージ・台船 Barge	
合　計 (Sum Total)	323,758	207,462	98,900	–	17,395	901
穀　物 (Cereals)	1,997	9	1,981	–	7	529
野菜・果物 (Vegetables & Fruit)	4	–	4	–		
畜産品 (Stock Products)	0	–	–	–		
水産品 (Marine Products)	1	–	1	–		
その他の農林産品 (Others Crops)	17	–	17	–		
木材 (Lumber)	1,107	465	642	–		
薪炭 (Firewood)	–	–	–	–		
石炭 (Coal)	14,479	8,627	2,417		3,435	
金属鉱 Metalmining　小計	423	136	285	–	1	–
金属鉱　鉄鉱石	244	130	114	–		
金属鉱　その他の金属鉱	178	6	171	–	1	
砂利・砂・石材	15,730	3,552	11,006	–	1,172	274
非金属鉱物 Non-metallic mineral　小計	58,316	39,605	12,517		6,194	–
非金属鉱物　石灰石	35,844	23,573	6,099		6,172	
非金属鉱物　原油	14,957	14,758	199			
非金属鉱物　その他の非金属鉱物	7,515	1,275	6,218	–	23	
金属 Metal　小計	37,123	7,036	25,782	–	4,304	7
金属　鉄鋼	36,072	6,896	24,871		4,304	7
金属　非鉄金属	1,051	140	911			
金属製品 (Metal Goods)	252	34	215	–	3	4
機械 Machinery　小計	8,665	7,523	609		533	20
機械　輸送用機械	7,426	7,215	211		–	15
機械　輸送用機械部品	902	303	80		519	–
機械　その他の機械	336	5	318		13	5
窯業品 Ceramics　小計	31,921	30,397	811		713	–
窯業品　セメント	30,282	28,946	623		713	–
窯業品　その他の窯業品	1,639	1,451	187		–	–
資料					国土交通省総合政策局情報政策課	

(注) 大型鋼船とは500総トン以上、小型鋼船とは20総トン以上500総トン未満の鋼船をいう。

輸　送　量（令和3年度）
by Domestic Shipping Vessels（FY 2021）

単位：千トン（Unit：1000 Gross Ton）

品　目　Items	営業用 Commercial Use					自家用
	計 Total	大型鋼船 Large Steel Vessel	小型鋼船 Small Steel Vessel	木船 Wooden Ship	プッシャーバージ・台船 Barge	自家用 Private Use
石油製品 Oil Products 小　計	76,193	68,380	7,812	–	–	50
重　　　油	19,992	15,829	4,163	–	–	50
揮　発　油	34,008	32,445	1,563	–	–	–
L　P　G	8,609	8,555	53	–	–	–
そ の 他 の ガ ス	219	219	–	–	–	–
その他の石油及び石油製品	13,365	11,332	2,033	–	–	–
石炭製品 Coal products 小　計	2,550	1,031	1,198	–	321	–
コ ー ク ス	2,504	1,031	1,152	–	321	–
そ の 他 の 石 油 製 品	46	–	46	–	–	–
化 学 薬 品 （Chemistry）	19,191	5,929	13,206	–	56	–
化 学 肥 料 （Fertilizers）	610	8	601	–	–	–
その他の化学工業品 （Others Chemicals）	1,635	338	1,296	–	–	–
紙 ・ パ ル プ （Paper・Pulp）	1,890	957	933	–	–	–
繊 維 工 業 品 （Textile Products）	–	–	–	–	–	–
食 料 工 業 品 （Processed Foodstuff）	1,252	718	534	–	–	–
日 用 品 （Daily Necessaries）	–	–	–	–	–	–
その他の製造工業品 （Others Products）	27,385	24,105	3,242	–	38	–
特種品 Products 小　計	22,754	8,610	13,525	–	619	17
金 属 く ず	2,437	223	2,141	–	73	17
再 利 用 資 材	9,313	3,080	5,960	–	273	0
新植物性製造飼肥料	3,527	1,218	2,309	–	0	–
廃 棄 物	3,253	2,298	955	–	–	–
廃 土 砂	2,893	768	1,852	–	273	0
輸 送 用 容 器	361	139	222	–	0	–
取 合 せ 品	970	884	86	–	–	0
分類不能のもの （Others）	265	–	265	–	–	–

交通経済統計調査室 （内航船舶輸送統計年報）

内 航 船 舶 品 目 別
Volume of Cargo by Items Carried

品 目 Items	営 業 用 Commercial Use					自家用
	合計 Total	大型鋼船 Large Steel Vessel	小型鋼船 Small Steel Vessel	木船 Wooden Ship	プッシャーバージ・台船 Barge	私 用 Private Use
合 計 (Sum Total)	319,944	211,616	93,405	-	14,923	985
穀 物 (Cereals)	2,079	13	2,061	-	5	531
野 菜 ・ 果 物 (Vegetables & Fruit)	12	-	12	-	-	-
畜 産 品 (Stock Products)	-	-	-	-	-	-
水 産 品 (Marine Products)	1	-	1	-	-	-
その他の農林産品 (Others Crops)	63	-	63	-	-	-
木 材 (Lumber)	1,192	515	677	-	-	-
薪 炭 (Firewood)	1	-	1	-	-	-
石 炭 (Coal)	12,429	7,179	2,390	-	2,860	-
金属鉱 Metalmining 小 計	398	81	311	-	6	-
金属鉱 鉄 鉱 石	152	64	88	-	-	-
金属鉱 そ の 他 の 金 属 鉱	246	17	223	-	6	-
砂 利 ・ 砂 ・ 石 材	15,347	4,475	10,283	-	590	329
非金属鉱物 Non-metallic mineral 小 計	60,077	42,578	11,469	-	6,029	-
非金属鉱物 石 灰 石	34,052	22,743	5,312	-	5,997	-
非金属鉱物 原 油	18,541	18,304	237	-	-	-
非金属鉱物 そ の 他 の 非 金 属 鉱 物	7,483	1,531	5,920	-	32	-
金属 Metal 小 計	33,679	5,952	24,026	-	3,701	21
金属 鉄 鋼	32,329	5,810	22,818	-	3,701	21
金属 非 鉄 金 属	1,350	142	1,208	-	-	-
金 属 製 品 (Metal Goods)	180	16	160	-	4	1
機械 Machinery 小 計	9,113	8,387	318	-	409	43
機械 輸 送 用 機 械	8,090	8,020	70	-	0	42
機械 輸 送 用 機 械 部 品	847	356	87	-	404	-
機械 そ の 他 の 機 械	176	11	160	-	4	1
窯業品 Ceramics 小 計	32,984	31,377	858	-	750	0
窯業品 セ メ ン ト	31,304	29,846	708	-	750	-
窯業品 そ の 他 の 窯 業 品	1,680	1,531	149	-	-	0
資料					国土交通省総合政策局情報政策課	

（注）大型鋼船とは500総トン以上、小型鋼船とは20総トン以上500総トン未満の鋼船をいう。

輸 送 量（令和4年度）
by Domestic Shipping Vessels (FY 2022)

単位：千トン (Unit : 1000 Gross Ton)

品　目　Items	営 業 用 Commercial Use					自家用
	合計 Total	大型鋼船 Large Steel Vessel	小型鋼船 Small Steel Vessel	木船 Wooden Ship	プッシャーバージ・台船 Barge	Private Use
石油製品 Oil Products 小計	75,751	68,433	7,318	–	–	42
重油	19,250	15,479	3,771	–	–	42
揮発油	32,266	30,759	1,507	–	–	–
L　P　G	10,580	10,527	53	–	–	–
その他のガス	254	254	–	–	–	–
その他の石油及び石油製品	13,401	11,414	1,988	–	–	–
石炭製品 Coalproducts 小計	2,845	1,642	1,200	–	4	
コークス	2,823	1,642	1,177	–	4	
その他の石油製品	22	–	22	–	–	
化 学 薬 品（Chemistry）	17,829	5,458	12,302	–	70	
化 学 肥 料（Fertilizers）	628	10	619	–	–	
その他の化学工業品（Others Chemicals）	1,762	289	1,473	–	–	
紙・パルプ（Paper・Pulp）	1,990	953	1,036	–	–	
繊 維 工 業 品（Textile Products）	–	–	–	–	–	
食 料 工 業 品（Processed Foodstuff）	1,188	637	550	–	1	
日 用 品（Daily Necessaries）	–	–	–	–	–	
その他の製造工業品（Others Products）	28,585	24,707	3,856	–	23	
特種品 Products 小計	21,807	8,915	12,420	–	472	17
金 属 く ず	1,868	173	1,619	–	76	17
再 利 用 資 材	9,414	3,770	5,580	–	64	0
新植物性製造飼肥料	3,645	1,112	2,532	–	1	
廃 棄 物	2,914	2,073	841	–	–	0
廃 土 砂	2,769	894	1,555	–	321	
輸 送 用 容 器	352	114	228	–	10	
取 合 せ 品	845	778	67	–	–	
分類不能のもの　（Others）	2	–	2	–	–	–

交通経済統計調査室　（内航船舶輸送統計年報）

国 内 フ ェ リ ー
Domestic Ferry

長距離航路(long haul ferry boat)

年 度 Fiscal Year	航路数 Number of Waterways	自動車航送台数（千台） Number of Cars Carried by Ferry Boats (Unit：Thousand)					8トントラック 換算総計 Converted into 8 ton Trucks
		普通トラック Ordinary Truck	乗用車 Passenger Car	バ ス Bus	その他 Others	総 計 Total	
H2 (1990)	21	1,236 (55.7)	941 (42.4)	9 (0.4)	32 (1.4)	2,218 (100.0)	1,653
H7 (1995)	21	1,386 (58.4)	948 (39.9)	8 (0.3)	32 (1.4)	2,374 (100.0)	1,806
H12 (2000)	21	1,465 (60.5)	931 (38.4)	9 (0.4)	18 (0.7)	2,422 (100.0)	1,864
H17 (2005)	15	1,463 (60.4)	936 (38.6)	…	23 (0.9)	2,422 (1.0)	1,861
H22 (2010)	11	1,107 (61.2)	678 (37.5)	…	24 (1.3)	1,809 (100.0)	1,402
H25 (2013)	11	1,189 (60.9)	744 (38.1)	…	15 (0.8)	1,952 (100.0)	1,501
H26 (2014)	11	1,165 (62.1)	692 (36.9)	4 (0.2)	12 (0.6)	1,875 (100.0)	1,458
H27 (2015)	11	1,162 (61.4)	713 (37.6)	6 (0.3)	13 (0.7)	1,894 (100.0)	1,465
H28 (2016)	11	1,227 (62.3)	741 (37.7)			1,968 (100.0)	1,535
H29 (2017)	11	1,244 (61.4)	762 (37.6)	5 (0.2)	14 (0.7)	2,026 (100.0)	1,569
H30 (2018)	12	1,263 (61.4)	775 (37.7)	6 (0.3)	13 (0.6)	2,056 (100.0)	1,591
R1 (2019)	12	1,258 (61.4)	773 (37.7)	5 (0.2)	14 (0.7)	2,049 (100.0)	1,586
R2 (2020)	12	1,172 (68.9)	517 (30.4)	2 (0.1)	11 (0.6)	1,702 (100.0)	1,392
R3 (2021)	12	1,255 (67.7)	584 (31.5)	3 (0.2)	13 (0.7)	1,855 (100.0)	1,504
R4 (2022)	12	1,266 (65.0)	777 (39.9)	4 (0.2)	12 (0.6)	1,947 (100.0)	1,592

資 料　　　　　　　　　　　　　　　　　　　　　　　　国土交通省

(注)1. 長距離航路とは、片道航路距離が300km以上の航路をいう。
　　2. 航路数は、翌年4月1日現在の運航中の数である。
　　3. 8トントラック換算は、乗用車2.5台を1台としたものである。
　　4. ( )は構成比である。

輸　送　量　（その１）
Transport （No.1）

普通トラック Ordinary Truck	乗用車 Passenger Car	バ　ス Bus	その他 Others	総　計 Total	8トントラック換算総計 Converted into 8 ton Trucks	旅客輸送人員（千人） Passengers Carried (Thousand)	旅客輸送量（百万人キロ） Volume of Passenger Traffic (Million Person-km)
808 (58.1)	554 (39.8)	4 (0.3)	24 (1.7)	1,390 (100.0)	859	4,626	2,325
918 (61.5)	546 (36.6)	4 (0.3)	25 (1.6)	1,493 (100.0)	1,165	3,937	2,046
941 (63.2)	541 (35.5)	4 (0.3)	13 (1.0)	1,498 (100.0)	1,174	3,715	1,970
921 (62.3)	543 (36.9)	…	15 (1.0)	1,479 (100.0)	1,153	3,091	1,550
712 (62.2)	415 (36.3)	…	16 (1.4)	1,144 (100.0)	895	2,104	1,171
820 (61.3)	501 (37.5)	…	13 (1.0)	1,337 (100.0)	1,033	2,262	1,373
750 (63.7)	427 (36.2)	2 (0.2)	8 (0.7)	1,178 (100.0)	922	2,144	1,188
735 (62.0)	438 (37.0)	3 (0.3)	8 (0.7)	1,185 (100.0)	923	2,374	1,308
779 (63.2)	454 (36.8)			1,233 (100.0)	968	2,358	1,298
797 (62.4)	469 (36.7)	3 (0.2)	9 (0.7)	1,278 (100.0)	997	2,385	1,318
812 (62.6)	474 (36.5)	3 (0.2)	8 (0.6)	1,298 (100.0)	1,013	2,407	1,329
805 (62.4)	474 (36.7)	3 (0.2)	9 (0.7)	1,291 (100.0)	1,006	2,388	1,330
754 (69.4)	324 (29.8)	1 (0.1)	8 (0.7)	1,086 (100.0)	892	1,119	638
805 (68.5)	359 (30.6)	2 (0.2)	8 (0.7)	1,175 (100.0)	959	1,391	802
851 (62.3)	502 (36.8)	2 (0.1)	9 (0.7)	1,365 (100.0)	1,063	2,063	1,223

海事局内航課

5．本土…沖縄航路は含まない。
6．自動車航送貨物定期航路事業（貨物フェリー）を除く。
7．14年度以降のバスの航送台数・運送料はその他に含む。
8．28年度以降は、集計区分が普通トラック、乗用車・その他になった。

国 内 フ ェ リ ー
Domestic Ferry

中距離航路(medium haul ferry boat)

年 度 Fiscal Year	航路数 Number of Waterways	自動車航送台数 (千台) Number of Cars Carried by Ferry Boats (Unit:Thousand)					
		バ ス Bus	乗用車 Passenger Car	普通トラック Ordinary Truck	その他 Others	総 計 Total	8トントラック 換算総計 Converted into 8 ton Trucks
H2 (1990)	22	10 (0.6)	630 (39.0)	958 (59.4)	16 (1.0)	1,614 (100.0)	1,236
H7 (1995)	22	6 (0.4)	540 (38.6)	837 (59.9)	15 (1.1)	1,398 (100.0)	1,074
H12 (2000)	9	3 (0.5)	196 (30.4)	444 (68.9)	1 (0.2)	644 (100.0)	526
H17 (2005)	6	…	156 (27.0)	419 (72.5)	3 (0.5)	578 (100.0)	485
H22 (2010)	4	…	93 (22.8)	313 (76.7)	2 (0.5)	408 (100.0)	194
H25 (2013)	2	…	150 (28.5)	360 (68.4)	14 (2.7)	526 (100.0)	434
H26 (2014)	5	1	157 (28.4)	382 (69.1)	13 (2.4)	553 (100.0)	459
H27 (2015)	5	1	162 (27.6)	385 (65.7)	12 (2.0)	586 (100.0)	463
H28 (2016)	4	1	159 (28.3)	390 (69.4)	12 (2.1)	562 (100.0)	467
H29 (2017)	4	1	156 (27.0)	408 (70.7)	12 (2.1)	577 (100.0)	483
H30 (2018)	4	1	162 (27.3)	419 (70.7)	11 (1.9)	593 (100.0)	496
R1 (2019)	4	1	151 (26.5)	407 (71.4)	11 (1.9)	570 (100.0)	479
R2 (2020)	5	0.3	85 (17.3)	398 (81.1)	8 (1.6)	491 (100.0)	440
R3 (2021)	5	0.4	98 (19.0)	409 (79.3)	10 (1.9)	516 (100.0)	458
R4 (2022)	4	0.8	127 (23.2)	408 (74.5)	12 (2.2)	548 (100.0)	472
資 料							国土交通省

(注)1. 中距離航路とは、片道航路距離が100km以上300km未満の航路をいう。
　　2. 航路数は、翌年4月1日現在の運航中の数である。
　　3. 8トントラック換算は、乗用車2.5台を1台としたものである。
　　4. ( )は構成比である。

輸　送　量　（その２）
Transport　(No.2)

バ ス Bus	乗用車 Passenger Car	普通トラック Ordinary Truck	その他 Others	総 計 Total	8トントラック 換算総計 Converted into 8 ton Trucks	旅 客 輸送人員 （千人） Passengers Carried (Thousand)	旅客輸送量 （百万人キロ） Volume of Passenger Traffic (Thousand Person-km)
自動車輸送量（百万台キロ） Thousand Car-km（Unit：Thousand）							
2 (0.7)	111 (37.6)	180 (60.6)	3 (1.1)	296 (100.0)	230	3,978	739
1 (0.5)	95 (36.6)	159 (61.6)	3 (1.3)	259 (100.0)	202	3,182	589
1 (0.6)	42 (30.4)	96 (69.0)	0 (0.1)	139 (100.0)	114	1,464	310
… 	31 (25.8)	90 (73.6)	1 (0.6)	122 (100.0)	103	659	137
… 	21 (22.6)	72 (76.9)	0 (0.4)	94 (100.0)	76	600	137
… 	29 (26.8)	76 (71.3)	2 (1.6)	107 (100.0)	89	713	153
0.3 (0.3)	30 (27.0)	80 (71.3)	2 (1.4)	112 (100.0)	93	785	165
0.3 (0.3)	31 (27.7)	80 (70.8)	1 (1.3)	113 (100.0)	94	964	176
0.3 (0.3)	31 (27.2)	81 (71.1)	1 (0.9)	114 (100.0)	95	979	177
0.3 (0.3)	30 (25.9)	84 (72.4)	1 (0.9)	116 (100.0)	98	895	174
0.3 (0.3)	31 (26.1)	86 (72.3)	1 (0.8)	119 (100.0)	100	964	189
0.2 (0.2)	30 (25.9)	84 (72.4)	1 (0.9)	116 (100.0)	98	885	176
0.08 (0.1)	17 (16.8)	83 (82.2)	1 (1.0)	101 (100.0)	91	451	92
0.10 (0.1)	19 (17.9)	85 (80.2)	1 (0.9)	106 (100.0)	94	520	106
0.10 (0.1)	26 (23.2)	85 (75.9)	1 (0.9)	112 (100.0)	97	687	139

海事局内航課

5. 函館…青森、野辺地…函館、鹿児島…宮之浦、長崎…福江、鹿児島…種子島・屋久島、博多…壱岐…
　　対馬、佐世保…上五島の各航路は含まない。
6. 14年度以降のバスの航送台数・運送料はその他に含む。

我 が 国 商 船 隊 に よ る

Volume of Oceangoing Cargo

暦年 Calender Year (注3)	合 計 Sum Total	輸 出 Exports				計 Total
		計 Total	一般貨物船 General Cargo Vessels		油送船 Oil Tanker	
			定 期 Liner	不定期 Tramp		
S30 (1955)	28,283	3,913	2,348	1,508	57	20,799
S35 (1960)	61,120	6,429	4,284	1,914	231	50,665
S40 (1965)	134,512	10,213	6,368	3,446	400	118,144
S45 (1970)	364,688	22,364	9,887	12,311	166	310,010
S50 (1975)	526,982	34,074	10,116	23,136	822	415,567
S55 (1980)	540,552	40,884	12,257	27,572	1,054	425,138
S60 (1985)	546,156	42,842	10,528	30,339	1,975	400,697
H2 (1990)	597,821	32,970	9,839	19,657	3,474	469,612
H7 (1995)	703,606	38,761	10,759	21,958	6,045	529,929
H12 (2000)	739,377	34,960	11,009	19,085	4,146	538,875
H17 (2005)	777,869	45,404	15,387	22,642	7,371	529,239
H22 (2010)	819,075	44,758	11,320	26,576	6,862	465,898
H23 (2011)	966,697	51,863	12,891	30,414	8,558	535,977
H24 (2012)	1,001,130	50,414	11,089	33,931	5,394	530,855
H25 (2013)	1,026,983	52,001	10,154	34,130	7,717	540,872
H26 (2014)	1,035,239	58,431	12,789	37,361	8,282	535,244
H27 (2015)	1,056,144	60,802	16,583	38,339	5,881	544,702
H28 (2016)	1,018,441	65,911	12,971	43,515	9,425	513,114
H29 (2017)	997,068	68,756	11,983	49,691	7,082	510,768
H30 (2018)	1,032,337	78,717	13,714	57,763	7,240	536,171
H31・R1 (2019)	959,693	64,609	17,659	40,157	6,793	502,078
R2 (2020)	889,365	58,411	15,976	34,066	8,370	435,019
R3 (2021)	883,042	75,897	18,061	50,945	6,891	438,283
R4 (2022)	929,426	71,877	23,789	40,318	7,770	490,796
資 料						国土交通省

(注)1. 外国用船による輸送量を含む。

2. 三国間とは、本邦以外の諸港間の輸送をいう。

3. 昭和60(1985)年までは年度実績、平成4(1992)年以降は暦年実績。

外　航　貨　物　輸　送　量
Carried by Japanese merchant fleet

単位：千トン（Unit：1000 Gross Ton）

輸　　入 Imports				三　国　間 Cross Trade		
一般貨物船 General Cargo Vessels		油送船	計	一般貨物船 General Cargo Vessels		油送船
定期 Liner	不定期 Tramp	Oil Tanker	Total	定期 Liner	不定期 Tramp	Oil Tanker
3,315	11,082	6,402	3,571	1,731	669	1,171
7,909	24,283	18,472	4,026	2,065	1,265	696
9,057	50,508	58,581	6,153	1,199	1,195	3,759
10,919	155,370	143,721	32,314	2,136	11,674	18,504
7,505	210,144	197,918	77,341	1,618	25,135	50,588
7,391	224,277	193,469	74,530	3,015	42,756	28,760
8,475	229,874	162,348	102,617	5,187	62,943	34,487
11,530	261,991	196,091	95,329	12,697	60,739	21,782
13,214	302,494	214,220	134,916	19,903	82,293	32,720
11,362	337,189	190,324	165,542	26,286	83,472	52,785
16,256	339,119	173,863	203,225	55,876	93,913	53,435
19,565	298,379	147,954	308,419	115,716	148,553	44,150
21,068	333,820	181,089	378,857	105,353	206,489	67,015
23,878	331,218	175,759	419,861	122,695	239,462	57,703
22,135	356,644	162,093	434,111	122,021	263,259	48,831
28,579	351,107	155,558	441,563	135,109	268,515	37,939
28,782	360,070	155,850	450,639	125,769	291,354	33,516
28,645	342,018	142,451	439,416	123,198	277,285	38,934
27,771	313,546	169,451	417,544	119,899	263,961	33,685
18,873	331,432	185,866	417,449	91,694	292,240	33,514
15,602	308,790	177,686	393,006	94,497	266,270	32,239
15,411	276,305	143,303	395,935	88,157	268,734	39,043
16,622	280,209	141,452	368,863	79,709	255,430	33,724
18,469	322,175	150,152	366,753	76,166	266,208	24,379

海事局外航課

邦 船 社 に よ る
Number of International Passengers Carried

暦年 Calender Year (注2)	合 計 Sum Total			出 国 Out Ward		
	計 Total	定 期 Liner	不定期 Tramp	計 Total	定 期 Liner	不定期 Tramp
S45 (1970)	94,618	94,516	102	42,207	42,206	
S55 (1980)	70,066	46,426	23,640	39,305	26,651	12,38
H2 (1990)	201,936	126,464	75,472	109,627	71,051	38,57
H12 (2000)	462,611	426,596	36,015	235,067	216,602	18,46
H17 (2005)	563,146	541,416	21,730	286,083	275,262	10,82
H21 (2009)	509,248	503,714	5,534	243,285	240,300	2,98
H22 (2010)	607,691	604,409	3,282	302,662	301,240	1,422
H23 (2011)	516,283	512,027	4,256	260,851	258,885	1,966
H24 (2012)	537,285	528,774	8,511	272,848	268,731	4,117
H25 (2013)	421,970	421,970	...	210,194	210,194	..
H26 (2014)	440,314	440,314	...	217,953	217,953	..
H27 (2015)	592,723	592,723	...	295,590	295,590	..
H28 (2016)	570,708	570,708	...	284,154	284,154	...
H29 (2017)	585,124	585,124	...	293,413	293,413	...
H30 (2018)	574,257	574,257	...	288,109	288,109	...
H31・R1 (2019)	415,320	415,320	...	206,404	206,404	...
R2 (2020)	56,417	56,417	...	27,709	27,709	...
R3 (2021)	...	...	...	...	...	...
R4 (2022)	4,156	4,156	...	2,190	2,190	...
R5 (2023)	266,430	266,430	...	130,655	130,655	...
資 料						国土交通省

(注)1. 平成7年以降は外国用船による輸送量を含まない。

2. 平成25年以降は不定期航路事業による輸送量を含まない。

3. 昭和60年(1985年)までは年度実績、平成2年(1990年)以降は暦年実績。

外　航　旅　客　輸　送　量
by Japanese Oceangoing Passenger Ships

単位：人（ Unit : Persons)

| 入　　国 | | | 三　国　間 | | |
| 入 In Ward | | | Cross Trade | | |
計 Total	定　期 Liner	不定期 Tramp	計 Total	定　期 Liner	不定期 Tramp
51,020	50,919	101	1,391	1,391	…
31,033	19,775	11,258	…	…	…
92,309	55,413	36,896	…	…	…
227,544	209,994	17,550	…	…	…
277,063	266,154	10,909	…	…	…
265,963	263,414	2,549	…	…	…
305,029	303,169	1,860	…	…	…
254,599	253,142	1,457	…	…	833
264,437	260,043	4,394	…	…	…
211,776	211,776	…	…	…	…
222,361	222,361	…	…	…	…
297,133	297,133	…	…	…	…
286,554	286,554	…	…	…	…
291,711	291,711	…	…	…	…
286,148	286,148	…	…	…	…
208,916	208,916	…	…	…	…
28,708	28,708	…	…	…	…
…	…	…	…	…	…
1,966	1,966	…	…	…	…
135,775	135,775	…	…	…	…

海事局外航課

我 が 国 商 船 隊 に よ る
Volume of International Cargo Commodities

貨物船（Cargo Vessel）

暦年 Calender Year (注3)		輸 出 (Exports)							
		計 Total	鋼材 steel material	セメント Cement	肥料 Fertilizers	繊維製品 Textiles	電気製品 Electric Products	自動車 Passenger Cars	機械 Machinery
S45	(1970)	22,203	10,865	839	2,332	297	370	703	841
S55	(1980)	39,828	13,251	5,160	984	360	1,011	5,955	3,993
H2	(1990)	32,971	9,556	2,822	240	215	945	5,950	2,786
H7	(1995)	38,760	11,229	3,365	256	236	737	4,646	3,279
H12	(2000)	34,960	11,316	2,491	338	123	544	5,190	2,783
H17	(2005)	45,404	13,382	1,325	288	77	490	8,027	5,256
H22	(2010)	44,758	7,401	1,230	125	85	393	10,438	3,225
H26	(2014)	58,431	19,700	3,407	2,446	118	284	7,203	4,598
H27	(2015)	60,802	21,117	2,535	3,288	95	307	10,236	4,880
H28	(2016)	65,911	22,862	3,006	3,229	71	204	9,659	4,579
H29	(2017)	68,756	21,078	3,566	3,144	174	78	11,456	3,432
H30	(2018)	78,717	28,880	3,279	2,944	17	83	14,707	3,344
H31・R1	(2019)	64,609	16,169	3,390	2,944	25	117	11,171	4,519
R2	(2020)	58,411	16,428	2,227	3,419	11	111	6,130	4,765
R3	(2021)	75,897	32,851	3,057	3,310	0	106	7,112	5,842
R4	(2022)	76,266	21,002	2,607	2,604	3	94	17,784	5,628

暦年 Calender Year (注3)		輸 入 (Imports)							
		綿花 Cotton	リン鉱石 Phosphates	塩 Salt	鉄鉱石 Iron Ore	スクラップ Iron & Steel Scrap	銅鉱 Copper Ore	ニッケル鉱 Nickel Ore	ボーキサイト Bauxite
S45	(1970)	472	1,718	3,252	70,846	1,122	926	4,630	3,631
S55	(1980)	239	2,351	3,666	93,193	550	1,235	3,555	5,476
H2	(1990)	125	2,083	4,342	89,626	122	1,270	3,241	1,698
H7	(1995)	68	1,950	5,999	101,310	32	964	3,400	1,980
H12	(2000)	50	1,135	4,697	114,987	14	1,126	4,281	1,925
H17	(2005)	42	256	3,625	125,634	2	602	2,517	1,287
H22	(2010)	8	53	5,555	114,709	5	1,654	1,088	819
H26	(2014)	19	3,367	1,124	128,336	54	2,049	3,530	32
H27	(2015)	20	6,971	1,120	122,629	6	1,290	3,412	0
H28	(2016)	25	6,840	1,707	117,028	3	323	2,889	0
H29	(2017)	16	2,543	3,372	96,606	16	761	2,661	174
H30	(2018)	6	3,177	3,913	109,123	16	2,001	2,961	0
H31・R1	(2019)	6	70	3,776	102,494	47	658	2,665	163
R2	(2020)	10	40	3,616	88,022	14	1,002	2,105	1
R3	(2021)	19	31	3,882	90,080	28	1,007	2,634	87
R4	(2022)	9	8	4,350	110,984	3	1,390	1,961	0
資料									国土交通省

(注)1. 外国用船による輸送量を含む。

2. 三国間輸送を含まない。

3. 昭和60年までは年度実績、平成2年以降は暦年実績。

外 航 主 要 品 目 別 輸 送 量
Carried by Japanese merchant fleet

単位：千トン（Unit：1000 Gross Ton）

	輸		入		(Imports)			
その他 Others	計 Total	小麦 Wheat	とうもろこし Maize	砂糖 Sugar	大豆 Soya Beans	木材 Wood	パルプ Pulp	チップ Chip
5,956	166,292	3,442	4,077	349	1,208	25,998	1,626	1,870
9,114	231,668	4,152	3,139	539	3,169	17,675	432	12,577
10,457	273,521	4,412	6,623	197	1,113	15,787	618	16,435
15,012	315,708	5,245	6,605	32	1,179	10,829	793	22,537
12,175	348,551	5,231	6,752	250	807	9,336	222	25,434
16,559	355,376	2,326	2,275	211	194	9,872	383	15,480
21,862	324,038	2,122	1,105	223	235	10,145	99	6,125
20,677	379,686	3,041	742	788	1,441	3,263	399	21,274
18,344	388,853	3,102	1,258	837	439	2,533	333	25,073
22,301	370,663	3,086	920	800	116	3,124	279	23,185
25,829	341,252	2,842	63	321	59	2,575	330	21,857
25,464	350,305	2,137	124	261	56	8,036	97	22,469
26,150	352,333	1,974	342	175	23	2,447	81	20,348
25,319	308,682	1,955	260	13	29	7,973	56	10,197
23,619	305,151	1,739	179	42	3	8,620	29	12,256
26,543	372,331	870	121	23	287	7,861	31	11,326

油送船 （Oil Tanker）

		輸 出 (Exports)	輸	入			(Imports)
石 炭 Coal	その他 Others	計 Total	計 Total	原 油 Crude Oil	重 油 Heavy Oil	LPG・LNG	その他 Others
28,312	12,813	166	143,721	135,488	4,599	1,661	1,974
56,331	23,389	1,054	193,470	176,246	6,709	6,579	3,936
89,827	36,002	3,474	196,091	164,787	5,710	14,905	10,689
118,558	34,229	6,045	214,220	184,886	1,973	15,966	11,396
143,857	28,447	4,146	190,324	161,537	1,495	16,211	11,082
151,966	38,704	7,371	173,863	132,019	2,119	15,986	23,739
133,440	46,654	6,862	141,860	91,898	415	20,099	29,448
159,313	50,913	8,017	155,558	127,291	348	18,381	9,539
177,456	42,374	5,881	155,849	129,813	125	22,311	3,600
167,070	43,267	9,425	142,451	89,069	55	24,158	29,169
160,836	46,065	7,082	169,582	140,059	0	24,499	5,024
160,141	35,788	7,210	185,866	133,823	0	29,857	22,186
144,971	72,091	6,798	149,746	115,385	0	25,087	9,273
141,019	52,368	8,951	126,338	88,694	18	25,979	11,647
138,558	45,956	6,716	133,131	103,318	0	22,089	7,725
135,927	97,180	9,065	123,305	79,186	107	22,262	21,750

海事局外航課

4. 油送船の輸出は貨物船の輸出「その他」の内数である。

5. 輸出「鋼材」は、平成29（2017）年まで「鉄鋼」と表記。

6. 輸出「その他」は、「銅鉱」、「その他貨物」、「その他タンカー貨物」である。

貿 易 貨 物 船 舶 積 取 比 率
Loading Shares of the Shipping Trade

単位：千トン（%）(Unit : 1000 Ton(%))

暦 年 Calender Year (注3)	輸 出 (Exports)				輸 入 (Imports)			
	我が国商船隊 Japanese Merchant Fleet			外国船 Foreign Registered Vessels	我が国商船隊 Japanese Merchant Fleet			外国船 Foreign Registered Vessels
	計 Total	邦 船 Japanese Vessels	外国用船 Chartered Foreign Vessels		計 Total	邦 船 Japanese Vessels	外国用船 Chartered Foreign Vessels	
S45 (1970)	22,367 (53.4)	15,682 (37.4)	6,685 (15.9)	19,547 (46.6)	310,013 (64.1)	216,212 (44.7)	93,801 (19.4)	173,55 (35.
S55 (1980)	40,884 (53.8)	15,400 (20.3)	25,484 (33.5)	35,156 (46.2)	425,138 (70.6)	225,118 (37.4)	200,020 (33.2)	177,12 (29.
H2 (1990)	32,970 (46.8)	4,848 (6.9)	28,122 (39.9)	37,449 (53.2)	469,612 (67.2)	199,944 (28.6)	269,668 (38.6)	229,69 (32.
H12 (2000)	34,960 (34.4)	1,514 (1.5)	33,445 (32.9)	66,767 (65.6)	538,875 (68.4)	98,148 (12.5)	440,727 (55.9)	249,11 (31.
H17 (2005)	45,404 (33.8)	1,803 (1.3)	43,601 (32.4)	88,962 (66.2)	529,239 (64.9)	53,463 (6.6)	475,776 (58.3)	286,38 (35.
H22 (2010)	44,758 (28.6)	1,188 (0.8)	43,570 (27.9)	111,650 (71.4)	465,898 (61.4)	41,961 (5.5)	423,937 (55.9)	293,14 (38.
H26 (2014)	58,431 (35.8)	1,440 (0.9)	56,991 (34.9)	104,784 (64.2)	535,245 (67.3)	91,293 (11.5)	443,952 (55.8)	260,12 (32.
H27 (2015)	60,802 (36.0)	1,421 (0.8)	59,381 (35.1)	108,175 (64.0)	544,702 (70.0)	104,138 (13.4)	440,564 (56.6)	233,03 (30.0
H28 (2016)	65,911 (39.3)	1,732 (1.0)	64,179 (38.3)	101,750 (60.7)	513,114 (66.9)	112,192 (14.6)	400,922 (52.2)	254,44 (33.
H29 (2017)	68,756 (41.6)	1,636 (1.0)	67,120 (40.6)	96,403 (58.4)	510,768 (66.5)	141,500 (18.4)	369,268 (48.1)	257,09 (33.5
H30 (2018)	78,717 (48.7)	2,091 (1.3)	76,625 (47.4)	82,920 (51.3)	536,171 (70.7)	149,487 (19.7)	386,684 (51.0)	222,03 (29.2
H31・R1 (2019)	64,609 (40.5)	2,474 (1.5)	62,135 (38.9)	94,919 (59.5)	502,079 (68.0)	140,562 (19.0)	361,517 (49.0)	236,27 (32.0
R2 (2020)	58,411 (38.7)	2,310 (1.5)	56,101 (37.2)	92,211 (61.3)	435,019 (65.4)	113,819 (17.1)	321,200 (48.3)	230,01 (34.6
R3 (2021)	75,897 (48.8)	2,371 (1.5)	73,526 (47.3)	79,663 (51.2)	438,283 (62.6)	103,220 (14.7)	335,062 (47.8)	262,32 (37.4
R4 (2022)	71,878 (47.3)	3,707 (2.4)	68,171 (44.9)	80,044 (52.7)	490,796 (70.3)	103,009 (14.8)	387,787 (55.6)	207,01 (29.7
資 料	国土交通省海事局外航課							

(注)1. 邦船輸送量は国土交通省資料による。
2. 外国船輸送量は輸出入総量から邦船、外国用船の輸送量を差し引いたものである。
3. 昭和60年(1985年)までは年度実績、平成2年(1990年)以降は暦年実績。

国際戦略港湾・国際拠点港湾入港船舶数（令和2年）

Number of Vessels Arriving at Specially Designated Major Ports（CY 2020）

単位：隻、千総トン（Unit : 1000 Tons）

港 名 Port and Harbor	合計 Sum Total		外航商船 Oceangoing Merchant		内航商船 Domestic Merchant		そ の 他 Others	
	隻数 No	総トン Ton	隻数 No	総トン Ton	隻数 No	総トン Ton	隻数 No	総トン Ton
苫小牧 Tomakomai	12,970	86,749	1,008	16,120	9,731	70,586	2,231	43
室 蘭 Muroran	3,940	14,261	328	7,978	2,575	6,012	1,037	271
仙台塩釜 Sendaishiogama	21,963	55,690	1,179	20,403	20,554	34,951	230	336
千 葉 Chiba	45,774	130,856	3,646	85,027	38,966	45,302	3,162	527
☆東 京 Tokyo	21,154	167,332	4,943	123,017	15,048	43,200	1,163	1,115
☆川 崎 Kawasaki	16,236	85,562	2,519	66,246	13,523	19,083	194	233
☆横 浜 Yokohama	28,995	264,581	8,435	226,737	17,629	30,514	2,931	7,330
新 潟 Niigata	9,699	41,051	759	13,615	6,517	27,106	2,423	330
伏木富山 Fushikitoyama	2,883	9,259	785	7,853	644	1,389	1,454	17
清 水 Shimizu	7,720	43,863	1,790	33,146	5,052	9,859	878	858
名古屋 Nagoya	29,243	210,770	7,168	172,212	20,728	38,209	1,347	349
四日市 Yokkaichi	16,242	59,785	1,627	45,650	13,515	13,965	1,100	170
堺泉北 Sakaisenboku	28,643	75,978	1,520	43,270	25,449	32,047	1,674	661
☆大 阪 Osaka	21,118	104,163	4,738	66,052	16,074	37,879	306	232
☆神 戸 Kobe	26,375	169,178	6,181	130,765	17,371	37,496	2,823	917
姫 路 Himeji	26,331	26,641	748	17,289	24,852	9,190	731	162
和歌山下津 Wakayamashimotsu	10,278	35,534	662	19,749	9,243	15,605	373	180
水 島 Mizushima	28,569	78,556	3,018	53,743	23,927	23,925	1,624	888
広 島 Hiroshima	42,320	39,509	1,196	23,312	40,933	16,119	191	78
下 関 Shimonoseki	28,118	9,137	1,103	5,887	22,792	2,331	4,223	919
徳山下松 Tokuyamakudamatsu	22,305	38,438	1,473	19,312	20,739	18,121	93	1,005
博 多 Hakata	25,949	55,983	3,070	35,788	19,552	19,801	3,327	394
北九州 Kitakyushu	46,268	90,689	3,681	47,029	38,424	41,111	4,163	2,549
☆国際戦略港湾 計 Specally Major I Ports	113,878	790,816	26,816	612,817	79,645	168,172	7,417	9,827
国際拠点港湾 計 Specally Major II Ports	409,214	1,102,749	34,761	667,381	344,193	425,628	30,260	9,740
全 国 計 General Total	3,115,493	3,513,224	89,312	1,783,904	2,081,679	1,656,697	944,502	72,623
資 料	国土交通省総合政策局情報政策課交通経済統計調査室 （港湾統計年報）							

（注）外航商船、内航商船には自動車航送船を含む。
平成24年度より、港湾区分が見直されて特定重要港湾が国際戦略港湾及び国際拠点港湾に改正された。
対象港湾は従前のとおり。
☆は、国際戦略拠点港湾、無印は国際拠点港湾を示す。

国際戦略港湾・国際拠点港湾入港船舶数（令和3年）

Number of Vessels Arriving at Specially Designated Major Ports (CY 2021)

単位：隻、千総トン (Unit：1000 Tons)

港名 Port and Harbor	合計 Sum Total		外航商船 Oceangoing Merchant		内航商船 Domestic Merchant		その他 Others	
	隻数 No	総トン Ton	隻数 No	総トン Ton	隻数 No	総トン Ton	隻数 No	総トン Ton
苫小牧 Tomakomai	14,701	87,999	969	17,666	9,797	70,285	3,935	48
室 蘭 Muroran	4,221	17,134	366	10,278	2,910	6,524	945	332
仙台塩釜 Sendaishiogama	19,352	51,076	1,062	17,438	18,078	33,404	212	234
千 葉 Chiba	46,488	128,233	3,485	82,853	39,639	44,864	3,364	516
☆東 京 Tokyo	21,575	145,769	4,572	100,085	15,428	44,467	1,575	1,217
☆川 崎 Kawasaki	18,023	89,934	2,474	68,833	15,348	20,864	201	237
☆横 浜 Yokohama	30,024	270,232	8,453	229,762	18,444	33,217	3,127	7,253
新 潟 Niigata	9,035	40,698	743	13,485	6,033	26,738	2,259	475
伏木富山 Fushikitoyama	3,084	9,157	790	7,652	681	1,481	1,613	24
清 水 Shimizu	7,463	41,039	1,593	30,198	5,098	9,898	772	943
名古屋 Nagoya	29,663	208,015	7,032	168,427	21,298	39,156	1,333	432
四日市 Yokkaichi	16,689	59,662	1,549	44,536	13,991	14,977	1,149	149
堺泉北 Sakaisenboku	29,007	71,720	1,459	40,570	25,710	30,537	1,838	613
☆大 阪 Osaka	22,081	101,016	4,593	61,870	17,148	38,900	340	246
☆神 戸 Kobe	25,311	162,360	6,044	123,040	16,392	38,330	2,875	990
姫 路 Himeji	25,819	24,490	687	15,224	24,281	9,085	851	181
和歌山下津 Wakayamashimotsu	9,840	31,148	471	16,152	8,942	14,812	427	184
水 島 Mizushima	28,376	76,736	2,794	51,819	23,974	24,082	1,608	835
広 島 Hiroshima	40,808	42,535	1,199	25,824	39,417	16,612	192	99
下 関 Shimonoseki	26,454	8,982	932	5,608	21,366	2,426	4,156	948
徳山下松 Tokuyamakudamatsu	22,738	39,628	1,552	20,736	21,106	18,168	80	724
博 多 Hakata	24,150	51,541	2,594	31,750	18,436	19,493	3,120	298
北九州 Kitakyushu	46,011	95,526	3,614	46,978	38,784	45,893	3,613	2,655
☆国際戦略港湾 計 Specially Major I Ports	117,014	769,311	26,136	583,591	82,760	175,778	8,118	9,942
国際拠点港湾 計 Specially Major II Ports	403,899	1,085,318	32,891	647,193	339,541	428,435	31,467	9,690
全国 計 General Total	3,038,192	3,477,397	86,292	1,742,379	2,026,674	1,660,917	925,226	74,101
資 料	国土交通省総合政策局情報政策課交通経済統計調査室　（港湾統計年報）							

(注) 外航商船、内航商船には自動車航送船を含む

平成24年度より、港湾区分が見直されて特定重要港湾が国際戦略港湾及び国際拠点港湾に改正された。

対象港湾は従前のとおり。

☆は、国際戦略拠点港湾、無印は国際拠点港湾を示す。

国際戦略港湾・国際拠点港湾入港船舶数（令和4年）

Number of Vessels Arriving at Specially Designated Major Ports（CY 2022）

単位：隻、千総トン（Unit : 1000 Tons）

港　名 Port and Harbor	合計 Sum Total		外航商船 Oceangoing Merchant		内航商船 Domestic Merchant		そ の 他 Others	
	隻数 No	総トン Ton	隻数 No	総トン Ton	隻数 No	総トン Ton	隻数 No	総トン Ton
苫 小 牧 Tomakomai	14,788	89,020	883	17,412	10,029	71,563	3,876	46
室　蘭 Muroran	3,559	14,926	322	7,997	2,433	6,656	804	273
仙台塩釜 Sendaishiogama	22,919	54,403	1,004	18,262	21,635	35,721	280	420
千　葉 Chiba	47,506	133,732	3,330	85,223	40,775	47,963	3,401	546
☆東　京 Tokyo	21,412	140,350	4,409	94,124	15,275	44,744	1,728	1,482
☆川　崎 Kawasaki	16,718	84,848	2,204	64,223	14,255	20,321	259	305
☆横　浜 Yokohama	30,345	265,869	8,144	225,205	18,714	33,779	3,487	6,884
新　潟 Niigata	9,076	37,403	752	12,602	5,747	24,271	2,577	530
伏木富山 Fushikitoyama	3,190	10,501	995	8,983	668	1,487	1,527	31
清　水 Shimizu	7,485	41,024	1,619	29,875	5,056	10,081	810	1,067
名 古 屋 Nagoya	27,603	204,489	6,811	166,392	19,884	37,723	908	374
四 日 市 Yokkaichi	16,710	59,764	1,465	44,241	14,113	15,364	1,132	159
堺 泉 北 Sakaisenboku	27,910	72,582	1,416	40,745	24,857	31,221	1,637	617
☆大　阪 Osaka	21,267	101,004	4,492	60,760	16,406	40,111	369	133
☆神　戸 Kobe	26,341	166,285	5,935	122,549	17,553	42,701	2,853	1,035
姫　路 Himeji	25,643	23,903	646	14,592	24,012	9,066	985	246
和歌山下津 Wakayamashimotsu	11,590	35,206	764	20,048	10,438	15,055	388	103
水　島 Mizushima	28,017	82,780	2,943	56,642	23,755	25,362	1,319	776
広　島 Hiroshima	43,417	40,251	1,117	23,193	42,063	16,978	237	80
下　関 Shimonoseki	27,494	8,797	892	5,526	21,054	2,369	5,548	902
徳山下松 Tokuyamakudamatsu	21,688	39,158	1,483	20,487	20,118	17,335	87	1,335
博　多 Hakata	24,307	50,627	2,555	30,285	18,611	19,971	3,141	371
北 九 州 Kitakyushu	45,302	95,196	3,381	43,788	38,580	49,087	3,341	2,321
☆国際戦略港湾 計 Specially Major Ⅰ Ports	116,083	758,356	25,184	566,860	82,203	181,656	8,696	9,839
国際拠点港湾 計 Specially Major Ⅱ Ports	408,204	1,093,761	32,378	646,291	343,828	437,272	31,998	10,198
全 国 計 General Total	3,058,377	3,477,611	86,294	1,742,401	2,026,677	1,660,938	945,406	74,271
資　料	国土交通省総合政策局情報政策課交通経済統計調査室　　（港湾統計年報）							

(注)　外航商船、内航商船には自動車航送船を含む
　　　平成24年度より、港湾区分が見直されて特定重要港湾が国際戦略港湾及び国際拠点港湾に改正された。
　　　対象港湾は従前のとおり。
　　　☆は、国際戦略拠点港湾、無印は国際拠点港湾を示す。

全 国 港 湾
Volume of Cargo

暦 年 Calender Year		港湾数 Harbors	合 計 (Sum Total)			輸 計 Total
			計 Total	外国貿易 International Trade	内国貿易 Domestic Trade	
S25	(1950)	570	118,554	17,828	100,726	52,923
S30	(1955)	772	257,320	50,028	207,293	114,310
S35	(1960)	799	455,369	107,031	348,337	193,441
S40	(1965)	904	827,122	241,715	585,407	324,846
S45	(1970)	927	1,875,740	552,916	1,322,824	717,104
S50	(1975)	939	2,552,552	703,313	1,849,239	1,023,777
S55	(1980)	946	2,925,228	828,365	2,096,863	1,195,152
S60	(1985)	889	2,840,133	859,301	1,980,832	1,180,239
H2	(1990)	889	3,252,616	968,976	2,283,640	1,313,075
H7	(1995)	889	3,418,410	1,071,084	2,347,326	1,358,275
H12	(2000)	819	3,177,771	1,137,401	2,040,370	1,239,163
H17	(2005)	814	3,174,046	1,226,323	1,947,723	1,243,731
H19	(2007)	814	3,201,018	1,256,467	1,944,551	1,264,513
H20	(2008)	814	3,215,001	1,291,555	1,923,446	1,280,556
H21	(2009)	814	3,145,777	1,299,032	1,846,745	1,249,538
H22	(2010)	717	2,636,328	1,092,976	1,543,352	1,028,507
H23	(2011)	717	2,807,248	1,235,348	1,571,900	1,080,481
H24	(2012)	717	2,783,949	1,226,319	1,557,630	1,053,462
H25	(2013)	717	2,900,507	1,291,117	1,609,390	1,100,945
H26	(2014)	717	2,879,650	1,276,722	1,602,928	1,094,408
H27	(2015)	694	2,811,982	1,253,432	1,558,550	1,074,642
H28	(2016)	694	2,783,453	1,238,712	1,544,741	1,062,230
H29	(2017)	694	2,825,478	1,252,606	1,572,872	1,079,298
H30	(2018)	694	2,821,102	1,249,513	1,571,589	1,081,421
H31・R1	(2019)	694	2,744,416	1,210,806	1,533,610	1,055,445
R2	(2020)	678	2,473,285	1,086,346	1,386,939	945,304
R3	(2021)	678	2,572,071	1,143,361	1,428,710	982,645
R4	(2022)	678	2,564,106	1,136,808	1,427,298	974,248
資 料		国土交通省総合政策局情報政策課				

(注) 自動車航送船を含む。

取 扱 貨 物 量
Handled at Ports

単位：千トン(Unit：1000 Gross Tons)

| 移出 | | 輸　移　入 | | |
輸　出 Exports	移　出 Outward	計 Total	輸　入 Imports	移　入 Inward
4,169	48,754	65,631	13,659	51,972
9,294	105,016	143,010	40,733	102,277
14,819	178,622	261,927	92,212	169,715
29,949	294,897	502,276	211,766	290,510
59,901	657,203	1,158,636	493,015	665,621
95,625	928,152	1,528,775	607,688	921,087
152,551	1,042,601	1,730,076	675,814	1,054,261
187,570	992,669	1,659,894	671,731	988,163
171,143	1,141,932	1,939,541	797,833	1,141,708
187,806	1,170,469	2,060,135	883,278	1,176,858
203,244	1,035,919	1,938,608	934,157	1,004,451
260,664	983,067	1,930,315	965,659	964,656
284,812	979,701	1,936,505	971,655	964,850
303,832	976,724	1,934,445	987,723	946,722
309,788	939,750	1,896,239	989,244	906,995
245,219	783,288	1,607,821	847,757	760,064
285,847	794,634	1,726,767	949,501	777,266
270,997	782,464	1,730,487	955,322	775,165
289,690	811,255	1,799,562	1,001,427	798,135
287,292	807,115	1,785,242	989,430	795,813
293,602	781,039	1,737,340	959,829	777,511
286,768	775,463	1,721,223	951,945	769,278
289,649	789,650	1,746,179	962,957	783,222
292,755	788,666	1,739,681	956,758	782,923
284,725	770,720	1,688,971	926,081	762,890
248,405	696,899	1,527,981	837,941	690,040
265,412	717,233	1,589,426	877,949	711,477
259,408	714,840	1,589,858	877,400	712,458

交通経済統計調査室(港湾統計年報)

138 輸 送

全 国 港 湾 主 要
Volume of Cargo Handled by

	暦年 Calendar Year	合計 Sum Total	米穀類 Rice Grain	飲食物 Food & Drink	水産品 Marine	木材 Wood	石炭 Coal	鉄鉱石 Ironore	砂利・砂 石材等 Gvavel, Sand & Stones
合計 Sum Total	S55 (1980)	2,066,605	47,316	29,787	10,166	77,893	106,568	145,861	130,719
	H2 (1990)	2,247,717	45,240	30,881	9,886	73,689	147,134	143,166	157,719
	H12 (2000)	2,338,352	42,894	34,722	8,683	61,554	164,187	140,796	167,178
	H22 (2010)	2,209,453	38,763	35,673	7,046	42,509	209,879	137,610	81,923
	H31・R1 (2019)	2,176,362	35,578	39,677	6,136	40,773	208,722	121,256	88,060
	R2 (2020)	1,965,713	34,747	37,999	5,557	34,222	195,743	98,019	85,648
	R3 (2021)	2,048,205	34,143	38,187	5,737	40,072	206,857	115,660	85,298
	R4 (2022)	2,036,762	35,506	39,696	5,624	42,040	206,869	109,068	83,180
輸出 Exports	S55 (1980)	152,550	736	2,110	262	184	71	0	101
	H2 (1990)	171,037	68	1,815	448	113	32	10	494
	H12 (2000)	203,046	438	1,847	542	192	314	709	1,135
	H22 (2010)	285,613	283	1,721	1,075	681	38	59	3,161
	H31・R1 (2019)	290,045	228	2,633	878	1,199	49	446	6,845
	R2 (2020)	248,277	119	2,528	774	1,384	35	15	6,525
	R3 (2021)	265,303	148	2,846	878	1,490	109	300	7,528
	R4 (2022)	259,280	127	3,034	823	1,443	67	56	7,587
輸入 Imports	S55 (1980)	675,814	30,000	8,383	1,193	64,286	70,953	133,959	1,104
	H2 (1990)	797,729	32,579	11,251	3,161	64,307	110,245	126,263	3,376
	H12 (2000)	934,034	33,081	18,054	4,263	55,674	139,048	128,596	7,318
	H22 (2010)	949,247	29,529	19,506	3,463	35,806	178,176	131,695	2,045
	H31・R1 (2019)	925,802	27,015	21,619	2,989	32,979	177,982	119,309	1,798
	R2 (2020)	837,744	26,665	20,505	2,645	26,664	166,152	97,238	1,639
	R3 (2021)	877,751	25,696	20,507	2,692	31,429	174,681	114,070	1,375
	R4 (2022)	877,172	26,207	20,556	2,738	33,054	178,762	107,819	1,370
移出 Outward	S55 (1980)	613,675	8,322	15,005	1,421	5,802	18,136	8,315	45,016
	H2 (1990)	639,185	6,208	13,474	819	4,517	19,681	11,047	61,054
	H12 (2000)	615,949	4,972	10,065	963	2,471	12,841	6,471	76,098
	H22 (2010)	496,171	4,569	9,513	492	2,751	16,829	2,665	31,970
	H31・R1 (2019)	483,638	4,270	9,544	533	3,166	16,799	481	29,699
	R2 (2020)	443,421	4,178	8,993	562	3,005	15,978	144	29,118
	R3 (2021)	455,834	4,260	8,861	592	3,521	17,620	245	28,538
	R4 (2022)	451,263	4,741	9,659	555	3,653	15,446	215	26,654
移入 Inward	S55 (1980)	624,566	8,258	4,289	7,290	7,621	17,408	3,587	84,498
	H2 (1990)	639,766	6,385	4,341	5,458	4,752	17,176	5,846	92,795
	H12 (2000)	585,323	4,403	4,756	2,915	3,217	11,984	5,020	82,627
	H22 (2010)	478,422	4,382	4,933	2,015	3,270	14,836	3,191	44,747
	H31・R1 (2019)	476,877	4,065	5,880	1,736	3,429	13,892	1,019	49,718
	R2 (2020)	436,271	3,785	5,973	1,576	3,169	13,578	622	48,366
	R3 (2021)	449,317	4,039	5,973	1,575	3,632	14,447	1,045	47,857
	R4 (2022)	449,047	4,431	6,447	1,508	3,890	12,594	978	47,569
資　料			国土交通省総合政策局情報政策課						

(注) 1. 自動車航送船及び鉄道連絡船による取扱量を除く。
　　 2. 「米穀類」は麦、米、とうもろこし、豆類、その他雑穀の合計である。
　　 3. 「飲食物」は野菜・果物、砂糖、製造食品、飲料、水、たばこ、その他食料工業品の合計である。

品 目 別 取 扱 量
Commodity at All Ports in Japan

単位：千トン（Unit：1000 Gross Ton）

原油 Crude Oil	石灰石 Lime Stone	鉄・くず鉄 非鉄金属 Iron, Non-ferrous metals Products	金属製品 Metal Goods	セメント Cement	石油製品 Oil Products	化学薬品 Chemicals	化学肥料 Fertilizers	その他 Others
351,139	80,799	188,147	5,750	98,104	201,904	43,837	8,434	540,181
280,298	88,800	191,322	4,546	114,318	314,864	65,363	7,618	572,873
295,407	95,630	170,452	5,512	108,619	350,942	71,878	6,785	613,113
252,406	72,947	177,607	9,799	68,900	410,816	73,357	5,483	584,734
203,127	77,807	160,964	13,279	73,570	401,926	70,881	4,328	630,281
173,862	71,175	136,923	10,863	70,788	375,215	64,450	4,214	566,285
167,533	75,175	154,689	12,240	69,123	379,916	68,038	4,389	591,147
177,880	73,410	144,370	11,817	68,593	371,602	64,624	4,669	597,811
1	1,392	30,439	2,728	5,774	774	3,837	2,096	102,045
78	1,845	17,744	1,860	4,872	4,124	6,557	789	130,188
6	2,551	32,206	1,563	5,094	4,961	11,452	1,050	138,986
757	3,089	49,258	2,733	6,446	18,881	17,497	880	179,054
265	4,163	43,451	3,368	6,515	21,941	18,768	504	178,792
3,622	4,580	42,492	2,456	5,509	13,363	17,530	483	146,860
3,183	4,410	43,291	2,884	6,653	13,872	17,081	540	160,090
2,926	4,354	40,279	2,761	6,023	17,955	16,098	479	155,267
246,606	16	8,155	338	54	38,054	2,656	1,480	69,577
205,114	257	18,122	929	2,499	115,496	6,961	1,980	95,189
224,268	356	14,776	2,001	1,427	160,859	7,846	2,098	134,369
194,452	409	12,657	5,086	471	178,110	10,020	1,909	145,913
154,614	722	14,264	7,157	104	191,451	11,714	1,595	160,490
129,036	478	11,249	6,268	91	188,150	11,244	1,567	148,152
127,436	590	12,142	7,056	151	189,959	11,893	1,597	156,478
137,585	576	11,844	6,672	97	179,817	11,643	1,673	156,758
55,365	38,133	74,535	1,232	47,491	82,686	18,684	2,277	191,255
36,813	44,913	78,546	803	54,567	99,509	24,980	2,342	179,912
35,488	47,081	62,744	860	52,931	93,877	25,861	1,803	181,423
30,733	32,849	58,663	921	31,279	112,573	24,179	1,380	134,806
26,366	36,079	51,852	1,295	34,412	97,585	20,618	1,295	149,644
22,415	32,220	41,820	1,103	33,527	90,712	18,389	1,296	139,962
19,493	33,993	49,974	1,062	31,847	91,938	20,031	1,276	142,582
21,107	33,273	46,338	1,134	31,832	90,283	18,785	1,362	146,226
50,167	41,258	75,018	1,452	44,785	80,390	18,660	2,581	177,304
38,293	41,785	76,910	954	52,380	95,735	26,865	2,507	167,584
35,645	45,642	60,726	1,088	49,167	91,245	26,719	1,834	158,335
26,464	36,600	57,029	1,060	30,704	101,252	21,662	1,314	124,961
21,882	36,843	51,396	1,458	32,539	90,949	19,782	934	141,355
18,789	33,897	41,362	1,036	31,661	82,990	17,287	868	131,311
17,421	36,182	49,282	1,238	30,472	84,147	19,033	976	131,997
16,262	35,207	45,909	1,250	30,641	83,547	18,098	1,155	139,560

交通経済統計調査室（港湾統計年報）

4.「木材」は原木、製材、木材チップ、その他林産品の合計である。
5.「鉄・くず鉄・非鉄金属」は鉄鋼、鋼材、非鉄金属、金属くずの合計である。
6.「石油製品」は石油製品にLNG、LPG、その他石油製品を加えた合計である。

国際戦略港湾・国際拠点港湾取扱貨物量（令和2年）

Volume of Cargo Handled at Specially Designated Major Ports (CY 2020)

単位：千トン (Unit : 1000 Gross Ton)

港 名 Port and Harbor	合 計 Sum Total	外国貿易 International Trade			内国貿易 Domestic Trade		
		計 Total	輸 出 Exports	輸 入 Imports	計 Total	移 出 Outward	移 入 Inward
苫小牧 Tomakomai	100,298	13,812	905	12,907	86,486	41,862	44,624
室 蘭 Muroran	11,932	5,825	577	5,248	6,107	3,469	2,638
仙台塩釜 Sendaishiogama	40,457	13,422	1,341	12,081	27,035	11,670	15,365
千 葉 Chiba	134,009	80,148	8,838	71,310	53,861	30,543	23,318
☆東 京 Tokyo	80,867	46,370	11,883	34,487	34,498	14,339	20,159
☆川 崎 Kawasaki	67,627	46,274	5,977	40,297	21,353	11,635	9,718
☆横 浜 Yokohama	93,623	65,212	23,878	41,334	28,411	11,139	17,272
新 潟 Niigata	28,414	13,178	961	12,217	15,236	6,413	8,823
伏木富山 Fushikitoyama	6,266	4,875	1,214	3,661	1,392	134	1,258
清 水 Shimizu	15,977	9,475	3,368	6,107	6,502	1,855	4,647
名古屋 Nagoya	168,548	107,624	41,051	66,573	60,924	32,072	28,852
四日市 Yokkaichi	56,347	36,492	3,751	32,741	19,855	14,812	5,043
堺泉北 Sakaisenboku	65,078	23,297	3,400	19,897	41,782	17,511	24,271
☆大 阪 Osaka	80,547	34,275	8,362	25,913	46,272	20,337	25,935
☆神 戸 Kobe	82,884	46,262	19,979	26,283	36,622	15,387	21,235
姫 路 Himeji	31,387	20,109	856	19,253	11,278	4,872	6,406
和歌山下津 Wakayamashimotsu	28,239	14,630	3,062	11,568	13,609	7,029	6,580
水 島 Mizushima	71,283	41,266	8,055	33,211	30,017	18,160	11,857
広 島 Hiroshima	11,571	4,867	3,540	1,327	6,704	2,421	4,283
下 関 Shimonoseki	3,840	2,421	852	1,569	1,420	717	703
徳山下松 Tokuyamakudamatsu	46,334	17,711	3,164	14,547	28,623	14,798	13,825
博 多 Hakata	34,375	18,625	8,206	10,419	15,751	4,945	10,806
北九州 Kitakyushu	88,459	27,891	7,338	20,553	60,568	28,347	32,221
☆国際戦略港湾 計 Specially Major I Ports	405,548	238,392	70,079	168,313	167,156	72,837	94,319
国際拠点港湾 計 Specially Major II Ports	942,814	455,667	100,479	355,188	487,147	241,628	245,519
全 国 計 General Total	2,473,285	1,086,346	248,405	837,941	1,386,939	696,899	690,040
資 料	国土交通省総合政策局情報政策課交通経済統計調査室(港湾統計年報)						

(注)　自動車航送船を含む。

平成24年度より、港湾区分が見直されて特定重要港湾が国際戦略港湾及び国際拠点港湾に改正された。

対象港湾は従前のとおり。

☆は、国際戦略拠点港湾、無印は国際拠点港湾を示す。

国際戦略港湾・国際拠点港湾取扱貨物量（令和3年）

Volume of Cargo Handled at Specially Designated Major Ports（CY 2021）

単位：千トン（Unit : 1000 Gross Ton）

港　名 Port and Harbor	合　計 Sum Total	外国貿易 International Trade			内国貿易 Domestic Trade		
		計 Total	輸　出 Exports	輸　入 Imports	計 Total	移　出 Outward	移　入 Inward
苫小牧 Tomakomai	104,777	16,034	991	15,043	88,743	44,237	44,506
室　蘭 Muroran	15,631	8,286	750	7,536	7,345	4,221	3,124
仙台塩釜 Sendaishiogama	38,912	12,226	1,311	10,915	26,685	11,802	14,883
千　葉 Chiba	134,554	80,686	8,871	71,815	53,868	28,703	25,165
☆東　京 Tokyo	84,725	47,643	12,481	35,162	37,082	15,570	21,512
☆川　崎 Kawasaki	71,983	48,834	5,524	43,310	23,149	12,703	10,446
☆横　浜 Yokohama	104,802	73,988	28,972	45,016	30,815	13,296	17,519
新　潟 Niigata	29,189	13,539	1,069	12,470	15,650	6,565	9,085
伏木富山 Fushikitoyama	6,687	5,181	1,265	3,916	1,505	115	1,390
清　水 Shimizu	16,934	10,364	3,821	6,543	6,569	1,939	4,630
名古屋 Nagoya	177,790	116,811	46,014	70,797	60,981	31,116	29,865
四日市 Yokkaichi	58,660	38,367	3,604	34,763	20,292	15,157	5,135
堺泉北 Sakaisenboku	61,341	21,796	2,709	19,087	39,545	16,599	22,946
☆大　阪 Osaka	84,668	35,403	8,849	26,554	49,265	21,512	27,753
☆神　戸 Kobe	90,274	50,127	22,664	27,463	40,148	16,587	23,561
姫　路 Himeji	29,339	17,028	782	16,246	12,311	5,299	7,012
和歌山下津 Wakayamashimotsu	28,152	14,630	3,062	11,568	13,522	6,969	6,553
水　島 Mizushima	72,618	43,227	6,744	36,483	29,392	17,858	11,534
広　島 Hiroshima	12,155	5,363	3,876	1,487	6,791	2,227	4,564
下　関 Shimonoseki	4,171	2,671	913	1,758	1,501	721	780
徳山下松 Tokuyamakudamatsu	48,219	19,063	3,449	15,614	29,156	15,404	13,752
博　多 Hakata	34,300	18,625	8,368	10,257	15,674	4,978	10,696
北九州 Kitakyushu	96,361	29,638	8,453	21,185	66,723	31,485	35,238
☆国際戦略港湾 計 Specally Major I Ports	436,452	255,993	78,489	177,504	180,459	79,667	100,792
国際拠点港湾 計 Specally Major II Ports	969,788	473,533	106,052	367,481	496,254	245,395	250,859
全　国　計 General Total	2,572,071	1,143,361	265,412	877,949	1,428,710	717,233	711,477
資　料	国土交通省総合政策局情報政策課交通経済統計調査室（港湾統計年報）						

（注）　自動車航送船を含む。

平成24年度より、港湾区分が見直されて特定重要港湾が国際戦略港湾及び国際拠点港湾に改正された。

対象港湾は従前のとおり。

☆は、国際戦略拠点港湾、無印は国際拠点港湾を示す。

国際戦略港湾・国際拠点港湾取扱貨物量（令和4年）

Volume of Cargo Handled at Specially Designated Major Ports (CY 2022)

単位：千トン (Unit : 1000 Gross Ton)

港 名 Port and Harbor	合 計 Sum Total	外国貿易 International Trade			内国貿易 Domestic Trade		
		計 Total	輸 出 Exports	輸 入 Imports	計 Total	移 出 Outward	移 入 Inward
苫小牧 Tomakomai	108,054	15,792	1,388	14,404	92,263	45,785	46,478
室 蘭 Muroran	12,824	7,422	706	6,716	5,402	2,890	2,512
仙台塩釜 Sendaishiogama	38,719	11,977	1,460	10,517	26,742	11,412	15,330
千 葉 Chiba	136,611	81,749	10,080	71,669	54,862	30,093	24,769
☆東 京 Tokyo	83,926	47,519	11,687	35,832	36,407	14,172	22,235
☆川 崎 Kawasaki	68,519	45,832	5,396	40,436	22,687	11,895	10,792
☆横 浜 Yokohama	106,224	75,784	28,924	46,860	30,440	14,536	15,904
新 潟 Niigata	28,174	12,472	1,011	11,461	15,702	6,596	9,106
伏木富山 Fushikitoyama	7,176	5,648	1,704	3,944	1,528	145	1,383
清 水 Shimizu	17,014	10,228	3,724	6,504	6,786	1,927	4,859
名古屋 Nagoya	163,583	108,764	41,936	66,828	54,818	28,053	26,765
四日市 Yokkaichi	55,468	35,322	3,921	31,401	20,146	14,913	5,233
堺泉北 Sakaisenboku	59,534	22,186	2,906	19,280	37,349	16,041	21,308
☆大 阪 Osaka	85,561	34,365	8,494	25,871	51,196	22,469	28,727
☆神 戸 Kobe	91,634	52,557	23,053	29,504	39,077	16,165	22,912
姫 路 Himeji	28,244	16,277	715	15,562	11,966	5,221	6,745
和歌山下津 Wakayamashimotsu	28,714	14,803	3,003	11,800	13,911	7,358	6,553
水 島 Mizushima	79,079	47,900	9,146	38,754	31,179	18,254	12,925
広 島 Hiroshima	12,432	5,388	4,073	1,315	7,043	2,478	4,565
下 関 Shimonoseki	3,929	2,688	910	1,778	1,241	630	611
徳山下松 Tokuyamakudamatsu	46,664	19,149	3,083	16,066	27,515	14,817	12,698
博 多 Hakata	34,302	17,881	7,971	9,910	16,422	5,157	11,265
北九州 Kitakyushu	100,412	29,742	7,034	22,708	70,670	33,282	37,388
☆国際戦略港湾 計 Specally Major Ⅰ Ports	435,864	256,058	77,554	178,504	179,807	79,237	100,570
国際拠点港湾 計 Specally Major Ⅱ Ports	960,932	465,387	104,770	360,617	495,546	245,050	250,496
全 国 計 General Total	2,564,106	1,136,808	259,408	877,400	1,427,298	714,840	712,458
資 料	国土交通省総合政策局情報政策課交通経済統計調査室（港湾統計年報）						

（注）　自動車航送船を含む。

平成24年度より、港湾区分が見直されて特定重要港湾が国際戦略港湾及び国際拠点港湾に改正された。

対象港湾は従前のとおり。

☆は、国際戦略拠点港湾、無印は国際拠点港湾を示す。

港湾運送事業者による船舶積卸し量

Volume of Cargo Unloaded by Port Transportation Business

単位：千トン（Unit：1000 Gross Ton）

	年 Year		指定港湾数 No. of Designated Ports	総 量 Total	揚 荷 Landing Cargo	積 荷 Pile Cargo	移出入 Outward & Inward	輸出入 Export & Import	接 岸 Wharf	沖 取 Offshore
暦年 Calendar Year	S40	(1965)	92	290,503	194,981	95,522	148,695	141,808	244,533	37,970
	S45	(1970)	91	560,150	393,795	166,355	226,466	333,684	500,692	59,458
	S50	(1975)	93	622,962	413,980	208,982	223,791	399,171	589,795	33,167
年度 Fiscal Year	S55	(1980)	97	865,882	545,835	320,047	303,447	562,435	844,800	21,082
	S60	(1985)	97	933,207	576,734	356,473	316,157	617,050	919,950	13,257
	H2	(1990)	96	1,046,547	665,688	380,859	367,257	679,290	1,039,937	6,610
	H7	(1995)	96	1,121,674	721,055	409,619	368,026	753,648	1,118,191	3,484
	H12	(2000)	94	1,195,088	742,684	452,403	355,253	839,834	1,192,860	2,228
	H17	(2005)	93	1,353,254	801,494	551,759	376,381	976,872	1,351,743	1,510
	H22	(2010)	93	1,234,034	816,120	573,323	354,355	1,035,087	1,387,787	1,157
	H26	(2014)	93	1,437,651	839,047	598,604	369,831	1,067,820	1,436,652	999
	H27	(2015)	93	1,399,008	814,443	583,642	356,840	1,042,169	1,398,291	717
	H28	(2016)	93	1,411,280	820,629	588,893	366,466	1,044,814	1,410,580	701
	H29	(2017)	93	1,454,861	844,466	610,396	378,391	1,076,470	1,454,040	821
	H30	(2018)	93	1,465,673	850,932	614,741	383,034	1,082,640	1,465,164	509
	H31・R1	(2019)	93	1,426,710	828,445	598,264	369,520	1,057,189	1,426,414	296
	R2	(2020)	93	1,296,406	754,755	541,651	338,405	958,000	1,296,266	140
	R3	(2021)	93	1,389,049	812,436	576,613	361,122	1,027,927	1,388,763	285
	R4	(2022)	93	1,360,607	787,793	572,814	356,840	1,003,767	1,360,603	4
資料			国土交通省港湾局港湾経済課							

（注）1. 船舶積卸し量とは、港湾運送事業法の適用港湾においてする船舶への貨物の積込み及び船舶からの貨物の取卸し量をいう。

2. 昭和50年までは暦年実績、昭和55年以降は年度実績。

営業倉庫貨物取扱量
Volume of Cargo Handled by Warehouse Business

Unit : Thousand Ton, ㎥

年 度 Fiscal Year	普通倉庫 Ordinary Warehouses		冷蔵倉庫 Refrigeration Warehouses		水面倉庫 Pond for Timber Storage	
	入庫量 Warehousing Volume	平均月末 在庫量 Inventory	入庫量 Warehousing Volume	平均月末 在庫量 Inventory	入庫量 Warehousing Volume	平均月末 在庫量 Inventory
	千トン	千トン	千トン	千トン	千㎥	千㎥
S35 (1960)	33,339	5,976	2,102	270	2,580	378
S40 (1965)	53,638	8,335	3,479	511	3,830	496
S45 (1970)	93,790	15,444	5,015	777	7,801	1,084
S50 (1975)	113,073	19,948	7,123	1,264	7,439	1,556
S55 (1980)	151,231	25,380	8,683	1,686	7,834	1,903
S60 (1985)	183,993	35,503	11,083	2,026	5,342	1,202
H2 (1990)	236,328	48,475	15,015	2,723	4,599	1,271
H7 (1995)	247,158	63,420	18,207	3,097	2,565	818
H12 (2000)	244,813	68,261	20,675	3,288	1,641	353
H17 (2005)	282,020	39,349	20,662	3,227	691	166
H19 (2007)	228,375	32,205	19,006	2,973	690	198
H20 (2008)	221,493	35,966	18,632	3,034	483	150
H21 (2009)	204,356	34,240	18,327	3,002	292	96
H22 (2010)	226,594	33,766	18,999	2,889	377	80
H23 (2011)	206,118	28,523	19,897	3,142	208	50
H24 (2012)	231,628	34,693	20,101	3,251	164	54
H25 (2013)	227,798	35,145	21,234	3,294	141	27
H26 (2014)	228,156	36,579	20,088	3,218	101	25
H27 (2015)	252,580	39,547	23,379	3,619	170	37
H28 (2016)	243,935	42,664	23,084	3,424	132	39
H29 (2017)	256,723	40,110	23,089	3,452	194	30
H30 (2018)	263,395	41,594	23,587	3,633	117	19
R1 (2019)	259,077	43,192	23,283	3,732	70	22
R2 (2020)	266,868	42,430	25,200	3,543	53	17
資 料	国土交通白書(資料編)					

注 普通倉庫の数値は、1～3類倉庫、野積倉庫、貯蔵槽倉庫及び危険品倉庫の合計である。

輸

送

船 舶 及 び 航 空 機

Passenger Departure and

区分	暦 年 Calendar Year		計 Total			船
		計 Total	計 Total	日本人 Japanese	外国人 Foreigner	計 Total
出国者数 (Departure)	S35 (1960)		309,665	119,420	190,245	119,552
	S45 (1970)		1,706,962	936,205	770,757	186,561
	S55 (1980)		5,186,888	3,909,333	1,277,555	73,884
	H2 (1990)		14,339,931	10,997,431	3,342,500	226,121
	H12 (2000)		22,965,316	17,818,590	5,146,726	403,828
	H17 (2005)		24,759,130	17,403,565	7,355,565	644,123
	H22 (2010)		26,078,876	16,637,224	9,441,652	895,313
	H26 (2014)		30,881,937	16,903,388	13,978,549	786,156
	H27 (2015)		35,687,409	16,213,789	19,473,620	696,766
	H28 (2016)		40,133,573	17,116,420	23,017,153	751,546
	H29 (2017)		45,065,044	17,889,292	27,175,752	1,012,710
	H30 (2018)		48,807,196	18,954,031	29,853,165	956,522
	H31・R1 (2019)		51,041,173	20,080,669	30,960,504	750,778
	R2 (2020)		7,857,294	3,174,219	4,683,075	34,673
	R3 (2021)		1,017,181	512,244	504,937	542
	R4 (2022)		6,419,273	2,771,770	3,647,503	4,845
入国者数 (Arrivals)	S35 (1960)		252,202	105,321	146,881	66,641
	S45 (1970)		1,702,633	927,572	775,061	200,082
	S55 (1980)		5,195,435	3,899,569	1,295,866	62,834
	H2 (1990)		14,456,692	10,952,222	3,504,470	190,166
	H12 (2000)		22,928,041	17,655,946	5,272,095	386,261
	H17 (2005)		24,776,252	17,326,149	7,450,103	639,028
	H22 (2010)		26,055,580	16,611,884	9,443,696	883,486
	H26 (2014)		31,065,982	16,915,797	14,150,185	794,587
	H27 (2015)		24,056,512	16,258,889	19,688,247	701,382
	H28 (2016)		40,307,164	17,088,252	23,218,912	752,179
	H29 (2017)		45,305,235	17,876,453	27,428,782	862,949
	H30 (2018)		49,011,056	18,908,954	30,102,102	958,814
	H31・R1 (2019)		51,217,234	20,030,055	31,187,179	729,422
	R2 (2020)		7,990,527	3,683,270	4,307,257	42,046
	R3 (2021)		854,057	500,938	353,119	303
	R4 (2022)		6,860,885	2,662,840	4,198,045	3,524
資 料						法務省

(注) 1. 正規出入国者の数である。

2. 日米間の地位協定による軍人等の協定該当者は計に含まない。

別　出　入　国　者　数

Arrivals by Ship and Air

単位：人（Unit :Persons）

舶　Ship		航　空　機　Aircraft		
日本人	外国人	計	日本人	外国人
Japanese	Foreigner	Total	Japanese	Foreigner
56,112	63,440	190,113	63,308	126,805
157,928	28,633	1,520,401	778,277	742,124
37,565	36,319	5,113,004	3,871,768	1,241,236
106,038	120,083	14,113,810	10,891,393	3,222,417
197,653	206,175	22,561,488	17,620,937	4,940,551
216,158	427,965	24,115,007	17,187,407	6,927,600
187,219	708,094	25,183,563	16,450,005	8,733,558
157,577	628,579	30,095,781	16,745,811	13,349,970
132,397	564,369	34,990,643	16,081,392	18,909,251
154,283	597,263	39,382,027	16,962,137	22,419,890
278,257	734,453	44,052,334	17,611,035	26,441,299
183,581	772,941	47,850,674	18,770,450	29,080,224
216,336	534,442	50,290,395	19,864,333	30,426,062
9,227	25,446	7,822,621	3,164,992	4,657,629
352	190	1,016,639	511,892	504,747
1,982	2,863	6,414,428	2,769,788	3,644,640
48,664	17,977	185,561	56,657	128,904
174,909	25,173	1,502,551	752,663	749,888
34,047	28,787	5,132,601	3,865,522	1,267,079
84,552	105,614	14,266,526	10,867,670	3,398,856
186,013	200,248	22,541,780	17,469,933	5,071,847
211,363	427,665	24,137,224	17,114,786	7,022,438
180,594	702,892	25,172,094	16,431,290	8,740,804
155,255	639,332	30,271,395	16,760,542	13,510,853
130,511	570,871	35,245,754	16,128,378	19,117,376
150,819	601,360	39,554,985	16,937,433	22,617,552
122,078	740,871	44,442,286	17,754,375	26,687,911
179,933	778,881	48,052,242	18,729,021	29,323,221
186,505	542,917	50,487,812	19,843,550	30,644,262
12,956	29,090	7,948,481	3,670,314	4,278,167
262	41	853,754	500,676	353,078
1,350	2,174	6,857,361	2,661,490	4,195,871

（出入国管理統計年報）

目 的 別 入

Number of Foreign

暦 年 Calendar Year	合 計 Sum Total	滞 在 客			
		計 Total	観 光 客		
			小 計 Sub Total	観光客 Tourist	短期滞在者 Sojourner
S35 (1960)	212,314	159,416	97,776	73,520	…
S40 (1965)	366,649	299,346	204,252	157,464	…
S45 (1970)	854,419	770,573	565,346	484,638	…
S50 (1975)	811,672	707,790	447,073	373,126	…
S55 (1980)	1,316,632	1,165,010	728,371	597,722	…
S60 (1985)	2,327,047	2,102,296	1,328,782	…	1,324,546
H2 (1990)	3,235,860	3,117,592	1,879,497	…	1,878,495
H7 (1995)	3,345,274	3,241,650	1,731,439	…	1,730,682
H12 (2000)	4,757,146	4,614,193	2,693,357	…	2,692,522
H17 (2005)	6,727,926	6,653,039	4,368,573	4,368,570	…
H21 (2009)	6,789,658	6,789,658	4,759,833	4,759,833	…
H22 (2010)	8,611,175	8,611,175	6,361,974	6,361,974	…
H23 (2011)	6,218,752	6,218,752	4,057,235	4,057,235	…
H24 (2012)	8,358,105	8,358,105	6,041,645	6,041,645	…
H25 (2013)	10,363,904	10,363,904	7,962,517	7,962,517	…
H26 (2014)	13,413,467	13,413,467	10,880,604	10,880,604	…
H27 (2015)	19,737,409	19,737,409	16,969,126	16,969,126	…
H28 (2016)	24,039,700	24,039,700	21,049,676	21,049,676	…
H29 (2017)	28,691,073	28,691,073	25,441,593	25,441,593	…
H30 (2018)	31,191,856	31,191,856	27,766,112	27,766,112	…
H31・R1 (2019)	31,882,049	31,882,049	28,257,141	28,257,141	…
R2 (2020)	4,115,828	4,115,828	3,312,230	3,312,230	…
R3 (2021)	245,862	245,862	66,387	66,387	…
R4 (2022)	3,832,110	3,832,110	2,487,835	2,487,835	…
資 料	法務省及び				

(注) 永久滞在者、軍要員及び乗員を含まない。

09'から、「一時上陸客」は、観光客に含む

国　外　客　数

Entries by Purpose

単位：人(Unit ：Persons)

Sojourner				一時上陸客
Tourist		商用客	その他	
通過観光客	通過客			
Transit Passenger	Transit Passenger	Business	Other	Shore Excursionist
12,398	11,858	14,929	46,711	52,898
17,746	29,042	29,184	65,910	67,303
28,814	51,894	75,286	129,941	83,846
10,138	63,809	83,923	176,794	103,882
3,715	126,934	115,843	320,796	151,622
4,236	…	555,685	217,829	224,751
1,002	…	870,738	367,357	118,268
757	…	1,047,536	462,675	103,624
5	…	1,292,889	627,947	142,953
…	…	1,477,162	807,304	74,887
…	…	1,192,622	837,203	…
…	…	1,394,586	854,615	…
…	…	1,243,484	918,033	…
…	…	1,442,946	873,514	…
…	…	1,464,850	936,537	…
…	…	1,537,114	995,749	…
…	…	1,641,300	1,126,983	…
…	…	1,701,902	1,288,122	…
…	…	1,782,677	1,466,803	…
…	…	1,795,213	1,630,531	…
…	…	1,757,403	1,867,505	…
…	…	216,026	587,572	…
…	…	18,344	161,131	…
…	…	422,361	921,914	…

日本政府観光局(JNTO)

国 籍 別 入

Number of Foreign

暦 年 Calendar Year	計 Total	アメリカ U.S.A	カナダ Canada	イギリス U.K.	フランス France	ドイツ Germany	ロシア C.I.S
S30 (1955)	55,592	28,194	1,269	4,610	1,229	957	43
S40 (1965)	299,274	155,533	8,831	16,988	6,135	7,706	1,659
S45 (1970)	770,573	320,654	43,442	38,720	21,172	23,774	4,641
S50 (1975)	707,790	241,065	24,103	46,637	15,977	25,340	5,441
S55 (1980)	1,192	279	41	90	26	40	6
S60 (1985)	2,102	484	61	183	40	49	9
H2 (1990)	3,118	554	64	209	51	66	24
H7 (1995)	3,242	540	75	199	54	68	24
H12 (2000)	4,616	726	119	384	79	88	29
H17 (2005)	6,653	822	150	222	111	118	60
H22 (2010)	8,611	727	153	184	151	124	51
H23 (2011)	6,219	566	101	140	95	81	34
H24 (2012)	8,368	717	135	174	130	109	50
H25 (2013)	10,364	799	153	192	155	122	61
H26 (2014)	13,413	892	183	220	179	140	64
H27 (2015)	19,737	1,033	231	258	214	163	54
H28 (2016)	24,040	1,243	273	292	253	183	55
H29 (2017)	28,691	1,375	306	310	269	196	77
H30 (2018)	31,192	1,526	331	334	305	215	95
H31・R1 (2019)	31,882	1,724	375	424	336	237	120
R2 (2020)	4,116	219	53	51	43	30	22
R3 (2021)	246	20	4	7	7	5	4
R4 (2022)	3,832	324	56	57	53	46	10
R5 (2023)	25,066	2,046	426	322	277	233	42
資 料							法務省及び

(注)1. 昭和30年の数字には通過観光客の数を含まない。
　　2. 中国は、中華人民共和国、台湾及び香港の合計値である。
　　3. イギリスには英国籍の香港人を含む。

国　外　客　数

Entries　by　Nationality

単位：人(1980年(昭和55年)より千人)(Unit：Persons(〜1975), 1000 Persons(1980〜))

オーストラリア Australia	インド India	タイ Thailand	フィリピン Philippines	中国 China	韓国 Korea	その他 Other
541	1,300	1,168	2,497	6,083	867	6,879
15,194	3,719	3,408	9,078	18,790	9,572	42,661
31,815	15,427	10,185	21,559	56,711	41,818	140,665
27,850	7,276	11,801	12,578	96,689	52,189	140,844
52	14	18	28	264	88	246
55	24	43	63	491	174	426
53	19	66	88	722	719	483
61	22	48	69	783	858	440
147	36	59	105	1,249	1,031	562
206	53	119	135	2,197	1,732	728
226	67	215	77	1,413	2,440	2,783
163	59	145	63	1,043	1,658	2,071
206	69	261	85	1,430	2,044	2,958
245	75	454	108	1,314	2,456	4,230
303	88	658	184	2,409	2,755	5,338
376	103	797	268	4,994	4,002	7,244
445	123	902	348	6,374	5,090	8,459
495	134	987	424	14,151	7,140	2,827
552	154	1,132	504	15,345	7,539	3,160
622	176	1,319	613	16,776	5,585	3,576
144	27	220	109	2,110	488	600
3	9	3	6	49	19	110
89	54	198	127	189	1,013	1,616
613	166	996	622	2,425	6,959	9,939

日本政府観光局(JNTO)

国民一人当たり平均旅行回数及び宿泊数

Times of Trips per Capitation by the Japanese Public
and Number of Overnight Stay

単位：旅行回数（回）、宿泊数（泊）

歴 年 Calendar Year		一人当たり 旅行回数（日帰り旅行） Times of trips (One-Day Trip)	一人当たり 旅行回数（宿泊旅行） Times of trips (Overnight Trip)	一人当たり 宿泊数 Number of Overnight Stayed
H18	(2006)		1.7	2.7
H19	(2007)		1.5	2.5
H20	(2008)		1.5	2.4
H21	(2009)		1.5	2.4
H22	(2010)		1.3	2.1
H23	(2011)		1.3	2.1
H24	(2012)	1.5	1.4	2.1
H25	(2013)	1.6	1.4	2.3
H26	(2014)	1.5	1.3	2.1
H27	(2015)	1.5	1.4	2.3
H28	(2016)	1.6	1.4	2.3
H29	(2017)	1.6	1.4	2.3
H30	(2018)	1.5	1.3	2.1
R1	(2019)	1.6	1.4	2.3
R2	(2020)	0.7	0.7	1.2
R3	(2021)	0.7	0.6	1.0
R4	(2022)	1.1	1.2	1.9
資 料		観光庁 観光白書		

注1. 観光庁「旅行・観光消費動向調査」による。
注2. 平成20年までは、20歳から79歳までが調査対象。

輸

送

商品別観光消費

Tourism consumption,

区　分 項　目		宿泊旅行 Tourrists travelling only within Japan	日帰り旅行 Same-day visitors travelling only within Japan
		a	b
合　計	Total	16,239	4,678
旅行前後支出額	Expenditure for the trip	1,942	700
旅行前支出	Expenditure before the trip	1,801	653
旅行後支出	Expenditure after the trip	141	47
旅行中支出計	Expenditure during trips	13,851	3,978
旅行会社収入	Travel agent fee	177	24
交通費	Passenger transport services	4,916	1,903
宿泊費	Accommodation services	3,734	—
飲食費	Food and beverage serving services	1,968	583
土産代・買物代	Souvenirs and other goods	2,073	950
入場料・娯楽費・その他	Cultural services,Recreation and other services	982	518
別荘の帰属家賃	Imputed rent of second home	446	—
資料			観光庁

注1.　平成21年より、調査単位を年度から暦年に変更している。
注2.　入場料・施設使用料には、その他を含む。

商品別観光消費

Tourism consumption,

区　分 項　目		宿泊旅行 Tourrists travelling only within Japan	日帰り旅行 Same-day visitors travelling only within Japan
		a	b
合　計	Total	17,505	4,773
旅行前後支出額	Expenditure for the trip	2,097	777
旅行前支出	Expenditure before the trip	1,967	723
旅行後支出	Expenditure after the trip	130	55
旅行中支出計	Expenditure during trips	14,976	3,996
旅行会社収入	Travel agent fee	168	25
交通費	Passenger transport services	5,411	1,843
宿泊費	Accommodation services	3,991	0
飲食費	Food and beverage serving services	2,253	587
土産代・買物代	Souvenirs and other goods	2,118	956
入場料・娯楽費・その他	Cultural services,Recreation and other services	1,035	585
別荘の帰属家賃	Imputed rent of second home	432	—
資料			観光庁

注1.　平成21年より、調査単位を年度から暦年に変更している。
注2.　入場料・施設使用料には、その他を含む。

（平成30歴年）
by products　（CY 2018）

単位：10億円（Unit：Billions of yen）

海外旅行（国内分） Visitors travelling abroad	国内観光消費 Domestic tourism consumption	訪日観光消費 Inbound tourism consumption	内部観光消費（訪日＋国内） Internal tourism consumption	海外観光消費 Outbound tourism consumption	国民観光消費（国内＋海外） National tourism cosumption
c	d=a+b+c	e	f=d+e	g	h=d+g
1,514	22,431	5,000	27,431	3,113	25,544
325	2,967	—	2,967	8	2,975
311	2,765	—	2,765	8	2,773
14	202	—	202	—	202
1,189	19,018	5,000	24,018	3,105	22,123
148	349	23	372	56	406
961	7,780	842	8,622	1,020	8,801
14	3,748	1,391	5,139	954	4,702
23	2,574	1,025	3,600	413	2,987
39	3,062	1,557	4,619	496	3,559
3	1,503	162	1,665	165	1,668
—	446	—	446	—	446

（旅行・観光産業の経済効果に関する調査研究　2018年版）

（平成31・令和1歴年）
by products　（CY 2019）

単位：10億円（Unit：Billions of yen）

海外旅行（国内分） Visitors travelling abroad	国内観光消費 Domestic tourism consumption	訪日観光消費 Inbound tourism consumption	内部観光消費（訪日＋国内） Internal tourism consumption	海外観光消費 Outbound tourism consumption	国民観光消費（国内＋海外） National tourism cosumption
c	d=a+b+c	e	f=d+e	g	h=d+g
1,523	23,801	5,364	29,165	3,185	26,986
334	3,208	—	3,208	10	3,218
324	3,013	—	3,013	10	3,023
10	195	—	195	—	195
1,189	20,161	5,364	25,525	3,175	23,336
159	352	24	377	58	410
942	8,197	872	9,068	1,006	9,203
13	4,003	1,499	5,502	887	4,891
27	2,866	1,100	3,966	379	3,245
45	3,119	1,689	4,808	645	3,764
2	1,623	180	1,803	200	1,823
—	432	—	432	—	432

（旅行・観光産業の経済効果に関する調査研究　2019年版）

商品別観光消費

Tourism consumption,

項　目	区　分	宿泊旅行 Tourrists travelling only within Japan	日帰り旅行 Same-day visitors travelling only within Japan
		a	b
合　計	Total	8,214	2,200
旅行前後支出額	Expenditure for the trip	966	352
旅行前支出	Expenditure before the trip	901	329
旅行後支出	Expenditure after the trip	64	23
旅行中支出計	Expenditure during trips	6,794	1,849
旅行会社収入	Travel agent fee	56	7
交通費	Passenger transport services	2,233	835
宿泊費	Accommodation services	2,074	—
飲食費	Food and beverage serving services	1,065	307
土産代・買物代	Sourvenirs and other goods	976	445
入場料・娯楽費・その他	Cultural services,Recreation and other services	391	255
別荘の帰属家賃	Imputed rent of second home	454	—
資料			観光庁

注1.　平成21年より、調査単位を年度から暦年に変更している。
注2.　入場料・施設使用料には、その他を含む。

商品別観光消費

Tourism consumption,

項　目	区　分	宿泊旅行 Tourrists travelling only within Japan	日帰り旅行 Same-day visitors travelling only within Japan
		a	b
合　計	Total	7,450	2,191
旅行前後支出額	Expenditure for the trip	944	404
旅行前支出	Expenditure before the trip	882	381
旅行後支出	Expenditure after the trip	62	23
旅行中支出計	Expenditure during trips	6,048	1,787
旅行会社収入	Travel agent fee	43	5
交通費	Passenger transport services	1,916	830
宿泊費	Accommodation services	1,988	—
飲食費	Food and beverage serving services	929	268
土産代・買物代	Sourvenirs and other goods	820	428
入場料・娯楽費・その他	Cultural services,Recreation and other services	352	256
別荘の帰属家賃	Imputed rent of second home	458	—
資料			観光庁

注1.　平成21年より、調査単位を年度から暦年に変更している。
注2.　入場料・施設使用料には、その他を含む。

（令和2歴年）

by products　（CY 2020）

単位：10億円（Unit：Billions of yen）

海外旅行（国内分） Visitors travelling abroad	国内観光消費 Domestic tourism consumption	訪日観光消費 Inbound tourism consumption	内部観光消費（訪日＋国内） Internal tourism consumption	海外観光消費 Outbound tourism consumption	国民観光消費（国内＋海外） National tourism cosumption
c	d=a+b+c	e	f=d+e	g	h=d+g
398	10,812	1,229	12,041	729	11,542
73	1,390	—	1,390	2	1,392
67	1,297	—	1,297	2	1,298
7	94	—	94	—	94
325	8,967	1,229	10,196	728	9,695
36	99	4	103	65	163
269	3,337	202	3,539	177	3,513
2	2,077	352	2,428	179	2,255
4	1,377	276	1,653	76	1,453
13	1,433	324	1,757	162	1,595
0	646	71	717	69	715
—	454	—	454	—	454

（旅行・観光産業の経済効果に関する調査研究　2020年版）

（令和3歴年）

by products　（CY 2021）

単位：10億円（Unit：Billions of yen）

海外旅行（国内分） Visitors travelling abroad	国内観光消費 Domestic tourism consumption	訪日観光消費 Inbound tourism consumption	内部観光消費（訪日＋国内） Internal tourism consumption	海外観光消費 Outbound tourism consumption	国民観光消費（国内＋海外） National tourism cosumption
c	d=a+b+c	e	f=d+e	g	h=d+g
85	9,726	573	10,299	361	10,087
16	1,364	—	1,364	2	1,366
16	1,279	—	1,279	2	1,282
0	85	—	85	—	85
69	7,904	573	8,477	359	8,263
2	50	2	52	5	55
61	2,807	107	2,914	80	2,887
4	1,992	160	2,152	144	2,136
0	1,198	125	1,323	66	1,264
1	1,250	147	1,397	57	1,307
—	608	32	640	6	613
—	458	—	458	—	458

（旅行・観光産業の経済効果に関する調査研究　2021年版）

日本国内における旅行消費額の
Economic Effect of Travel

	旅行消費額 Travel consumption (最終需要) (Final demand)	生産波及効果 Production diffusion effect		
		直接効果 Direct effect	波及効果 Diffusion effect (直接＋1次効果) (direct＋1st effect)	波及効果 Diffusion effect (直接＋1次効果＋ 2次効果) (direct＋1st＋ 2nd effect) 10億円
平成30年 日本国内における旅行・観光消費の経済効果 Contributiion to Japan's economy CY2018	27,430	26,113	43,418	52,490
産業全体に占める割合シェア※ Share of all Japanese industry		2.5 %	4.1 %	5.0 %
乗数(波及効果／直接効果) Multiplier(Diffusion effect / Direct effect)			1.7	2.0
前年の推計値 Estimate value CY 2017	27,098	25,798	42,738	52,004
対前年増加率(平成30年／平成29年) Year on year growth rate (CY 2018/2017)	1.2 %	1.2 %	1.6 %	0.9 %
※産業全体に相当する数値 All Japanese industry		国民経済計算における 産出額　　　　1,042.7　　兆円 Total domestic production　　trillion yen		

	税収効果＜試算＞ Tax generation effect		
	直接効果 Direct effect	波及効果 Diffusion effect (直接＋1次効果) (direct＋1st effect)	波及効果 Diffusion effect (直接＋1次効果 +2次効果) (direct＋1st＋ 2nd effect) 10億円(Thousand million yen)
平成30年 日本国内における旅行・観光消費の経済効果 Contributiion to Japan's economy CY2018	2,376	3,967	4,975
税収全体に占める割合シェア※ Share of tax revenues	2.3 %	3.8 %	4.8 %
前年の推計値 Estimate value CY 2017	2,289	3,805	4,792
対前年増加率(平成30年／平成29年) Year on year growth rate (CY 2018/2017)	3.8 %	4.3 %	3.8 %
※税収全体の数値(国税＋地方税) All tax revenues in Japan	平成30年度	(2018FY)	103.7兆円

注1. 観光庁「旅行・観光産業の経済効果に関する調査研究」2020年版の数値を記載(産業全体に相当する数値を除く)。
　 2. 平成21年より、調査単位を年度から暦年に変更している。
　 3. 税収は、国税収入(決算額)と地方税収入(見込額)を足し合わせたもの。

経済効果 （平成30歴年）
Consumption on Japan （CY 2018）

付加価値効果 Added value generation effect			雇用効果 Employment generation effect		
直接効果 Direct effect	波及効果 Diffusion effect （直接＋1次効果）(direct＋1st effect)	波及効果 Diffusion effect （直接＋1次効果 +2次効果）(direct＋1st + 2nd effect)	直接効果 Direct effect	波及効果 Diffusion effect （直接＋1次効果）(direct＋1st effect)	波及効果 Diffusion effect （直接＋1次効果 +2次効果）(direct＋1st + 2nd effect)
(Thousand million yen)			千人 (Thousand Persons)		
13,166	21,659	26,805	2,421	3,580	4,263
2.4 %	3.9 %	4.8 %	3.6 %	5.3 %	6.3 %
	1.6	2.0		1.5	1.8
13,059	21,434	26,691	2,316	3,477	4,174
0.8 %	1.0 %	0.4 %	4.5 %	3.0 %	2.1 %

国民経済計算における GDP（名目）　　　547.1　兆円 （at current prices）　　　trillion yen	国民経済計算における就業者数 6,863　万人(Ten tousand persons) Corresponding to number of employed persons in the national economy compulation

日本国内における旅行消費額の
Economic Effect of Travel

	旅行消費額 Travel consumption	生産波及効果 Production diffusion effect		
	（最終需要） (Final demand)	直接効果 Direct effect	波及効果 Diffusion effect （直接＋1次効果） (direct＋1st effect)	波及効果 Diffusion effect （直接＋1次効果 +2次効果） (direct＋1st ＋ 2nd effect) 10億円
平成31・令和元年　日本国内における旅行・観光消費の経済効果 Contributiion to Japan's economy CY2019	r　29,222	r　27,785	r　46,243	r　55,724
産業全体に占める割合シェア※ Share of all Japanese industry		2.7 %	4.4 %	5.3 %
乗数（波及効果／直接効果） Multiplier(Diffusion effect / Direct effect)			1.7	2.0
前年の推計値 Estimate value CY 2018	27,430	26,113	43,418	52,490
対前年増加率（平成31・令和1年／平成30年） Year on year growth rate (CY 2019/2018)	6.5 %	6.4 %	6.5 %	6.2 %
※産業全体に相当する数値 All Japanese industry		国民経済計算における 産出額　　　　　　　　　1,046.7　兆円 Total domestic production　　　trillion yen		

	税収効果＜試算＞ Tax generation effect		
	直接効果 Direct effect	波及効果 Diffusion （直接＋1次効果） (direct＋1st effect)	波及効果 Diffusion （直接＋1次効果 +2次効果） (direct＋1st ＋ 2nd effect) 10億円(Thousand million yen)
平成31・令和元年　日本国内における旅行・観光消費の経済効果 Contributiion to Japan's economy CY2019	2,743	4,591	5,747
税収全体に占める割合シェア※ Share of tax revenues	2.5 %	4.1 %	5.2 %
前年の推計値 Estimate value CY 2018	2,376	3,967	4,975
対前年増加率（平成31・令和元年／平成30年） Year on year growth rate (CY 2019/2018)	15.4 %	15.7 %	15.5 %
※税収全体の数値（国税＋地方税） All tax revenues in Japan	令和元年度　　　(2019FY)　　　102.4兆円		

注1. 観光庁「旅行・観光産業の経済効果に関する調査研究」2021年版の数値を記載（産業全体に相当する数値を除く）。
　2. 平成21年より、調査単位を年度から暦年に変更している。
　3. 税収は、国税収入（決算額）と地方税収入（見込額）を足し合わせたもの。

経済効果　（平成31・令和1歴年）
Consumption on Japan　（CY 2019）

付加価値効果 Added value generation effect			雇用効果 Employment generation effect		
直接効果 Direct effect	波及効果 Diffusion effect（直接＋1次効果）(direct＋1st effect)	波及効果 Diffusion effect（直接＋1次効果+2次効果）(direct＋1st + 2nd effect)	直接効果 Direct effect	波及効果 Diffusion effect（直接＋1次効果）(direct＋1st effect)	波及効果 Diffusion effect（直接＋1次効果+2次効果）(direct＋1st + 2nd effect)
(Thousand million yen)			千人　(Thousand Persons)		
r　14,000	r　23,074	r　28,453	r　2,596	r　3,837	r　4,550
2.5 %	4.1 %	5.1 %	3.8 %	5.6 %	6.6 %
	r　1.6	2.0		1.5	1.8
13,166	21,659	26,805	2,421	3,580	4,263
6.3 %	6.5 %	6.1 %	7.2 %	7.2 %	6.7 %

国民経済計算における
GDP（名目）　　　　561.3 兆円

（at current prices）　　trillion yen

国民経済計算における就業者数

　6,862　万人(Ten tousand persons)

Corresponding to number of employed persons in the national economy compulation

日本国内における旅行消費額の
Economic Effect of Travel

	旅行消費額 Travel consumption	生産波及効果 Production diffusion effect		
	（最終需要） (Final demand)	直接効果 Direct effect	波及効果 Diffusion effect （直接＋1次効果） (direct＋1st effect)	波及効果 Diffusion effect （直接＋1次効果 ＋2次効果） (direct＋1st ＋ 2nd effect)
				10億円
令和2年 日本国内における旅行・観光消費の経済効果 Contributiion to Japan's economy CY2020	11,934	11,421	18,632	22,052
産業全体に占める割合シェア※ Share of all Japanese industry		1.2 %	1.9 %	2.2 %
乗数（波及効果／直接効果） Multiplier(Diffusion effect / Direct effect)			1.6	1.9
前年の推計値 Estimate value CY 2019	29,222	27,785	46,243	55,724
対前年増加率（令和2年／平成31・令和元年） Year on year growth rate (CY 2020/2019)	△ 59.2 %	△ 58.9 %	△ 59.7 %	△ 60.4 %
※産業全体に相当する数値 All Japanese industry	国民経済計算における 産出額　　　　　980.0 兆円 Total domestic production　　　trillion yen			

	税収効果＜試算＞ Tax generation effect		
	直接効果 Direct effect	波及効果 Diffusion （直接＋1次効果） (direct＋1st effect)	波及効果 Diffusion （直接＋1次効果 ＋2次効果） (direct＋1st ＋ 2nd effect)
	10億円(Thousand million yen)		
令和2年 日本国内における旅行・観光消費の経済効果 Contributiion to Japan's economy CY2020	1,341	2,169	2,646
税収全体に占める割合シェア※ Share of tax revenues	1.2 %	1.9 %	2.3 %
前年の推計値 Estimate value CY 2019	2,743	4,591	5,747
対前年増加率（令和2年／平成31・令和元年） Year on year growth rate (CY 2020/2019)	△ 51.1 %	△ 52.8 %	△ 54.0 %
※税収全体の数値（国税＋地方税） All tax revenues in Japan	令和2年度	(2020FY)	105.0兆円

注1. 観光庁「旅行・観光産業の経済効果に関する調査研究」2021年版の数値を記載（産業全体に相当する数値を除く）。
　2. 平成21年より、調査単位を年度から暦年に変更している。
　3. 税収は、国税収入（決算額）と地方税収入（見込額）を足し合わせたもの。

経済効果 （令和2歴年）
Consumption on Japan （CY 2020）

付加価値効果 Added value generation effect			雇用効果 Employment generation effect		
直接効果 Direct effect	波及効果 Diffusion effect （直接＋1次効果） (direct＋1st effect)	波及効果 Diffusion effect （直接＋1次効果 ＋2次効果） (direct＋1st ＋ 2nd effect)	直接効果 Direct effect	波及効果 Diffusion effect （直接＋1次効果） (direct＋1st effect)	波及効果 Diffusion effect （直接＋1次効果 ＋2次効果） (direct＋1st ＋ 2nd effect)
(Thousand million yen)			千人　(Thousand Persons)		
5,951	9,523	11,463	1,076	1,576	1,832
1.1 %	1.8 %	2.1 %	1.6 %	2.3 %	2.7 %
	1.6	1.9		1.5	1.7
14,000	23,074	28,453	2,596	3,837	4,550
△ 57.5 %	△ 58.7 %	△ 59.7 %	△ 58.6 %	△ 58.9 %	△ 59.7 %

国民経済計算における GDP（名目） （at current prices）	538.2　兆円 trillion yen	国民経済計算における就業者数 6,827　万人(Ten tousand persons) Corresponding to number of employed persons in the national economy compulation

輸

送

日本国内における旅行消費額の
Economic Effect of Travel

	旅行消費額 Travel consumption	生産波及効果 Production diffusion effect		
	(最終需要) (Final demand)	直接効果 Direct effect	波及効果 Diffusion effect (直接＋1次効果) (direct＋1st effect)	波及効果 Diffusion effect (直接＋1次効果 +2次効果) (direct＋1st ＋ 2nd effect)
				10億円
令和3年 日本国内における旅行・観光消費の経済効果 Contributiion to Japan's economy CY2021	10,299	9,825	15,858	18,793
産業全体に占める割合シェア※ Share of all Japanese industry		1.0 %	1.5 %	1.8 %
乗数(波及効果／直接効果) Multiplier(Diffusion effect / Direct effect)			1.6	1.9
前年の推計値 Estimate value CY 2020	11,934	11,421	18,632	22,052
対前年増加率(令和3年／令和2年) Year on year growth rate (CY 2021/2020)	△ 13.7 %	△ 14.0 %	△ 14.9 %	△ 14.8 %
※産業全体に相当する数値 All Japanese industry	国民経済計算における 産出額　　　　　　　1,031.6 兆円 Total domestic production　　　trillion yen			

	税収効果＜試算＞ Tax generation effect		
	直接効果 Direct effect	波及効果 Diffusion (直接＋1次効果) (direct＋1st effect)	波及効果 Diffusion (直接＋1次効果 +2次効果) (direct＋1st ＋ 2nd effect)
	10億円(Thousand million yen)		
令和3年 日本国内における旅行・観光消費の経済効果 Contributiion to Japan's economy CY2021	1,236	1,965	2,394
税収全体に占める割合シェア※ Share of tax revenues	1.0 %	1.6 %	2.0 %
前年の推計値 Estimate value CY 2020	1,341	2,169	2,646
対前年増加率(令和3年／令和2年) Year on year growth rate (CY 2021/2020)	△ 7.8 %	△ 9.4 %	△ 9.5 %
※税収全体の数値(国税＋地方税) All tax revenues in Japan	令和3年度	(2021FY)	122.0兆円

注1. 観光庁「旅行・観光産業の経済効果に関する調査研究」2021年版の数値を記載。
　2. 平成21年より、調査単位を年度から暦年に変更している。
　3. 税収は、国税収入(決算額)と地方税収入(見込額)を足し合わせたもの。

経済効果 （令和3歴年）
Consumption on Japan （CY 2021）

付加価値効果 Added value generation effect			雇用効果 Employment generation effect		
直接効果 Direct effect	波及効果 Diffusion effect （直接＋1次効果） (direct＋1st effect)	波及効果 Diffusion effect （直接＋1次効果 +2次効果） (direct＋1st ＋ 2nd effect)	直接効果 Direct effect	波及効果 Diffusion effect （直接＋1次効果） (direct＋1st effect)	波及効果 Diffusion effect （直接＋1次効果 +2次効果） (direct＋1st ＋ 2nd effect)
(Thousand million yen)			千人　(Thousand Persons)		
5,193	8,191	9,856	916	1,338	1,559
0.9 %	1.5 %	1.8 %	1.3 %	2.0 %	2.3 %
	1.6	1.9		1.5	1.7
5,951	9,523	11,463	1,076	1,576	1,833
△ 12.7 %	△ 14.0 %	△ 14.0 %	△ 14.9 %	△ 15.1 %	△ 14.9 %

国民経済計算における GDP（名目） 549.4　兆円 (at current prices)　　trillion yen	国民経済計算における就業者数 6,821　万人(Ten tousand persons) Corresponding to number of employed persons in the national economy compulation

輸

送

鉄 道 車 両
Number of Rolling

年度（Fiscal Year）

区 分　Section			S35(1960)	S45(1970)	S55(1980)	H2(1990)	H12(2000)
合計	Sum Total	電 気 機 関 車	70	77	24	19	7
		ディーゼル機関車	149	310	59	2	4
		そ の 他 の 機 関 車	...	2	2	...	...
		電　　　　　車	897	1,272	1,514	2,051	1,456
		ディ ー ゼ ル 車	582	214	245	248	34
		客　　　　　車	238	425	391	73	11
		そ の 他 の 旅 客 車	104	29	12	20	2
		貨　　物　　車	8,946	4,797	1,515	786	197
		特 殊 車 両	...	60	6	9	25
JR向け	J R	電 気 機 関 車	47	77	18	16	7
		ディーゼル機関車	32	198	8	...	3
		そ の 他 の 機 関 車	...	...	...	...	...
		電　　　　　車	400	499	783	1,098	830
		ディ ー ゼ ル 車	443	99	217	91	21
		客　　　　　車	49	253	307	...	...
		そ の 他 の 旅 客 車	...	...	...	...	...
		貨　　物　　車	7,082	3,147	1,096	651	145
		特 殊 車 両	...	56	...	...	25
民鉄等向け	Private Railways	電 気 機 関 車	6	...	4	1	...
		ディーゼル機関車	85	88	4	...	1
		そ の 他 の 機 関 車	...	1	...	...	...
		電　　　　　車	497	733	613	942	393
		ディ ー ゼ ル 車	18	4	4	11	13
		客　　　　　車	6	...	...	7	...
		そ の 他 の 旅 客 車	104	29	12	20	2
		貨　　物　　車	1,330	1,350	336	135	52
		特 殊 車 両	...	3	...	...	...
公的企業向け	Public Corporations	電 気 機 関 車	...	...	...	...	...
		ディーゼル機関車	...	...	...	...	...
		そ の 他 の 機 関 車	...	...	...	...	...
		電　　　　　車	...	...	...	...	...
		ディ ー ゼ ル 車	...	...	...	...	...
		客　　　　　車	...	...	...	...	...
		そ の 他 の 旅 客 車	...	...	...	...	...
		貨　　物　　車	...	...	...	...	...
		特 殊 車 両	...	...	...	...	...
輸出	Exports	電 気 機 関 車	17	...	2	2	...
		ディーゼル機関車	32	24	47	2	...
		そ の 他 の 機 関 車	...	1	2	...	...
		電　　　　　車	...	40	118	11	233
		ディ ー ゼ ル 車	121	111	24	146	...
		客　　　　　車	183	172	84	66	11
		そ の 他 の 旅 客 車	...	...	...	...	...
		貨　　物　　車	534	300	83	...	...
		特 殊 車 両	...	1	...	9	...
資　料					国土交通省総合政策局情報政策課		

（注）1. 平成26年度において調査対象範囲の見直しを行い、平成27年3月分以前と平成27年4月分以降は調査対象
事業所数が異なるため、公表値の連続性は担保されない。

2. 平成27年4月分より、『JR』、『民需』の需要先について、『JR』、『民鉄等』と名称変更している。

3. 昭和35年度の特殊車両は、貨物車に含まれている。

生 産 実 績
Stock Produced

H22(2010)	H28(2016)	H29(2017)	H30(2018)	R1(2019)	R2(2020)	R3(2021)	R4(2022)
29	3	2	4	4	12	10	17
3	12	7	5	14	11	14	6
…	…	…	…	…	…	…	…
1,781	1,262	1,566	1,860	1,664	1,514	1,783	1,679
51	22	47	37	94	212	89	84
…	4	…	…	6	…	…	…
…	…	…	…	4	…	…	…
77	459	417	6	26	14	29	9
15	7	8	19	11	21	11	3
29	3	2	4	2	12	10	17
2	5	4	5	11	7	13	5
…	…	…	…	…	…	…	…
1,184	516	627	874	574	558	673	670
44	15	45	23	92	203	80	70
…	…	…	…	…	…	…	…
…	…	…	…	…	…	…	…
76	443	412	…	…	4	…	…
15	6	3	4	4	2	4	…
…	…	…	…	2	…	…	…
1	6	3	…	2	4	1	1
…	…	…	…	…	…	…	…
435	673	680	643	947	744	876	703
7	7	2	14	2	3	3	2
…	4	…	…	6	…	…	…
…	…	…	…	…	…	…	…
1	16	5	6	26	10	29	9
…	1	3	2	7	18	7	3
…	3	…	…	…	4	…	…
…	5	3	5	2	4	5	1
…	…	…	…	…	…	…	…
…	379	282	303	485	334	549	498
…	5	10	27	22	7	20	10
…	…	…	…	…	…	…	…
…	443	412	…	…	…	…	…
…	…	3	1	1	16	6	3
…	…	…	…	…	…	…	…
…	1	…	…	1	…	…	…
…	…	…	…	…	…	…	…
162	73	259	343	143	212	234	306
…	…	…	…	…	6	6	12
…	…	…	…	…	…	…	…
…	…	…	…	4	…	…	…
…	…	…	…	…	…	…	…
…	…	2	13	…	1	…	…

交通経済統計調査室（鉄道車両等生産動態統計年報）

4．公的企業とは特殊法人及び独立行政法人等であって、政府による監督・所有関係（政府による出資比率
　50％以上であること等）が存在するものである。

5．「公的企業向け」の数値は、国内向けの「JR向け」「民鉄等向け」の内数である。

鋼 船 建 造
Number of Steel

用途別 Use Division

年度 Fiscal Year	合 計 Sum Total		貨物船 Cargo Vessel		貨客船 Cargo-Passenger Boat		客 船 Passenger Ship	
	隻数 Ships	総トン Ton	隻数 Ships	総トン Ton	隻数 Ships	総トン Ton	隻数 Ships	総トン Ton
S35 (1960)	1,148	1,759,885	379	944,079	13	28,285	24	5,135
S45 (1970)	2,200	9,917,345	585	2,065,645	17	56,117	48	5,613
S55 (1980)	1,529	6,886,970	247	1,287,528	4	514	24	3,178
H2 (1990)	1,012	6,696,033	182	470,932	3	209	44	98,530
H7 (1995)	832	8,739,889	168	398,797	...	...	19	1,908
H12 (2000)	573	11,610,579	33	58,770	...	...	10	665
H17 (2005)	594	16,507,637	40	84,444	1	145	6	1,096
H18 (2006)	585	17,330,126	42	140,666	1	61	6	606
H19 (2007)	634	17,725,019	61	384,006	2	3,374	5	945
H20 (2008)	629	17,652,635	53	336,559	1	5,910	4	3,797
H21 (2009)	667	19,345,089	43	550,316	...	...	3	137
H22 (2010)	612	18,931,597	49	700,927	...	...	8	242
H23 (2011)	622	19,047,679	58	728,278	...	...	3	1,230
H24 (2012)	622	16,511,901	48	773,278	1	160	5	733
H25 (2013)	579	13,812,219	73	630,925	1	460	7	5,924
H26 (2014)	590	13,249,612	74	490,096	2	5,700	3	198
H27 (2015)	578	13,309,249	69	685,732	...	...	3	222
H28 (2016)	566	12,508,509	68	394,485	...	...	15	39,466
H29 (2017)	523	12,591,224	63	912,167	...	...	13	3,531
H30 (2018)	529	14,277,574	70	1,508,952	2	368	10	521
R1 (2019)	579	15,992,770	71	774,952	...	...	11	886
R2 (2020)	541	11,922,846	58	381,285	1	6,099	10	824
R3 (2021)	448	9,953,919	45	798,182	1	493	12	10,776
R4 (2022)	451	9,275,390	51	329,911	1	498	8	282
資 料						国土交通省総合政策局情報政策課		

(注) 自動車航送船はその他に含まれる

（竣　工）　実　績　（その１）
Vessels　Produced　(No.1)

単位：総トン　(Unit : Ton)

油送船 Oil Tanker		漁　船 Fishing Boat		その他（自動車航送船含）Other		輸出船 Ship Exports	
隻数 Ships	総トン Ton	隻数 Ships	総トン Ton	隻数 Ships	総トン Ton	隻数 Ships	総トン Ton
239	693,195	363	72,521	130	16,670	...	...
240	1,614,878	592	95,462	503	94,769	215	5,984,861
219	1,655,524	451	66,103	301	49,866	283	3,824,257
105	812,171	227	39,804	225	180,778	226	5,093,609
88	65,939	79	12,747	195	103,877	283	8,156,621
34	313,040	70	7,353	113	33,608	313	11,197,143
35	96,980	29	2,578	68	68,828	415	16,253,566
29	24,462	27	2,798	68	52,995	412	17,108,538
39	60,702	29	4,229	54	19,767	444	17,251,996
35	167,409	27	3,085	70	27,488	439	17,108,387
42	807,876	32	5,230	73	16,092	474	17,962,438
27	27,243	26	1,860	44	8,064	458	18,193,261
31	338,106	20	5,169	60	19,567	450	17,955,329
39	274,925	62	8,853	66	76,953	401	15,376,999
50	278,320	54	12,776	70	25,490	324	12,858,324
36	345,848	40	7,615	87	40,433	348	12,359,722
22	67,575	31	3,558	91	87,983	362	12,464,179
26	220,027	32	5,072	89	65,929	336	11,783,530
34	171,036	39	6,808	87	67,585	287	11,430,097
41	499,562	29	4,286	105	104,708	272	12,159,177
33	328,024	36	7,230	95	75,359	333	14,801,070
49	45,402	46	10,106	85	52,773	292	11,426,357
48	207,164	34	7,579	85	82,575	223	8,847,150
34	234,587	36	6,815	89	81,565	232	8,621,732

交通経済統計調査室（造船造機統計月報、平成21年4月より造船統計月報）

鋼 船 建 造
Number of Steel

トン数別 Tonnage Division

年度 Fiscal Year	合 計 Sum Total		100総トン未満		100総トン以上		1000総トン以上	
	隻数 Ships	総トン Ton	隻数 Ships	総トン Ton	隻数 Ships	総トン Ton	隻数 Ships	総トン Ton
S35 (1960)	1,148	1,759,885	434	24,616	539	178,269	46	65,263
S45 (1970)	2,200	9,917,345	808	31,360	950	284,724	46	74,748
S55 (1980)	1,529	6,886,970	539	19,560	621	225,296	28	43,086
H2 (1990)	1,012	6,696,033	294	7,929	456	165,480	6	9,730
H7 (1995)	832	8,739,889	202	4,773	315	120,762	11	18,097
H12 (2000)	573	11,610,579	130	3,262	114	42,209	4	6,712
H17 (2005)	594	16,507,637	63	1,261	103	40,252	2	3,004
H18 (2006)	585	17,330,126	65	1,613	92	40,249	3	4,991
H19 (2007)	634	17,725,019	57	1,526	107	49,230	4	6,769
H20 (2008)	629	17,652,635	49	964	107	46,364	7	10,077
H21 (2009)	667	19,342,089	54	1,067	117	47,633	6	8,132
H22 (2010)	612	18,931,597	47	888	91	37,996	3	4,225
H23 (2011)	622	19,047,679	35	943	118	50,906	3	4,059
H24 (2012)	622	16,511,901	58	1,600	125	47,422	10	16,533
H25 (2013)	579	13,812,219	73	1,708	141	61,622	9	13,554
H26 (2014)	589	13,249,173	73	1,587	128	57,605	16	26,468
H27 (2015)	580	13,312,649	84	2,097	99	45,290	9	13,643
H28 (2016)	566	12,508,509	78	1,889	123	50,136	14	21,233
H29 (2017)	523	12,591,224	72	1,985	126	49,683	6	8,481
H30 (2018)	529	14,277,574	83	2,238	128	51,397	7	10,520
R1 (2019)	579	15,992,770	69	1,496	143	57,847	7	11,036
R2 (2020)	541	11,922,846	82	1,834	138	62,693	9	12,868
R3 (2021)	448	9,713,446	70	1,587	132	54,696	5	7,752
R4 (2022)	451	9,275,390	81	1,524	104	43,345	4	7,199
資 料					国土交通省総合政策局情報政策課			

（竣　工）　実　績　（その２）
Vessels　Produced　(No.2)

単位：総トン　(Unit：Ton)

2,000総トン以上		4,000総トン以上		6,000総トン以上		8,000総トン以上		10,000総トン以上 (うち50,000総トン以上)	
隻数 Ships	総トン Ton	隻数 Ships	総トン Ton	隻数 Ships	総トン Ton	隻数 Ships	総トン Ton	隻数 Ships	総トン Ton
27	79,121	13	59,464	13	89,329	29	263,647	47	1,000,176
117	358,762	41	203,786	11	74,424	23	207,498	204	8,682,043
86	276,989	31	151,478	8	54,823	17	155,626	199	5,960,112
73	212,807	27	124,811	12	87,140	7	63,178	137	6,024,958
46	145,233	40	205,654	9	66,031	2	18,775	207	8,160,564
19	60,790	31	150,110	10	71,304	9	86,328	256	11,189,864
27	84,368	20	104,097	8	55,944	20	182,471	352	16,036,240
19	59,945	23	113,552	10	71,894	21	194,898	352	16,842,984
24	78,863	16	73,734	16	114,785	26	247,454	384	17,152,658
23	70,892	23	116,208	19	138,632	29	264,223	372	17,005,475
33	106,534	12	60,958	19	139,108	26	241,243	400	18,737,414
18	57,550	18	90,548	16	114,063	23	213,744	396	18,412,583
10	34,094	20	100,341	15	108,920	18	173,194	403 (122)	18,575,222 (10,473,199)
26	82,454	8	39,597	12	88,091	20	193,161	363 (102)	16,043,043 (8,541,201)
24	78,785	18	89,631	7	50,466	13	121,659	294 (78)	13,394,794 (6,754,475)
24	80,215	23	113,845	12	86,419	15	142,064	298 (55)	12,740,970 (5,165,383)
18	61,000	19	91,882	8	58,412	21	197,139	322 (50)	12,843,186 (4,732,043)
7	22,103	10	48,105	14	99,043	18	166,767	302 (48)	12,099,233 (4,680,004)
17	56,526	15	80,218	14	98,532	14	134,130	259 (54)	12,161,669 (6,085,500)
15	47,799	14	68,765	14	95,702	11	100,946	257 (76)	13,901,207 (8,836,990)
7	21,366	20	96,357	13	90,116	17	156,307	303 (75)	15,558,245 (8,407,885)
12	38,514	12	57,171	13	88,926	26	249,927	249 (50)	11,410,913 (5,075,165)
13	38,940	10	48,372	10	72,438	12	116,716	196 (48)	9,372,945 (5,002,768)
13	41,970	16	75,536	7	49,079	26	250,451	200 (40)	8,806,286 (3,919,508)

交通経済統計調査室（造船造機統計月報、平成21年4月より造船統計月報）

船　舶　用　機　器
Number of Ship

年　度 Fiscal Year	蒸気タービン Steam Turbine		焼玉機関 Semi-Diesel-Engine		火花点火機関 Spark-Ignition-Engine	
	数量(No)	出力(PS)	数量(No)	出力(PS)	数量(No)	出力(PS)
S45 (1970)	395	1,696,835	10	100	…	…
S55 (1980)	428	466,358	…	…	1,638	21,510
H2 (1990)	259	333,321	…	…	28,197	1,304,997
H12 (2000)	247	683,300	…	…	70,845	8,040,778
H22 (2010)	512	1,462,325	…	…	37,360	6,134,275
H25 (2013)	187	682,988	…	…	53,668	8,701,722
H26 (2014)	195	710,896	…	…	79,081	12,115,523
H27 (2015)	439	1,334,552	…	…	83,220	13,928,254
H28 (2016)	588	1,679,573	…	…	52,261	8,666,772
H29 (2017)	484	1,239,504	…	…	52,736	8,566,407
H30 (2018)	387	1,130,794	…	…	59,185	9,241,642
R1 (2019)	270	751,663	…	…	58,445	9,854,616
R2 (2020)	290	687,455	…	…	49,638	8,394,830
R3 (2021)	332	923,868	…	…	55,320	9,732,616
R4 (2022)	193	533,820	…	…	59,110	10,474,188

年　度 Fiscal Year	船外機 Out Board Engine		ボイラ Boiler		補助機器(除発電機・電動機) Auxiliary machine (exclude dynamo・eiectric motor)	
	数量(No)	出力(PS)	数量(No)	重量(トン)tons	数量(No)	重量(トン)tons
S45 (1970)	72,656	511,136	918	20,175	147,378	…
S55 (1980)	370,953	6,628,913	842	12,398	256,185	…
H2 (1990)	370,789	11,742,492	506	9,415	295,772	…
H12 (2000)	457,800	20,573,270	538	8,250	303,156	41,636
H22 (2010)	548,494	24,291,365	698	10,799	181,393	953,687
H25 (2013)	585,239	28,846,495	586	24,239	190,834	228,752
H26 (2014)	528,909	30,285,899	636	6,434	184,741	117,255
H27 (2015)	547,368	33,264,955	669	6,542	191,627	406,991
H28 (2016)	507,450	32,161,689	2,484	877,568	183,842	652,106
H29 (2017)	531,949	37,259,148	604	2,631,572	170,802	469,646
H30 (2018)	555,579	41,842,896	567	4,295	148,813	238,324
R1 (2019)	520,844	42,597,690	577	5,210	134,776	226,770
R2 (2020)	455,468	33,938,118	501	3,658	118,728	474,435
R3 (2021)	637,325	47,291,256	430	4,475	111,149	173,010
R4 (2022)	672,915	54,943,410	435	5,895	113,383	146,412

資料　国土交通省総合政策局情報政策課

(注)　平成11年1月より甲板機械は、係船・荷役機械となり、補助機械の電気機器は発電機・電動機・配電盤・起器に分割したため前年度の数値と一致しない。　造機統計は平成21年度より公表項目の分類を見直した。

製 造 実 績
Components Constructed

ディーゼル機関 (Diesel Engine)					
Up to 1000PS未満		Up to 10000PS未満		10000PS以上 or above	
数量(No)	出力(PS)	数量(No)	出力(PS)	数量(No)	出力(PS)
47,293	2,198,116	1,031	2,414,295	106	1,754,200
49,661	3,463,956	1,318	2,981,826	256	4,111,490
29,296	3,979,217	1,067	2,134,069	165	3,171,260
30,661	4,355,438	852	1,882,501	215	3,922,945
20,672	3,736,423	2,070	4,289,981	417	8,036,905
15,355	3,351,772	1,941	4,082,928	291	6,076,524
12,225	3,144,849	2,213	4,557,159	295	5,076,968
12,080	3,253,721	1,718	3,503,605	336	5,828,125
12,459	3,176,615	1,945	4,220,566	326	6,042,545
13,081	3,179,511	1,792	3,911,976	255	5,836,249
9,345	2,942,743	1,979	3,814,572	271	5,914,864
9,175	2,940,160	2,191	3,893,573	325	5,884,652
7,692	2,358,465	1,882	3,584,473	229	4,460,902
15,436	3,776,348	2,101	3,924,859	218	4,273,108
17,927	4,427,296	2,117	4,119,232	206	4,017,344

補助機器(発電機・電動機) Auxiliary machine (dynamo・electric motor)		甲板機械 Deck machine		軸系及びプロペラ Propeller system	
数量(No)	出力(PS)	数量(No)	重量(トン)tons	数量(No)	重量(トン)tons
...	...	10,878	48,254	86,745	12,170
...	...	9,502	81,591	69,563	14,178
...	...	7,317	56,792	278,624	9,374
52,737	2,303,984	7,646	102,847	271,825	10,179
63,105	3,654,123	9,797	172,528	37,160	54,971
52,026	2,923,495	26,493	407,337	183,842	3,440,072
59,197	3,692,574	34,034	130,095	117,335	178,806
54,649	3,554,897	37,186	143,725	164,900	275,478
50,512	3,516,314	18,825	163,482	102,840	147,195
54,198	3,253,476	6,791	113,845	176,797	284,337
49,219	3,083,085	9,886	112,259	152,167	234,771
49,126	3,505,282	16,186	128,277	96,092	133,953
41,409	3,116,679	11,661	113,004	140,584	208,843
38,742	3,234,180	5,778	90,668	174,532	255,889
43,164	3,423,382	5,254	734,968	76,636	138,778

交通経済統計調査室(造船造機統計月報、平成21年4月より造機統計四半期報)

自 動 車
Number of Motor

年度 Fiscal Year		合 計 Sum Total	乗 用 車 (Automobile)			
			計 Total	普通車 Ordinary	小型四輪車 Small	軽四輪車 Light motor
S35	(1960)	560,815	196,605	…	146,818	49,787
S45	(1970)	5,454,524	3,354,327	52,126	2,527,916	774,285
S55	(1980)	11,175,628	7,100,659	391,295	6,505,678	203,686
H2	(1990)	13,591,709	9,988,517	1,829,701	7,254,942	903,874
H7	(1995)	10,085,650	7,562,698	2,513,827	4,100,035	948,836
H12	(2000)	10,044,293	8,297,117	3,353,591	3,660,495	1,283,031
H17	(2005)	10,893,529	9,154,147	4,341,874	3,395,315	1,416,958
H18	(2006)	11,501,208	9,787,234	5,113,775	3,109,817	1,563,642
H19	(2007)	11,790,059	10,104,399	6,088,209	2,633,706	1,382,484
H20	(2008)	10,005,637	8,554,399	4,698,610	2,443,843	1,411,946
H21	(2009)	8,864,905	7,708,731	4,140,564	2,304,576	1,263,591
H22	(2010)	8,993,839	7,741,063	4,585,888	1,956,228	1,198,947
H23	(2011)	9,266,957	7,911,073	4,519,486	2,107,442	1,284,145
H24	(2012)	9,550,883	8,188,904	4,508,926	2,068,080	1,611,898
H25	(2013)	9,912,403	8,443,378	4,718,155	1,917,691	1,807,532
H26	(2014)	9,590,733	8,087,895	4,613,278	1,662,282	1,812,335
H27	(2015)	9,187,599	7,773,128	4,803,694	1,538,911	1,430,523
H28	(2016)	9,357,382	8,036,668	5,030,758	1,699,956	1,305,954
H29	(2017)	9,683,262	8,339,404	5,236,008	1,650,895	1,452,501
H30	(2018)	9,750,021	8,369,480	5,264,273	1,613,718	1,491,489
R1	(2019)	9,489,304	8,171,124	5,190,698	1,524,908	1,455,518
R2	(2020)	7,969,529	6,842,917	4,114,187	1,333,894	1,394,836
R3	(2021)	7,545,201	6,340,297	3,988,053	1,138,083	1,214,161
R4	(2022)	8,100,863	6,814,722	4,240,904	1,230,227	1,343,591
資 料						日本自動車工業会

(注) 二輪及びノックダウンセットは含まれていない。

生 産 台 数
Vehicles Produced

単位：台（Unit：Cars）

| トラック（Track） | | | | バス |
計 Total	普通車 Ordinary	小型四輪車 Small	軽四輪車 Light motor	Bus
355,009	90,751	201,849	62,409	9,201
2,055,813	259,639	1,248,094	548,080	44,384
3,973,543	897,061	2,100,317	976,165	101,426
3,562,385	1,262,697	1,255,999	1,043,689	40,807
2,472,459	783,442	905,008	784,009	50,493
1,692,596	620,356	491,488	580,752	54,580
1,660,865	694,276	433,659	532,930	78,517
1,621,093	707,680	408,840	504,573	92,881
1,559,205	741,413	358,507	459,285	126,455
1,329,877	615,420	288,345	426,112	121,361
1,062,595	422,013	226,115	414,467	93,579
1,146,804	500,831	228,808	417,165	105,972
1,244,733	562,518	253,656	428,559	111,151
1,237,262	573,227	278,546	385,489	124,717
1,333,945	583,923	312,319	437,703	135,080
1,364,318	612,362	331,222	420,734	138,520
1,279,403	567,075	325,892	386,436	135,068
1,192,689	496,900	314,652	381,137	128,025
1,224,728	517,189	292,916	414,623	119,130
1,265,838	519,410	307,325	439,103	114,703
1,196,578	493,910	281,725	420,943	121,602
1,064,697	418,361	261,072	385,264	61,915
1,130,201	513,250	240,299	376,652	74,703
1,195,947	515,337	243,258	437,352	90,194

（統計・資料）

鉄 道 施 設
Railway Infrastructure

年度末 At the End of Fiscal Year	J R				
	旅客営業キロ Wagonkm (km)	複線以上区間 Section double lines (km)	電化区間営業キロ Electrified Section (km)	停車場数 Stations (箇所)	踏切道数 Level Crossings (箇所)
S25　(1950)	19,786	…	1,659	4,272	43,184
S35　(1960)	20,482	2,607	2,699	4,934	42,439
S45　(1970)	20,890	4,919	6,021	5,224	32,996
S55　(1980)	21,322	5,641	8,414	5,296	29,865
H2　(1990)	20,252	5,953	9,601	5,032	24,057
H12　(2000)	20,051	5,964	9,886	5,022	22,319
H22　(2010)	20,124	5,766	9,744	4,906	21,079
H25　(2013)	20,127	5,767	9,774	4,643	20,938
H26　(2014)	20,022	5,584	9,710	4,584	20,582
H27　(2015)	20,132	5,606	9,516	4,582	20,478
H28　(2016)	20,117	5,593	9,518	4,564	20,407
H29　(2017)	20,117	5,577	9,518	4,802	20,349
H30　(2018)	19,956	5,579	9,518	4,763	20,182
R1　(2019)	19,940	5,579	9,516	4,761	20,135
R2　(2020)	19,792	5,580	9,516	4,726	19,909
R3　(2021)	19,676	5,583	9,516	4,654	19,784
R4　(2022)	…	5,598	…	…	…
資 料	国土交通省鉄道局(鉄道統計年報)、				

(注)1. 営業キロとは、旅客又は貨物の営業を行う駅間の距離をいう。

　　2. 民鉄の複数以上区間のキロ数は、営業キロではなく、本線路延長である。

　　3. 停車場には、停留場を含む。

　　4. 踏切道は、2022年度(令和4年度)からJRと民鉄の合計のみを記載。

の 推 移

Development

民　　鉄　(Private)					踏切道数
旅客営業キロ Wagonkm (km)	複線以上区間 Section double lines (km)	電化区間営業キロ Electrified Section (km)	停車場数 Stations (箇所)	踏切道数 Level Crossings (箇所)	踏切道数 Level Crossings (箇所)
7,615	2,512	5,796	3,748	24,200	...
7,420	2,717	6,034	6,913	27,608	...
6,214	2,637	5,383	5,082	20,234	...
5,594	2,711	4,907	4,223	15,888	...
7,156	2,988	5,189	4,815	15,598	...
7,387	3,388	5,502	5,092	14,395	...
7,527	3,849	5,480	5,095	12,979	...
7,369	3,848	5,439	5,136	12,717	...
7,472	4,041	5,689	5,171	12,946	...
7,367	4,055	5,739	5,200	12,954	...
7,707	4,051	5,738	5,198	12,925	...
7,784	4,051	5,661	5,194	12,901	...
7,833	4,134	5,675	5,226	12,916	...
7,847	4,080	5,674	5,259	12,869	...
7,841	4,083	5,675	5,284	12,824	...
7,862	4,095	5,675	5,268	12,756	...
...	4,107	...	...	...	32,442

運輸総合研究所（数字でみる鉄道）

施 設

鉄　道　車　両
Current　Inventory

年度末 At the End of Fiscal Year	合　計 Sum Total		機　関　車　(Locomotives)					
			計 Total		電　気 Electric Locomotives		ディーゼル Diesel Locomotives	
	計 Total	うちJR Part of JR	計 Total	うちJR Part of JR	計 Total	うちJR Part of JR	計 Total	うちJR Part of JR
S25 (1950)	...	125,371	6,221	5,458	578	356	26	...
S35 (1960)	...	140,774	5,607	4,974	1,071	782	385	218
S45 (1970)	201,702	180,537	5,218	4,677	2,118	1,810	1,464	1,266
S55 (1980)	173,080	132,442	4,387	3,970	2,058	1,856	2,310	2,109
H2 (1990)	83,635	59,855	2,234	1,921	1,185	1,035	1,034	878
H12 (2000)	72,557	45,296	1,722	1,458	943	819	759	629
H22 (2010)	66,488	38,141	1,224	1,018	675	578	527	429
H26 (2014)	64,790	36,400	1,017	820	610	514	384	294
H27 (2015)	64,212	35,984	1,034	828	573	480	438	336
H28 (2016)	64,416	36,193	986	802	559	475	406	315
H29 (2017)	64,557	36,305	964	778	556	469	387	297
H30 (2018)	64,379	36,094	936	755	537	455	378	288
R1 (2019)	64,189	35,814	908	734	530	449	358	273
R2 (2020)	64,098	35,682	894	736	525	461	348	263
R3 (2021)	62,855	34,460	871	718	524	458	328	248

年　度 Fiscal Year	旅客車 その他 Others		貨　物　車 計 Total		有がい貨車 Covered Freight Car		無がい貨車 Open Freight Car	
	計 Total	うちJR Part of JR	計 Total	うちJR Part of JR	計 Total	うちJR Part of JR	計 Total	うちJR Part of JR
S25 (1950)	...	...	...	105,939	...	47,176	...	57,077
S35 (1960)	162	...	...	118,003	...	62,498	...	42,061
S45 (1970)	96	...	154,390	149,591	92,583	91,082	47,024	44,726
S55 (1980)	74	...	101,815	99,693	63,014	62,552	29,042	28,017
H2 (1990)	94	94	32,708	31,775	8,076	8,030	2,657	2,148
H12 (2000)	57	47	19,027	18,352	1,492	1,459	1,206	847
H22 (2010)	32	22	12,159	11,625	424	406	763	485
H26 (2014)	241	23	10,587	10,116	23	11	622	396
H27 (2015)	19	9	10,350	9,881	14	2	641	415
H28 (2016)	7	1	10,698	10,234	14	2	642	417
H29 (2017)	29	1	10,826	10,366	13	1	641	416
H30 (2018)	8	1	10,564	10,115	13	1	627	414
R1 (2019)	8	1	10,508	10,031	12	0	584	399
R2 (2020)	8	1	10,307	9,830	12	0	472	287
R3 (2021)	8	1	9,801	9,321	12	0	389	203
資　料							国土交通省鉄道局	

(注)1. 貨車のみ、私有車は含まない。
　　 2. 昭和62年度から集計区分が変更になったので前年度までとつながらない車種がある。
　　　 (1) 昭和61年度まで旅客車のその他に含まれていた鋼索客車と無軌条電車は、昭和62年度よりそれぞれ客車、電車に編入した。

保 有 数
of Rolling Stocks

単位；両 （Unit；Vehicles）

蒸気・その他 Steam・Others		計 Total		電車 Electric Passenger Car		ディーゼル車 Diesel Car		客車 Passenger Car	
計 Total	うちJR Part of JR	計 Total	うちJR Part of JR	計 Total	うちJR Part of JR	計 Total	うちJR Part of JR	計 Total	うちJR Part of JR
5,617	5,102	...	13,974	10,383	2,580	343	123	13,893	11,271
4,151	3,974	31,039	17,797	16,447	4,376	2,366	2,059	12,064	11,362
1,636	1,601	42,094	26,334	27,591	12,377	5,599	5,346	8,808	8,611
18	5	46,878	28,809	35,215	17,595	5,244	5,038	6,345	6,176
15	8	48,438	25,936	41,998	20,213	3,616	3,148	2,730	2,481
20	10	51,597	25,313	47,084	21,686	3,220	2,629	1,236	951
22	11	52,946	25,378	49,563	22,776	2,814	2,306	537	274
21	12	53,050	25,373	49,558	22,891	2,726	2,219	525	240
21	12	52,693	25,192	49,548	22,866	2,688	2,165	438	152
21	12	52,550	25,068	49,454	22,790	2,694	2,174	395	103
21	12	52,625	25,074	49,504	22,795	2,702	2,182	390	96
21	12	52,735	25,137	49,651	22,882	2,684	2,161	392	93
20	12	52,628	24,958	49,599	22,696	2,657	2,168	364	93
21	12	52,761	25,034	49,755	22,789	2,637	2,153	361	91
19	12	52,669	24,965	49,665	22,716	2,643	2,157	353	91

旅客車 （Car for Passenger Transportation）

タンク車 Tank Car		ホッパ車 Hopper Car		貨物電車 Freight Electric Car		その他 Others		特殊車 (Special Kind Car) 計 Total	
計 Total	うちJR Part of JR	計 Total	うちJR Part of JR	計 Total	うちJR Part of JR	計 Total	うちJR Part of JR	計 Total	うちJR Part of JR
...	409	...	...	...	77	...	1,200	...	...
...	300	...	10,917	...	74	...	2,153	...	...
201	161	11,174	10,458	216	106	3,192	3,058	...	...
32	20	5,403	4,989	218	101	4,106	4,014	...	...
10,413	10,392	3,374	3,104	70	12	8,118	8,089	255	223
6,541	6,540	1,530	1,298	50	8	8,208	8,200	211	173
2,098	2,097	875	676	78	44	7,921	7,917	159	120
1,612	1,611	682	483	73	44	7,575	7,571	136	91
1,592	1,591	676	477	71	44	7,356	7,352	135	83
1,930	1,929	748	550	68	44	7,296	7,292	142	89
1,896	1,895	737	541	66	44	7,473	7,469	142	87
1,896	1,895	721	525	65	44	7,242	7,236	144	87
1,855	1,854	772	520	66	44	7,219	7,214	145	91
1,851	1,850	606	354	66	44	7,300	7,295	136	82
1,513	1,512	543	291	66	42	7,278	7,273	135	77

（Freight Car）

（鉄道統計年報）

(2) 昭和61年度まで旅客車の電車・客車に含まれていた電源車・合造車は、旅客車の
その他に編入した。
3. 貨物車のその他は、コンテナ車、荷物車、その他（ラッセル車・事業用車両等）である。

自 動 車 保
Number of Motor

区 分				Section	S56(1981)	H3(1991)	H13(2001)
合 計				Sum Total	38,992,023	60,498,850	75,524,973
登録車両 Registration-car	計			Total	31,249,932	42,730,451	52,461,216
	貨物車 Truck	普通車 Ordinary	計 Total		1,502,408	2,206,081	2,581,592
			自家用 Private use		1,051,653	1,474,161	1,680,488
			営業用 Business use		450,755	731,920	901,104
		小型車 Small	計 Total		7,123,257	6,539,695	5,390,652
			自家用 Private use		7,036,635	6,445,958	5,311,156
			営業用 Business use		86,622	93,737	79,496
		被けん引車 Trailer	計 Total		57,313	88,765	134,042
			自家用 Private use		8,564	6,491	9,306
			営業用 Business use		48,749	82,274	124,736
	バス Bus	普通車 Ordinary	計 Total		106,655	115,103	110,285
			自家用 Private use		21,736	28,137	27,458
			営業用 Business use		84,919	86,966	82,827
		小型車 Small	計 Total		122,774	130,741	125,265
			自家用 Private use		119,225	122,877	109,544
			営業用 Business use		3,549	7,864	15,721
	乗用車 Passenger Car	普通車 Ordinary	計 Total		479,843	1,933,533	14,163,357
			自家用 Private use		478,204	1,926,169	14,132,311
			営業用 Business use		1,639	7,364	31,046
		小型車 Small	計 Total		21,063,657	30,502,964	28,201,712
			自家用 Private use		20,814,702	30,250,739	29,976,415
			営業用 Business use		248,955	252,225	225,297
	特種用途車（特殊） Special purpose vehicle	普通車 Ordinary	計 Total		385,192	630,742	1,214,603
			自家用 Private use		309,933	494,476	992,452
			営業用 Business use		75,259	136,266	222,151
		小型車 Small	計 Total		119,438	160,020	216,559
			自家用 Private use		115,411	152,982	204,147
			営業用 Business use		4,027	7,038	12,412
		大型特殊車 Large-special			289,395	422,807	323,149
その他 Others	計 Total				7,742,091	17,768,399	23,063,757
	小型二輪車 Small				444,975	999,854	1,308,417
	軽自動車 Light motor	計 Total			7,297,116	16,768,545	21,755,340
		四輪	計		6,721,513	15,025,762	20,041,396
			乗用		2,102,619	2,715,334	10,084,285
			貨物＋特殊		4,618,894	12,310,428	9,957,111
		二輪			574,271	1,741,548	1,712,597
		三輪			1,332	1,235	1,347
資 料					国土交通省自動車局		

(注)1. 車種の定義は、道路運送車両法施行規則参照。

有　車　両　数
Vehicles Owned

（各年3月末現在）　　　　（単位：両　(Unit：Vehicles)）

H23(2011)	H31(2019)	R2(2020)	R3(2021)	R4(2022)	R5(2023)
78,660,773	81,789,318	81,849,782	82,077,752	82,174,944	82,451,350
49,610,327	47,332,790	47,205,414	47,136,151	46,995,718	46,893,909
2,271,951	2,386,166	2,412,396	2,433,359	2,447,087	2,454,567
1,415,352	1,473,399	1,486,117	1,502,123	1,514,978	1,526,215
856,599	912,767	926,279	931,236	932,109	928,352
3,789,886	3,501,382	3,494,061	3,492,803	3,491,263	3,502,104
3,714,240	3,428,428	3,420,834	3,420,039	3,418,629	3,429,440
75,646	72,954	73,227	72,764	72,634	72,664
153,010	175,792	181,759	185,669	190,292	194,866
9,287	13,922	15,612	17,370	19,871	22,483
143,723	161,870	166,147	168,299	170,421	172,383
107,850	112,501	111,651	107,848	105,301	103,827
22,704	21,111	20,788	20,325	19,714	19,198
107,850	91,390	90,863	87,523	85,587	84,629
118,989	120,491	119,400	114,478	111,115	108,353
95,907	96,135	95,462	91,818	89,076	86,529
23,082	24,356	23,938	22,660	22,039	21,824
16,838,550	19,268,854	19,614,910	19,975,314	20,271,161	20,570,058
16,790,700	19,209,478	19,555,497	19,918,231	20,215,440	20,514,938
47,850	59,376	59,413	57,083	55,721	55,120
23,296,582	20,176,826	19,665,498	19,206,187	18,745,877	18,312,359
23,094,498	20,012,028	19,504,253	19,052,461	18,596,494	18,165,212
202,084	164,798	161,245	153,726	149,383	147,147
1,024,990	1,091,786	1,101,116	1,111,663	1,120,602	1,130,073
760,067	794,552	801,601	808,963	816,221	824,809
264,923	297,234	299,515	302,700	304,381	305,264
150,686	150,190	152,689	154,697	156,447	158,544
137,025	135,819	138,247	140,415	142,100	144,403
13,661	14,371	14,442	14,282	14,347	14,141
322,652	348,802	351,934	354,133	356,573	359,158
30,437,937	34,456,528	34,644,368	34,941,601	35,179,226	35,557,441
1,535,181	1,680,416	1,704,542	1,748,026	1,811,815	1,872,776
28,902,756	32,776,112	32,939,826	33,193,575	33,367,411	33,684,665
26,925,889	30,805,992	30,966,247	31,178,115	31,307,326	31,594,922
18,004,339	22,324,893	22,528,178	22,735,611	22,850,114	23,070,718
8,921,550	8,481,099	8,438,069	8,442,504	8,457,212	8,524,204
1,975,623	1,968,905	1,972,367	2,014,251	2,058,881	2,088,542
1,244	1,215	1,212	1,209	1,204	1,201

（自動車保有車両数）

都 道 府 県 別 自 動

Number of Motor Vehicles

(令和2(2020)年3月31日現在)

運輸局別 運輸支局別		合 計 Sum Total	貨 物 車　Truck					バ ス Bus
			計 Total	普 通 Ordinary	小 型 Small	被牽引車 Trailer	軽 Light	
合 計		81,849,782	14,367,134	2,412,396	3,494,061	181,759	8,278,918	231,051
北海道	計	3,774,223	659,063	192,294	183,119	29,037	254,613	13,755
	札 幌	1,722,564	248,461	72,922	83,200	6,421	85,918	6,616
	函 館	316,243	54,470	12,676	13,288	446	28,060	1,097
	旭 川	498,815	94,979	25,786	27,022	1,439	40,732	1,950
	室 蘭	382,554	79,092	19,733	17,809	14,014	27,536	1,514
	釧 路	273,494	56,016	17,731	12,936	3,758	21,591	791
	帯 広	324,191	69,698	25,228	16,180	1,929	26,361	917
	北 見	256,362	56,347	18,218	12,684	1,030	24,415	870
東北	計	7,129,844	1,419,748	228,420	309,784	8,479	873,065	22,015
	青 森	1,003,188	213,016	33,544	46,403	1,066	132,003	3,768
	岩 手	1,029,153	225,484	36,652	45,377	931	142,524	3,506
	宮 城	1,703,753	296,342	58,051	77,598	3,362	157,331	4,873
	秋 田	807,848	171,304	20,612	29,357	615	120,720	2,248
	山 形	931,835	185,557	24,234	36,958	550	123,815	2,522
	福 島	1,654,067	328,045	55,327	74,091	1,955	196,672	5,098
関東	計	23,149,992	3,702,324	698,783	1,053,891	49,631	1,900,019	68,511
	茨 城	2,620,645	482,364	89,440	118,765	8,620	265,539	6,992
	栃 木	1,735,720	287,057	54,945	70,004	2,982	159,126	4,557
	群 馬	1,802,624	317,240	56,991	70,152	3,417	186,680	3,889
	埼 玉	4,141,741	627,152	136,489	177,803	4,754	308,106	10,323
	千 葉	3,665,600	605,083	113,897	171,315	8,023	311,848	12,001
	東 京	4,409,797	672,282	125,444	246,961	9,116	290,761	16,628
	神奈川	4,013,001	558,250	103,182	172,429	11,918	270,721	11,961
	山 梨	760,864	152,896	18,395	26,462	801	107,238	2,160
北陸信越	計	5,564,584	1,046,580	145,793	223,741	5,396	671,650	16,034
	新 潟	1,841,573	338,609	50,271	78,011	2,608	207,719	5,941
	富 山	901,191	146,697	25,878	36,613	1,081	83,125	2,021
	石 川	916,225	145,347	23,545	39,073	630	82,099	2,724
	長 野	1,905,595	415,927	46,099	70,044	1,077	298,707	5,348
中部	計	12,074,686	1,949,918	340,653	548,877	25,462	1,034,926	26,598
	福 井	670,372	122,829	17,917	25,733	1,196	77,983	1,871
	岐 阜	1,686,858	294,884	49,992	75,040	1,506	168,346	4,442
	静 岡	2,896,198	482,489	81,081	128,332	4,371	268,705	6,340
	愛 知	5,298,564	774,736	150,748	262,579	15,454	345,955	10,553
	三 重	1,522,694	274,980	40,915	57,193	2,935	173,937	3,392
資 料							国土交通省自動車局	

(注)1. 車種の定義は、道路運送車両法施行規則参照。
　　　2. 特種(殊)用途車は軽自動車を含む。

車　保　有　車　両　数　（その１）

Registered by Prefecture（No.1）

単位：両（Unit：Vehicles）

乗　用　車　Passenger car				特種(殊)用途車	二　輪　車 Two-wheeled motor		
計 Total	普　通 Ordinary	小　型 Small	軽 Light	Special Purpose Vehicle	計 Total	小　型 Small	軽 Light
61,808,586	19,614,910	19,665,498	22,528,178	1,766,102	3,676,909	1,704,542	1,972,349
2,804,822	909,788	989,319	905,715	150,454	146,129	59,014	87,115
1,329,729	461,483	480,736	387,510	62,639	75,119	29,013	46,106
241,042	64,817	80,876	95,349	10,339	9,295	4,134	5,161
360,499	113,846	125,003	121,650	21,175	20,212	8,442	11,770
275,335	83,278	99,262	92,795	12,773	13,840	5,132	8,708
195,324	60,450	66,847	68,027	13,267	8,096	3,769	4,327
226,261	70,368	78,488	77,405	17,280	10,035	4,360	5,675
176,632	55,546	58,107	62,979	12,981	9,532	4,164	5,368
5,275,957	1,459,713	1,728,792	2,087,452	176,968	235,156	119,097	116,059
728,824	180,535	227,409	320,880	31,928	25,652	12,734	12,918
741,571	194,375	234,054	313,142	26,545	32,047	15,507	16,540
1,299,258	390,020	444,988	464,250	35,643	67,637	35,115	32,522
589,568	148,215	194,078	247,275	23,161	21,567	10,544	11,023
693,826	176,963	231,965	284,898	23,680	26,250	13,880	12,370
1,222,910	369,605	396,298	457,007	36,011	62,003	31,317	30,686
17,511,325	6,551,944	5,982,621	4,976,760	483,688	1,384,144	624,006	760,138
1,988,688	639,395	680,386	668,907	49,244	93,357	53,037	40,320
1,341,256	431,035	458,690	451,531	30,760	72,090	39,046	33,044
1,382,128	429,230	443,920	508,978	32,580	66,787	36,281	30,506
3,217,304	1,096,509	1,092,983	1,027,812	84,606	202,356	99,917	102,439
2,824,042	991,922	972,226	859,894	80,552	143,922	81,575	62,347
3,145,072	1,553,365	1,065,879	525,828	103,840	471,975	171,660	300,315
3,054,361	1,245,290	1,101,347	707,724	86,141	302,288	127,545	174,743
558,474	165,198	167,190	226,086	15,965	31,369	14,945	16,424
4,209,868	1,137,755	1,324,768	1,747,345	122,110	169,992	88,615	81,377
1,392,788	343,698	433,997	615,093	45,991	58,244	29,772	28,472
710,418	191,822	235,043	283,553	20,035	22,020	12,398	9,622
727,153	211,571	242,641	272,941	18,892	22,109	12,408	9,701
1,379,509	390,664	413,087	575,758	37,192	67,619	34,037	33,582
9,414,070	3,094,694	2,956,496	3,362,880	216,397	467,703	231,790	235,913
513,835	147,618	158,358	207,859	16,009	15,828	8,196	7,632
1,302,175	400,350	402,594	499,231	32,726	52,631	27,209	25,422
2,228,131	654,763	680,496	892,872	47,210	132,028	60,405	71,623
4,206,978	1,552,547	1,362,693	1,291,738	91,677	214,620	109,210	105,410
1,162,951	339,416	352,355	471,180	28,775	52,596	26,770	25,826

（自動車保有車両数）

都 道 府 県 別 自 動

Number of Motor Vehicles

（令和2(2020)年3月31日現在）

運輸局別 運輸支局別		合　計 Sum Total	貨　物　車　Truck					バ　ス Bus
			計 Total	普　通 Ordinary	小　型 Small	被牽引車 Trailer	軽 Light	
近 畿	計	10,787,892	1,853,605	299,262	447,782	25,743	1,080,818	30,339
	滋　賀	1,042,772	175,424	27,782	33,663	924	113,055	2,682
	京　都	1,337,364	234,885	34,940	54,898	970	144,077	4,801
	大　阪	3,783,922	661,502	123,337	195,082	12,436	330,647	11,045
	奈　良	834,594	133,493	20,416	26,752	671	85,654	2,159
	和歌山	755,087	160,811	16,631	26,265	1,029	116,886	1,666
	兵　庫	3,034,153	487,490	76,156	111,122	9,713	290,499	7,986
中 国	計	5,549,569	1,027,819	144,999	191,851	7,170	683,799	13,703
	鳥　取	466,972	99,091	11,131	13,277	344	74,339	1,205
	島　根	553,918	117,874	12,988	16,374	282	88,230	1,740
	岡　山	1,547,244	295,219	44,780	54,362	2,244	193,833	3,081
	広　島	1,909,278	321,197	51,009	69,254	2,394	198,540	5,181
	山　口	1,072,157	194,438	25,091	38,584	1,906	128,857	2,496
四 国	計	2,996,795	627,862	75,850	109,598	5,921	436,493	6,914
	徳　島	618,909	129,268	15,182	23,554	839	89,693	1,582
	香　川	790,926	152,002	21,482	29,904	1,027	99,589	1,764
	愛　媛	1,024,246	217,097	26,216	37,406	3,596	149,879	2,238
	高　知	562,714	129,495	12,970	18,734	459	97,332	1,330
九 州	計	9,660,664	1,873,200	257,364	386,333	21,906	1,207,597	29,368
	福　岡	3,406,525	569,977	95,247	147,780	11,196	315,754	10,504
	佐　賀	681,902	134,900	18,561	26,827	1,309	88,203	2,025
	長　崎	953,921	183,922	19,127	28,592	574	135,629	4,330
	熊　本	1,390,799	281,302	36,333	61,879	1,825	181,265	3,725
	大　分	924,350	182,166	23,205	34,343	1,829	122,789	2,348
	宮　崎	948,378	209,278	27,819	34,927	1,892	144,640	2,089
	鹿児島	1,354,789	311,655	37,072	51,985	3,281	219,317	4,347
沖縄	沖　縄	1,161,515	207,015	28,978	39,085	3,014	135,938	3,814
資　料		国土交通省自動車局						

(注)1. 車種の定義は、道路運送車両法施行規則参照。
　　2. 特種(殊)用途車は軽自動車を含む。

車 保 有 車 両 数 （その 2 ）

Registered by Prefecture （No.2）

単位：両 （Unit：Vehicles）

乗 用 車 Passenger car				特種(殊)用途車 Special Purpose Vehicle	二 輪 車 Two-wheeled motor		
計 Total	普 通 Ordinary	小 型 Small	軽 Light		計 Total	小 型 Small	軽 Light
8,118,065	2,745,875	2,510,618	2,861,572	226,030	559,853	240,726	319,127
808,088	238,972	223,293	345,823	18,312	38,266	19,099	19,167
1,006,090	332,697	308,415	364,978	28,613	62,975	33,290	29,685
2,789,692	1,027,987	929,850	831,855	85,182	236,501	95,131	141,370
652,417	193,773	196,420	262,224	14,584	31,941	15,042	16,899
543,830	131,578	141,061	271,191	16,022	32,758	11,497	21,261
2,317,948	820,868	711,579	785,501	63,317	157,412	66,667	90,745
4,209,025	1,120,226	1,224,258	1,864,541	112,301	186,721	91,495	95,226
346,551	81,830	99,769	164,952	9,664	10,461	5,549	4,912
410,056	89,645	122,353	198,058	12,032	12,216	5,958	6,258
1,164,802	312,540	327,750	524,512	31,686	52,456	27,192	25,264
1,465,193	423,231	427,503	614,459	39,103	78,604	36,932	41,672
822,423	212,980	246,883	362,560	19,816	32,984	15,864	17,120
2,196,099	545,210	606,597	1,044,292	61,734	104,186	50,272	53,914
457,783	118,823	132,228	206,732	11,771	18,505	9,562	8,943
592,958	154,896	164,782	273,280	15,962	28,240	13,716	14,524
747,441	181,687	202,373	363,381	21,890	35,580	16,567	19,013
397,917	89,804	107,214	200,899	12,111	21,861	10,427	11,434
7,198,281	1,890,026	2,090,259	3,217,996	195,021	364,794	179,870	184,924
2,619,042	797,545	797,718	1,023,779	63,403	143,599	73,779	69,820
508,919	125,384	135,901	247,634	13,508	22,550	13,150	9,400
700,517	152,280	185,351	362,886	19,311	45,841	16,655	29,186
1,039,171	269,045	296,334	473,792	28,514	38,087	24,057	14,030
695,245	176,382	201,572	317,291	17,317	27,274	13,847	13,427
678,281	163,105	189,969	325,207	19,640	39,090	16,650	22,440
957,106	206,285	283,414	467,407	33,328	48,353	21,732	26,621
871,074	159,679	251,770	459,625	21,399	58,213	19,657	38,556

（自動車保有車両数）

都 道 府 県 別 自 動
Number of Motor Vehicles

（令和3(2021)年3月31日現在）

運 輸 局 別 運輸支局別		合 計 Sum Total	貨 物 車　Truck					バ ス Bus
			計 Total	普 通 Ordinary	小 型 Small	被牽引車 Trailer	軽 Light	
合　計		82,020,092	14,397,229	2,433,359	3,492,803	185,669	8,285,398	222,326
北 海 道	計	3,636,795	662,715	194,511	182,958	29,550	255,696	13,226
	札　幌	1,728,628	251,469	73,943	83,637	6,750	87,139	6,315
	函　館	171,181	53,357	12,782	12,202	470	27,903	1,035
	旭　川	498,395	95,382	26,092	27,095	1,459	40,736	1,897
	室　蘭	383,575	79,645	20,051	18,089	13,963	27,542	1,446
	釧　路	273,658	56,280	17,868	13,009	3,845	21,558	774
	帯　広	325,551	70,193	25,485	16,275	2,000	26,433	895
	北　見	255,807	56,389	18,290	12,651	1,063	24,385	864
東 北	計	7,134,783	1,414,859	228,509	307,820	8,607	869,923	21,323
	青　森	1,003,353	212,733	33,524	46,071	1,083	132,055	3,662
	岩　手	1,030,341	224,568	36,537	44,973	955	142,103	3,360
	宮　城	1,706,936	295,165	57,802	77,305	3,392	156,666	4,775
	秋　田	806,363	170,222	20,516	29,072	609	120,025	2,166
	山　形	931,496	184,491	24,194	36,647	577	123,073	2,439
	福　島	1,656,294	327,680	55,936	73,752	1,991	196,001	4,921
関 東	計	23,229,613	3,716,489	705,350	1,050,835	51,059	1,909,245	66,317
	茨　城	2,629,527	483,351	90,682	118,117	8,834	265,718	6,723
	栃　木	1,740,658	287,877	55,452	69,967	3,149	159,309	4,343
	群　馬	1,805,410	317,444	57,568	70,089	3,496	186,291	3,749
	埼　玉	4,162,440	632,000	138,589	178,025	5,047	310,339	10,088
	千　葉	3,686,414	609,767	115,313	171,718	8,519	314,217	11,651
	東　京	4,408,196	670,405	124,820	243,658	9,234	292,693	16,058
	神奈川	4,032,723	562,295	104,193	172,754	11,926	273,422	11,647
	山　梨	764,245	153,350	18,733	26,507	854	107,256	2,058
北 陸 信 越	計	5,568,184	1,043,606	145,856	222,159	5,521	670,070	15,215
	新　潟	1,839,402	335,956	50,042	76,955	2,660	206,299	5,634
	富　山	901,347	145,788	25,750	36,351	1,080	82,607	1,919
	石　川	917,004	145,048	23,612	38,968	656	81,812	2,594
	長　野	1,910,431	416,814	46,452	69,885	1,125	299,352	5,068
中 部	計	12,105,628	1,955,679	344,425	549,590	25,845	1,035,819	25,299
	福　井	671,579	122,620	17,939	25,686	1,222	77,773	1,843
	岐　阜	1,688,217	295,110	50,206	74,862	1,571	168,471	4,203
	静　岡	2,905,876	484,001	82,580	127,903	4,451	269,067	5,873
	愛　知	5,313,538	778,526	152,482	263,604	15,613	346,827	10,113
	三　重	1,526,418	275,422	41,218	57,535	2,988	173,681	3,267
資　料						国土交通省自動車局		

(注)1. 車種の定義は、道路運送車両法施行規則参照。
　　2. 特種(殊)用途車は軽自動車を含む。

車 保 有 車 両 数　（その１）

Registered by Prefecture（No.1）

単位：両（Unit：Vehicles）

乗　用　車 Passenger car				特種(殊)用途車	二輪車 Two-wheeled motor		
計 Total	普通 Ordinary	小型 Small	軽 Light	Special Purpose Vehicle	計 Total	小型 Small	軽 Light
61,858,066	19,975,314	19,206,187	22,676,565	1,780,194	3,762,277	1,748,026	2,014,251
2,658,461	861,251	883,478	913,732	153,153	149,240	60,768	88,472
1,330,508	470,368	467,145	392,995	63,656	76,680	29,883	46,797
96,864	508	527	95,829	10,478	9,447	4,228	5,219
358,913	115,733	120,982	122,198	21,600	20,603	8,690	11,913
275,330	85,044	97,071	93,215	13,035	14,119	5,282	8,837
194,705	61,279	65,066	68,360	13,523	8,376	3,941	4,435
226,492	72,146	76,487	77,859	17,604	10,367	4,519	5,848
175,649	56,173	56,200	63,276	13,257	9,648	4,225	5,423
5,280,239	1,487,922	1,691,119	2,101,198	177,605	240,757	122,289	118,468
728,543	183,963	222,157	322,423	32,068	26,347	13,127	13,220
742,741	198,957	229,052	314,732	26,588	33,084	16,088	16,996
1,302,206	397,706	435,772	468,728	35,691	69,099	36,054	33,045
588,796	150,677	189,527	248,592	23,224	21,955	10,745	11,210
693,746	180,766	226,810	286,170	23,785	27,035	14,216	12,819
1,224,207	375,853	387,801	460,553	36,249	63,237	32,059	31,178
17,550,232	6,646,055	5,848,330	5,055,847	487,321	1,409,254	637,047	772,207
1,994,030	649,841	667,453	676,736	49,687	95,736	54,342	41,394
1,343,346	437,585	449,085	456,676	31,112	73,980	40,092	33,888
1,382,774	435,892	432,930	513,952	32,820	68,623	37,252	31,371
3,228,010	1,112,846	1,067,600	1,047,564	85,610	206,732	102,153	104,579
2,835,754	1,009,969	952,376	873,409	81,267	147,975	83,604	64,371
3,141,251	1,567,714	1,037,035	536,502	104,072	476,410	174,342	302,068
3,064,648	1,263,235	1,078,330	723,083	86,670	307,463	129,861	177,602
560,419	168,973	163,521	227,925	16,083	32,335	15,401	16,934
4,212,527	1,157,868	1,292,232	1,762,427	122,511	174,325	90,666	83,659
1,392,172	349,572	422,645	619,955	46,027	59,613	30,419	29,194
710,794	195,388	229,447	285,959	20,070	22,776	12,819	9,957
727,678	215,600	237,389	274,689	18,918	22,766	12,711	10,055
1,381,883	397,308	402,751	581,824	37,496	69,170	34,717	34,453
9,429,088	3,145,352	2,888,401	3,395,335	217,550	478,012	236,676	241,336
514,567	150,712	155,223	208,632	16,112	16,437	8,493	7,944
1,302,249	406,457	393,141	502,651	32,758	53,897	27,858	26,039
2,233,889	665,989	664,384	903,516	47,479	134,634	61,714	72,920
4,213,496	1,575,782	1,332,084	1,305,630	92,382	219,021	111,246	107,775
1,164,887	346,412	343,569	474,906	28,819	54,023	27,365	26,658

（自動車保有車両数）

施

設

都 道 府 県 別 自 動

Number of Motor Vehicles

（令和3(2021)年3月31日現在）

運輸局別 運輸支局別		合 計 Sum Total	貨 物 車　Truck					バ ス Bus
			計 Total	普 通 Ordinary	小 型 Small	被牽引車 Trailer	軽 Light	
近畿	計	10,364,785	1,860,674	302,641	449,832	26,224	1,081,977	29,334
	滋 賀	587,762	176,053	28,221	33,891	993	112,948	2,576
	京 都	1,341,472	236,075	35,298	55,107	1,020	144,650	4,634
	大 阪	3,800,515	665,124	124,627	195,902	12,700	331,895	10,592
	奈 良	836,445	133,685	20,636	26,873	671	85,505	2,115
	和歌山	757,151	161,061	16,797	26,382	1,052	116,830	1,623
	兵 庫	3,043,551	488,676	77,062	111,677	9,788	290,149	7,794
中国	計	5,562,006	1,028,517	146,152	192,543	7,293	682,529	13,154
	鳥 取	467,730	98,811	11,215	13,273	347	73,976	1,149
	島 根	554,872	117,764	13,096	16,392	300	87,976	1,654
	岡 山	1,552,668	295,875	45,179	54,628	2,328	193,740	2,972
	広 島	1,914,664	322,103	51,417	69,468	2,359	198,859	4,995
	山 口	1,072,072	193,964	25,245	38,782	1,959	127,978	2,384
四国	計	3,003,898	627,494	76,689	109,571	6,040	435,194	6,649
	徳 島	620,227	128,892	15,318	23,470	877	89,227	1,511
	香 川	793,250	152,232	21,816	30,052	1,042	99,322	1,697
	愛 媛	1,026,718	217,026	26,513	37,280	3,657	149,576	2,144
	高 知	563,703	129,344	13,042	18,769	464	97,069	1,297
九州	計	9,697,303	1,876,378	260,774	387,069	22,366	1,206,169	28,189
	福 岡	3,424,727	572,975	96,618	148,655	11,411	316,291	10,038
	佐 賀	684,646	134,999	18,811	26,797	1,329	88,062	1,954
	長 崎	956,888	184,101	19,281	28,533	598	135,689	4,201
	熊 本	1,396,046	281,907	36,930	61,783	1,959	181,235	3,545
	大 分	926,540	182,137	23,430	34,378	1,846	122,483	2,244
	宮 崎	951,096	209,249	28,286	35,000	1,909	144,054	1,970
	鹿児島	1,357,360	311,010	37,418	51,923	3,314	218,355	4,237
沖縄	沖 縄	1,168,544	209,432	29,452	39,426	3,164	137,390	3,620
資 料							国土交通省自動車局	

（注）1. 車種の定義は、道路運送車両法施行規則参照。
　　　2. 特種(殊)用途車は軽自動車を含む。

車 保 有 車 両 数 （その2）

Registered by Prefecture （No.2）

単位：両 （Unit：Vehicles）

乗 用 車 Passenger car				特種(殊)用途車	二 輪 車 Two-wheeled motor		
計 Total	普 通 Ordinary	小 型 Small	軽 Light	Special Purpose Vehicle	計 Total	小 型 Small	軽 Light
7,674,467	2,558,254	2,228,427	2,887,786	226,030	574,280	247,060	327,220
351,191	927	1,649	348,615	18,439	39,503	19,672	19,831
1,005,565	338,201	299,800	367,564	28,867	66,331	33,161	33,170
2,797,158	1,051,055	904,079	842,024	85,940	241,701	98,532	143,169
653,091	197,065	191,599	264,427	14,720	32,834	15,455	17,379
544,820	135,023	137,057	272,740	16,155	33,492	11,869	21,623
2,322,642	835,983	694,243	792,416	64,020	160,419	68,371	92,048
4,214,911	1,144,559	1,197,151	1,873,201	113,154	192,270	93,964	98,306
347,143	84,130	97,495	165,518	9,717	10,910	5,766	5,144
410,224	92,025	119,477	198,722	12,029	13,201	6,230	6,971
1,167,838	320,052	320,382	527,404	32,035	53,948	27,919	26,029
1,468,061	431,104	418,545	618,412	39,422	80,083	37,568	42,515
821,645	217,248	241,252	363,145	19,951	34,128	16,481	17,647
2,198,997	557,052	591,829	1,050,116	62,291	108,467	52,547	55,920
458,565	121,429	129,327	207,809	11,853	19,406	10,004	9,402
593,835	158,172	160,663	275,000	16,136	29,350	14,376	14,974
748,406	185,832	197,303	365,271	22,091	37,051	17,324	19,727
398,191	91,619	104,536	202,036	12,211	22,660	10,843	11,817
7,219,548	1,940,914	2,044,570	3,234,064	196,731	376,457	186,629	189,828
2,629,303	818,880	779,919	1,030,504	64,060	148,351	76,692	71,659
510,678	129,269	132,868	248,541	13,606	23,409	13,552	9,857
702,394	156,381	181,014	364,999	19,352	46,840	17,252	29,588
1,041,865	276,552	289,756	475,557	28,870	39,859	25,140	14,719
696,418	180,532	196,895	318,991	17,458	28,283	14,319	13,964
679,839	167,861	186,243	325,735	19,861	40,177	17,212	22,965
959,051	211,439	277,875	469,737	33,524	49,538	22,462	27,076
874,540	167,467	245,168	461,905	21,737	59,215	20,380	38,835

（自動車保有車両数）

都 道 府 県 別 自 動

Number of Motor Vehicles

（令和4年(2022)年3月31日現在）

運輸局別 運輸支局別		合 計 Sum Total	貨 物 車　Truck					バ ス Bus
			計 Total	普 通 Ordinary	小 型 Small	被牽引車 Trailer	軽 Light	
合 計		82,174,944	14,427,520	2,447,087	3,491,263	190,292	8,298,878	216,416
北 海 道	計	3,785,280	669,383	195,997	184,579	30,102	258,705	12,899
	札 幌	1,736,464	255,455	74,720	84,316	6,963	89,456	6,136
	函 館	313,335	54,478	12,848	13,148	473	28,009	1,018
	旭 川	496,929	95,675	26,194	26,934	1,513	41,034	1,849
	室 蘭	383,435	80,129	20,130	18,168	14,087	27,744	1,399
	釧 路	272,988	56,358	17,914	12,989	3,877	21,578	750
	帯 広	326,474	70,581	25,744	16,365	2,069	26,403	879
	北 見	255,655	56,707	18,447	12,659	1,120	24,481	868
東 北	計	7,120,663	1,409,476	227,366	305,626	8,984	867,500	20,674
	青 森	1,001,224	212,796	33,520	45,950	1,116	132,210	3,546
	岩 手	1,027,673	223,616	36,156	44,695	1,006	141,759	3,243
	宮 城	1,706,322	293,236	57,388	76,508	3,452	155,888	4,650
	秋 田	803,061	169,629	20,541	29,042	598	119,448	2,112
	山 形	928,911	183,918	24,120	36,367	583	122,848	2,373
	福 島	1,653,472	326,281	55,641	73,064	2,229	195,347	4,750
関 東	計	23,290,795	3,728,340	708,920	1,049,854	52,355	1,917,211	64,889
	茨 城	2,632,467	483,644	91,340	117,212	9,045	266,047	6,579
	栃 木	1,743,677	288,379	55,948	69,672	3,237	159,522	4,233
	群 馬	1,805,981	317,456	58,105	69,880	3,562	185,909	3,646
	埼 玉	4,180,629	636,005	139,530	178,514	5,379	312,582	9,943
	千 葉	3,699,193	612,610	116,123	171,849	8,957	315,681	11,327
	東 京	4,416,116	669,581	124,419	242,060	9,283	293,819	15,720
	神奈川	4,046,606	566,384	104,489	173,956	11,999	275,940	11,448
	山 梨	766,126	154,281	18,966	26,711	893	107,711	1,993
北 陸 信 越	計	5,563,635	1,042,601	146,421	221,234	5,570	669,376	14,546
	新 潟	1,834,131	334,081	50,126	76,074	2,664	205,217	5,384
	富 山	900,240	145,941	25,688	36,320	1,078	82,855	1,815
	石 川	917,988	145,030	23,699	38,867	685	81,779	2,514
	長 野	1,911,276	417,549	46,908	69,973	1,143	299,525	4,833
中 部	計	12,112,534	1,962,460	346,702	549,420	26,571	1,039,767	24,684
	福 井	671,856	122,740	17,978	25,547	1,199	78,016	1,798
	岐 阜	1,686,191	296,133	50,655	74,797	1,710	168,971	4,058
	静 岡	2,906,073	484,229	81,845	127,624	4,615	270,145	5,669
	愛 知	5,322,042	783,282	154,634	263,796	15,965	348,887	9,958
	三 重	1,526,372	276,076	41,590	57,656	3,082	173,748	3,201
資 料							国土交通省自動車局	

(注) 1. 車種の定義は、道路運送車両法施行規則参照。
　　 2. 特種(殊)用途車は軽自動車を含む。

車 保 有 車 両 数 （その１）

Registered by Prefecture （No.1）

単位：両 （Unit：Vehicles）

乗 用 車 Passenger car				特種(殊)用途車	二 輪 車 Two-wheeled motor		
計 Total	普 通 Ordinary	小 型 Small	軽 Light	Special Purpose Vehicle	計 Total	小 型 Small	軽 Light
61,867,152	20,271,161	18,745,877	22,850,114	1,793,160	3,870,696	1,811,815	2,058,881
2,794,351	941,363	934,429	918,559	155,521	153,126	62,904	90,222
1,331,586	479,159	455,055	397,372	64,652	78,635	30,978	47,657
237,629	66,394	75,603	95,632	10,523	9,687	4,391	5,296
356,318	117,226	116,811	122,281	21,929	21,158	8,992	12,166
274,265	86,434	94,566	93,265	13,219	14,423	5,409	9,014
193,466	61,978	63,064	68,424	13,742	8,672	4,126	4,546
226,356	73,464	74,667	78,225	17,995	10,663	4,646	6,017
174,731	56,708	54,663	63,360	13,461	9,888	4,362	5,526
5,265,154	1,509,753	1,650,461	2,104,940	178,082	247,277	125,737	121,540
725,700	186,637	216,880	322,183	32,127	27,055	13,412	13,643
740,360	202,266	223,421	314,673	26,542	33,912	16,518	17,394
1,301,643	404,451	425,591	471,601	35,826	70,967	37,133	33,834
585,405	152,508	184,415	248,482	23,381	22,534	11,000	11,534
690,969	183,788	221,169	286,012	23,886	27,765	14,510	13,255
1,221,077	380,103	378,985	461,989	36,320	65,044	33,164	31,880
17,559,344	6,733,208	5,717,560	5,108,576	491,071	1,447,151	659,637	787,514
1,992,689	657,717	653,923	681,049	50,289	99,266	56,293	42,973
1,343,416	444,368	438,936	460,112	31,355	76,294	41,525	34,769
1,381,249	442,185	422,736	516,328	33,045	70,585	38,427	32,158
3,234,444	1,128,652	1,042,695	1,063,097	86,482	213,755	106,540	107,215
2,839,996	1,024,784	932,412	882,800	82,000	153,260	86,587	66,673
3,140,929	1,584,557	1,012,312	544,060	104,331	485,555	180,354	305,201
3,066,469	1,279,088	1,054,609	732,772	87,394	314,911	133,805	181,106
560,152	171,857	159,937	228,358	16,175	33,525	16,106	17,419
4,203,666	1,174,464	1,257,646	1,771,556	123,041	179,781	93,750	86,031
1,387,282	354,582	410,376	622,324	46,005	61,379	31,392	29,987
708,595	198,648	222,917	287,030	20,268	23,621	13,315	10,306
727,627	219,147	232,214	276,266	19,108	23,709	13,263	10,446
1,380,162	402,087	392,139	585,936	37,660	71,072	35,780	35,292
9,415,339	3,181,890	2,816,894	3,416,555	218,989	491,062	244,206	246,856
514,034	153,351	151,686	208,997	16,211	17,073	8,802	8,271
1,297,761	411,545	382,937	503,279	32,948	55,291	28,665	26,626
2,230,241	673,684	646,302	910,255	47,711	138,223	63,750	74,473
4,210,346	1,591,924	1,301,824	1,316,598	93,425	225,031	114,883	110,148
1,162,957	351,386	334,145	477,426	28,694	55,444	28,106	27,338

（自動車保有車両数）

都 道 府 県 別 自 動

Number of Motor Vehicles

(令和4年(2022)年3月31日現在)

運輸局別 運輸支局別		合 計 Sum Total	貨 物 車　　Truck					バ ス Bus
			計 Total	普 通 Ordinary	小 型 Small	被牽引車 Trailer	軽 Light	
近畿	計	10,843,472	1,867,373	304,752	451,156	26,746	1,084,719	28,628
	滋 賀	1,052,149	176,966	28,496	34,205	1,073	113,192	2,501
	京 都	1,340,308	236,585	35,500	55,036	1,081	144,968	4,551
	大 阪	3,808,722	668,038	125,406	196,708	12,967	332,957	10,255
	奈 良	836,683	133,922	20,673	26,734	675	85,840	2,061
	和歌山	756,810	161,040	16,813	26,315	1,056	116,856	1,567
	兵 庫	3,048,800	490,822	77,864	112,158	9,894	290,906	7,693
中国	計	5,560,137	1,029,607	147,164	192,971	7,548	681,924	12,782
	鳥 取	467,712	98,936	11,321	13,267	377	73,971	1,107
	島 根	554,263	117,549	13,115	16,383	320	87,731	1,625
	岡 山	1,552,170	296,237	45,450	54,691	2,433	193,663	2,846
	広 島	1,916,224	323,293	51,843	69,664	2,411	199,375	4,910
	山 口	1,069,768	193,592	25,435	38,966	2,007	127,184	2,294
四国	計	3,001,466	626,638	77,049	109,417	6,141	434,031	6,481
	徳 島	618,971	128,565	15,371	23,291	933	88,970	1,445
	香 川	793,864	152,321	21,937	30,130	1,071	99,183	1,661
	愛 媛	1,025,939	216,883	26,605	37,294	3,685	149,299	2,108
	高 知	562,692	128,869	13,136	18,702	452	96,579	1,267
九州	計	9,719,956	1,881,018	263,319	387,538	23,010	1,207,151	27,301
	福 岡	3,438,493	575,707	97,504	149,354	11,584	317,265	9,757
	佐 賀	687,001	135,139	18,936	26,693	1,366	88,144	1,874
	長 崎	956,352	184,291	19,472	28,395	631	135,793	4,032
	熊 本	1,400,016	283,054	37,508	61,706	2,074	181,766	3,434
	大 分	927,052	182,749	23,570	34,482	1,905	122,792	2,189
	宮 崎	952,449	209,395	28,579	35,056	2,025	143,735	1,905
	鹿児島	1,358,593	310,683	37,750	51,852	3,425	217,656	4,110
沖縄	沖 縄	1,177,006	210,624	29,397	39,468	3,265	138,494	3,532
資 料							国土交通省自動車局	

(注)1. 車種の定義は、道路運送車両法施行規則参照。
　　2. 特種(殊)用途車は軽自動車を含む。

車 保 有 車 両 数 （その２）

Registered by Prefecture （No.2）

単位：両 （Unit：Vehicles）

乗　用　車　Passenger car				特種(殊)用途車	二 輪 車 Two-wheeled motor		
計 Total	普　通 Ordinary	小　型 Small	軽 Light	Special Purpose Vehicle	計 Total	小　型 Small	軽 Light
8,127,958	2,842,974	2,382,009	2,902,975	229,828	589,685	256,324	333,361
813,391	247,988	214,919	350,484	18,683	40,608	20,261	20,347
1,002,148	342,282	291,168	368,698	28,969	68,055	34,142	33,913
2,795,210	1,068,044	879,711	847,455	86,719	248,500	102,973	145,527
652,318	199,430	187,048	265,840	14,832	33,550	15,808	17,742
543,619	137,210	132,725	273,684	16,129	34,455	12,380	22,075
2,321,272	848,020	676,438	796,814	64,496	164,517	70,760	93,757
4,205,468	1,161,599	1,167,956	1,875,913	113,906	198,374	97,222	101,152
346,392	85,845	95,078	165,469	9,791	11,486	6,069	5,417
409,442	93,875	116,227	199,340	12,023	13,624	6,431	7,193
1,165,033	325,280	312,205	527,548	32,332	55,722	28,877	26,845
1,466,059	436,187	408,647	621,225	39,789	82,173	38,665	43,508
818,542	220,412	235,799	362,331	19,971	35,369	17,180	18,189
2,193,088	565,931	576,196	1,050,961	62,524	112,735	54,920	57,815
456,887	122,921	125,848	208,118	11,945	20,129	10,447	9,682
593,067	161,113	156,391	275,563	16,222	30,593	15,054	15,539
746,220	188,723	192,115	365,382	22,140	38,588	18,184	20,404
396,914	93,174	101,842	201,898	12,217	23,425	11,235	12,190
7,222,657	1,984,728	2,000,450	3,237,479	198,189	390,791	195,606	195,185
2,633,441	837,216	763,195	1,033,030	64,612	154,976	80,908	74,068
511,718	132,466	129,843	249,409	13,687	24,583	14,281	10,302
700,942	159,126	176,525	365,291	19,340	47,747	17,803	29,944
1,042,520	283,322	283,037	476,161	29,226	41,782	26,335	15,447
695,046	183,719	192,317	319,010	17,562	29,506	15,001	14,505
679,692	172,171	182,657	324,864	20,066	41,391	17,995	23,396
959,298	216,708	272,876	469,714	33,696	50,806	23,283	27,523
880,127	175,251	242,276	462,600	22,009	60,714	21,509	39,205

（自動車保有車両数）

都 道 府 県 別 自 動

Number of Motor Vehicles

(令和5年(2023)年3月31日現在)

運輸局別 運輸支局別		合 計 Sum Total	貨 物 車　Truck					バ ス Bus
			計 Total	普 通 Ordinary	小 型 Small	被牽引車 Trailer	軽 Light	
合 計		82,214,934	14,516,947	2,454,567	3,502,104	194,866	8,365,410	212,180
北海道	計	3,798,504	675,814	196,831	186,198	30,682	262,103	12,658
	札 幌	1,749,245	259,224	75,274	85,554	7,164	91,232	6,103
	函 館	313,256	54,912	12,829	13,151	480	28,452	949
	旭 川	497,465	96,378	26,402	27,094	1,567	41,315	1,811
	室 蘭	383,565	80,875	20,188	18,332	14,302	28,053	1,344
	釧 路	271,969	56,326	17,821	12,940	3,931	21,634	734
	帯 広	327,305	70,995	25,779	16,443	2,095	26,678	866
	北 見	255,699	57,104	18,538	12,684	1,143	24,739	851
東北	計	7,123,318	1,409,839	225,324	304,148	9,074	871,293	20,159
	青 森	1,002,819	214,504	33,603	46,075	1,114	133,712	3,522
	岩 手	1,027,001	222,993	35,702	44,279	1,048	141,964	3,150
	宮 城	1,709,849	292,442	56,435	76,045	3,452	156,510	4,568
	秋 田	801,374	169,624	20,576	28,977	585	119,486	2,061
	山 形	929,363	184,574	24,153	36,258	582	123,581	2,286
	福 島	1,652,912	325,702	54,855	72,514	2,293	196,040	4,572
関東	計	23,385,231	3,754,481	711,562	1,052,172	53,490	1,937,257	63,895
	茨 城	2,642,472	486,128	91,761	116,890	9,203	268,274	6,446
	栃 木	1,750,691	289,988	56,064	69,652	3,366	160,906	4,178
	群 馬	1,813,659	319,450	58,493	69,957	3,709	187,291	3,507
	埼 玉	4,202,274	643,385	140,696	180,125	5,627	316,937	9,827
	千 葉	3,718,629	617,392	116,790	172,319	9,276	319,007	11,158
	東 京	4,424,593	669,794	123,585	241,118	9,331	295,760	15,384
	神奈川	4,063,188	572,676	105,011	175,334	11,981	280,350	11,463
	山 梨	769,725	155,668	19,162	26,777	997	108,732	1,932
北陸信越	計	5,574,794	1,046,113	146,459	221,096	5,592	672,966	14,049
	新 潟	1,833,988	333,424	49,890	75,661	2,641	205,232	5,208
	富 山	901,321	146,845	25,689	36,355	1,089	83,712	1,715
	石 川	920,681	145,802	23,729	38,869	695	82,509	2,467
	長 野	1,918,804	420,042	47,151	70,211	1,167	301,513	4,659
中部	計	12,153,740	1,979,333	348,747	552,088	27,277	1,051,221	24,069
	福 井	672,412	123,232	18,040	25,528	1,215	78,449	1,755
	岐 阜	1,689,939	298,246	50,645	74,964	1,796	170,841	3,955
	静 岡	2,911,496	487,104	82,073	127,481	4,771	272,779	5,467
	愛 知	5,349,712	792,883	156,093	266,059	16,273	354,458	9,811
	三 重	1,530,181	277,868	41,896	58,056	3,222	174,694	3,081
資 料							国土交通省自動車局	

(注)1. 車種の定義は、道路運送車両法施行規則参照。
　　　2. 特種(殊)用途車は軽自動車を含む。

車 保 有 車 両 数 （その1）

Registered by Prefecture （No.1）

単位：両 （Unit：Vehicles）

乗　用　車　Passenger car				特種(殊)用途車	二　輪　車 Two-wheeled motor		
計 Total	普通 Ordinary	小型 Small	軽 Light	Special Purpose Vehicle	計 Total	小型 Small	軽 Light
61,716,719	20,570,058	18,312,359	22,834,302	1,807,770	3,961,318	1,872,776	2,088,542
2,795,287	958,133	911,107	926,047	157,689	157,056	65,341	91,715
1,337,433	490,151	444,729	402,553	65,733	80,752	32,360	48,392
236,862	67,297	73,437	96,128	10,608	9,925	4,561	5,364
355,423	118,742	113,743	122,938	22,144	21,709	9,345	12,364
273,340	87,537	92,161	93,642	13,356	14,650	5,507	9,143
192,150	62,327	61,209	68,614	13,901	8,858	4,212	4,646
226,199	74,650	72,656	78,893	18,264	10,981	4,849	6,132
173,880	57,429	53,172	63,279	13,683	10,181	4,507	5,674
5,261,091	1,530,916	1,612,294	2,117,881	179,011	253,218	129,379	123,839
724,512	189,100	211,728	323,684	32,375	27,906	13,953	13,953
739,535	204,958	217,913	316,664	26,714	34,609	16,913	17,696
1,304,479	411,061	417,363	476,055	35,808	72,552	38,222	34,330
582,899	154,550	179,276	249,073	23,757	23,033	11,295	11,738
689,989	187,135	215,762	287,092	23,973	28,541	14,962	13,579
1,219,677	384,112	370,252	465,313	36,384	66,577	34,034	32,543
17,594,965	6,819,006	5,585,607	5,190,352	496,007	1,475,883	679,152	796,731
1,997,209	665,182	641,500	690,527	50,664	102,025	58,120	43,905
1,346,775	450,497	429,618	466,660	31,611	78,139	42,800	35,339
1,385,061	448,553	413,382	523,126	33,295	72,346	39,580	32,766
3,242,924	1,142,069	1,017,969	1,082,886	87,537	218,601	109,745	108,856
2,849,049	1,038,488	912,987	897,574	83,031	157,999	89,619	68,380
3,143,196	1,602,856	986,126	554,214	105,297	490,922	184,456	306,466
3,069,403	1,296,794	1,027,619	744,990	88,259	321,387	138,203	183,184
561,348	174,567	156,406	230,375	16,313	34,464	16,629	17,835
4,206,256	1,192,746	1,225,237	1,788,273	123,505	184,871	97,121	87,750
1,386,101	359,701	398,418	627,982	46,175	63,080	32,391	30,689
707,993	201,919	217,217	288,857	20,327	24,441	13,864	10,577
728,725	223,150	226,919	278,656	19,195	24,492	13,764	10,728
1,383,437	407,976	382,683	592,778	37,808	72,858	37,102	35,756
9,426,794	3,222,208	2,750,861	3,453,725	220,607	502,937	252,211	250,726
513,350	155,642	147,948	209,760	16,386	17,689	9,150	8,539
1,297,582	416,304	373,425	507,853	33,133	57,023	29,759	27,264
2,229,937	680,467	629,313	920,157	47,883	141,105	65,700	75,405
4,222,206	1,613,584	1,274,921	1,333,701	94,501	230,311	118,567	111,744
1,163,719	356,211	325,254	482,254	28,704	56,809	29,035	27,774

（自動車保有車両数）

都 道 府 県 別 自 動

Number of Motor Vehicles

(令和5年(2023)年3月31日現在)

運輸局別運輸支局別		合 計 Sum Total	貨 物 車　Truck					バス Bus
			計 Total	普 通 Ordinary	小 型 Small	被牽引車 Trailer	軽 Light	
近畿	計	10,875,286	1,881,515	306,415	454,332	27,274	1,093,494	28,266
	滋 賀	1,060,265	179,266	28,838	34,701	1,135	114,592	2,433
	京 都	1,341,335	238,224	35,639	55,248	1,078	146,259	4,487
	大 阪	3,821,437	673,686	126,166	198,475	13,180	335,865	10,148
	奈 良	838,154	134,745	20,693	26,862	707	86,483	2,051
	和歌山	757,596	161,377	16,863	26,391	1,098	117,025	1,527
	兵 庫	3,056,499	494,217	78,216	112,655	10,076	293,270	7,620
中国	計	5,337,618	1,035,141	147,722	193,991	7,721	685,707	12,558
	鳥 取	469,410	99,532	11,433	13,254	373	74,472	1,063
	島 根	555,269	118,069	13,131	16,348	314	88,276	1,585
	岡 山	1,557,108	297,582	45,602	54,963	2,472	194,545	2,811
	広 島	1,921,917	325,807	52,116	70,168	2,512	201,011	4,864
	山 口	833,914	194,151	25,440	39,258	2,050	127,403	2,235
四国	計	3,004,629	628,311	77,097	109,227	6,338	435,649	6,311
	徳 島	619,160	128,904	15,380	23,152	1,025	89,347	1,422
	香 川	796,025	152,928	21,943	30,135	1,098	99,752	1,609
	愛 媛	1,026,830	217,312	26,627	37,252	3,766	149,667	2,039
	高 知	562,614	129,167	13,147	18,688	449	96,883	1,241
九州	計	9,765,286	1,893,235	264,993	389,198	24,008	1,215,036	26,762
	福 岡	3,459,297	579,640	97,773	150,218	11,832	319,817	9,602
	佐 賀	690,082	136,077	19,117	26,748	1,384	88,828	1,839
	長 崎	958,076	185,250	19,689	28,425	668	136,468	3,918
	熊 本	1,407,531	285,247	37,772	61,769	2,317	183,389	3,384
	大 分	930,882	184,165	23,831	34,690	1,954	123,690	2,143
	宮 崎	955,294	210,480	28,827	35,395	2,111	144,147	1,865
	鹿児島	1,364,124	312,376	37,984	51,953	3,742	218,697	4,011
沖縄	沖 縄	1,196,528	213,165	29,417	39,654	3,410	140,684	3,453
資 料							国土交通省自動車局	

(注)1. 車種の定義は、道路運送車両法施行規則参照。
　　 2. 特種(殊)用途車は軽自動車を含む。

車 保 有 車 両 数 （その2）
Registered by Prefecture （No.2）

単位：両 （Unit：Vehicles）

乗 用 車 Passenger car				特種(殊)用途車 Special Purpose Vehicle	二 輪 車 Two-wheeled motor		
計 Total	普 通 Ordinary	小 型 Small	軽 Light		計 Total	小 型 Small	軽 Light
8,132,282	2,884,636	2,320,200	2,927,446	231,848	601,375	264,685	336,690
817,798	252,533	211,034	354,231	18,898	41,870	21,122	20,748
999,814	346,297	282,594	370,923	29,282	69,528	35,127	34,401
2,797,129	1,085,326	856,682	855,121	87,667	252,807	106,124	146,683
652,147	201,462	182,432	268,253	14,903	34,308	16,311	17,997
543,204	139,027	128,680	275,497	16,175	35,313	12,875	22,438
2,322,190	859,991	658,778	803,421	64,923	167,549	73,126	94,423
3,971,418	1,179,697	1,140,518	1,651,203	114,528	203,973	100,797	103,176
346,934	87,827	92,797	166,310	9,891	11,990	6,389	5,601
409,469	95,804	113,336	200,329	12,002	14,144	6,766	7,378
1,166,731	330,664	305,048	531,019	32,588	57,396	29,882	27,514
1,467,203	441,965	399,109	626,129	40,029	84,014	39,908	44,106
581,081	223,437	230,228	127,416	20,018	36,429	17,852	18,577
2,190,590	573,708	561,489	1,055,393	62,904	116,513	57,453	59,060
455,977	124,321	122,608	209,048	12,053	20,804	10,904	9,900
593,507	163,289	152,670	277,548	16,358	31,623	15,718	15,905
745,309	191,622	187,344	366,343	22,248	39,922	19,125	20,797
395,797	94,476	98,867	202,454	12,245	24,164	11,706	12,458
7,242,242	2,025,430	1,960,564	3,256,248	199,490	403,557	204,107	199,450
2,643,985	854,036	748,414	1,041,535	65,138	160,932	84,698	76,234
512,738	135,252	127,356	250,130	13,796	25,632	15,002	10,630
701,116	162,027	172,375	366,714	19,281	48,511	18,401	30,110
1,045,744	289,481	277,242	479,021	29,480	43,676	27,664	16,012
696,365	187,161	188,407	320,797	17,695	30,514	15,624	14,890
680,219	176,122	178,771	325,326	20,281	42,449	18,693	23,756
962,075	221,351	267,999	472,725	33,819	51,843	24,025	27,818
895,794	183,578	244,482	467,734	22,181	61,935	22,530	39,405

（自動車保有車両数）

施
設

使 用 燃 料 別 自
Number of Motor

年度末 At the End of Fiscal Year		ガソリン Gasoline				軽 油 Diesel Oil			
		貨物車 Truck	バス Bus	乗用車 Passenger Car	特種車 Special Purpose Vehicle	貨物車 Truck	バス Bus	乗用車 Passenger Car	特種車 Special Purpose Vehicle
H2	(1990)	2,861,420	7,600	29,239,819	140,516	5,875,304	238,226	2,994,439	628,170
H7	(1995)	2,181,867	3,266	33,890,861	198,029	6,545,835	239,585	4,923,782	804,376
H12	(2000)	1,940,000	2,242	37,794,496	393,132	6,014,672	232,883	4,253,971	993,912
H17	(2005)	2,077,938	4,995	40,103,671	329,504	4,894,975	225,288	2,125,545	903,063
H22	(2010)	1,954,448	9,039	37,593,625	300,163	4,059,731	215,695	905,357	819,910
H27	(2015)	1,900,391	14,635	32,685,115	296,500	3,910,656	213,834	854,585	828,887
H29	(2017)	1,902,036	16,489	30,688,342	301,736	3,923,812	215,044	1,062,588	849,597
H30	(2018)	1,898,900	17,367	29,524,543	304,365	3,946,296	213,630	1,196,701	856,347
R1	(2019)	1,885,010	18,105	28,412,653	308,886	3,968,588	210,889	1,318,396	862,023
R2	(2020)	1,871,116	18,408	27,468,661	312,919	3,991,443	201,860	1,436,830	868,761
R3	(2021)	1,855,052	18,551	26,416,193	316,828	4,007,371	195,816	1,527,862	873,221
R4	(2022)	1,830,002	18,644	25,333,588	321,686	4,025,441	191,431	1,609,344	876,766
資 料					(一財) 自動車検査登録情報協会			(自動車保有車両数)	

(注) 1. 登録自動車(軽自動車及び小型二輪自動車を含まない。)のみを対象としている。
　　 2. 貨物車の台数にはトレーラーを含まない。

車 種 別 新 車
Number of New Cars Sold

年 度 Fiscal Year		合 計 Total		乗 用 車 Passenger				トラック	
		Sum Total	前年度増加率(%)	計 Sum Total	普通車 Ordinary Car	小型 Small Size	軽四輪車 Light Motor	計 Sum Total	普 通 車 Ordinary Car
S45	(1970)	4,094,543	...	2,396,548	8,331	1,681,525	706,692	1,665,773	168,799
S55	(1980)	4,995,821	18.8	2,819,485	64,496	2,580,718	174,271	2,153,052	151,279
S60	(1985)	5,573,545	11.6	3,091,722	74,201	2,864,086	153,435	2,460,243	110,509
H2	(1990)	7,802,242	40.0	5,092,595	390,741	3,827,259	874,595	2,685,122	193,718
H7	(1995)	6,895,680	-11.6	4,465,452	899,560	2,633,289	932,603	2,412,620	171,494
H12	(2000)	5,973,439	-13.4	4,257,331	756,324	2,229,634	1,271,373	1,700,658	84,454
H17	(2005)	5,861,545	-1.9	4,755,369	1,256,385	2,081,711	1,417,273	1,088,316	199,975
H22	(2010)	4,601,135	-5.7	3,880,266	1,276,280	1,396,312	1,207,674	709,410	103,178
H27	(2015)	4,937,734	-6.8	4,115,436	1,379,831	1,307,629	1,427,976	808,174	167,498
H28	(2016)	5,077,903	1.0	4,243,393	1,529,276	1,376,636	1,337,481	818,858	177,882
H29	(2017)	5,197,109	1.0	4,349,777	1,547,381	1,348,357	1,454,039	832,361	173,017
H30	(2018)	5,259,589	1.2	4,363,608	1,580,001	1,297,740	1,485,867	882,342	182,068
R1	(2019)	5,038,727	-4.2	4,173,186	1,516,153	1,217,551	1,439,482	852,328	178,074
R2	(2020)	4,656,632	-7.6	3,858,350	1,433,764	1,061,699	1,362,887	790,406	161,450
R3	(2021)	4,215,826	-9.5	3,467,561	1,370,587	916,002	1,180,972	742,108	145,779
R4	(2022)	4,385,649	4.0	3,613,705	1,460,486	880,739	1,272,480	765,986	126,637
資 料							(一社) 日本自動車工業会 データベース		

(注) 1. 2003年1月から、シャーシーベースからナンバーベースに変更になった(但し、軽自動車を除く)。
　　 2. 特種用途車の大型消防車、ミキサー車等は貨物車に、乗用タイプのパトロールカー等は乗用車で集計している。
　　 3. トレーラー、特殊車等を含まない。

動 車 保 有 車 両 数
Vehicles by Type of Fuel

単位：台 (Unit : Cars)

| L P G | | | | 電気 | | ハイブリッド | |
貨物車 Truck	バ ス Bus	乗用車 Passenger Car	特種車 Special Purpose Vehicle	Electric	うち乗用車 Passenger Car	Hybrid	うち乗用車 Passenger Car
7,737	5	301,866	8,178				
7,272	3	287,661	8,501				
12,602	1	265,233	8,089				
21,868	117	262,425	10,510	306	(274)	256,668	(253,398)
20,764	172	225,148	10,963	4,672	(4,637)	1,417,995	(1,404,137)
15,055	186	191,221	9,315	63,483	(62,136)	5,581,573	(5,558,725)
12,104	177	173,435	8,275	92,874	(91,356)	7,539,090	(7,512,846)
10,553	168	159,274	7,583	107,434	(105,921)	8,484,944	(8,453,451)
9,428	151	144,177	5,898	118,881	(117,317)	9,326,570	(9,281,380)
8,304	136	130,172	6,284	125,580	(123,708)	10,072,525	(10,014,228)
7,181	125	120,058	5,658	140,205	(138,327)	10,878,406	(10,804,981)
6,339	111	112,057	5,170	164,793	(162,389)	11,756,619	(11,655,182)

販 売 台 数
by Type of Vehicle

単位：台 (Unit : Cars)

| Truck | | バ ス Bus | | |
小型 Small Size	軽四輪車 Light Motor	計 Sum Total	大型 Ordinary Car	小型 Small Size
968,844	528,130	32,222	10,235	21,987
1,114,950	886,823	23,284	9,344	13,940
952,080	1,397,654	21,580	9,144	12,436
1,464,116	1,027,288	24,525	9,010	15,515
1,448,904	792,222	17,608	6,458	11,150
1,033,412	582,792	15,450	4,263	11,187
357,252	531,089	17,860	6,100	11,760
185,119	421,113	11,459	4,114	7,345
255,324	385,352	14,124	5,538	8,586
258,487	382,489	15,652	6,875	8,777
254,508	404,836	14,971	6,087	8,884
263,142	437,132	13,639	5,050	8,589
257,769	416,485	13,213	4,803	8,410
234,095	394,861	7,876	2,202	5,674
222,330	373,999	6,157	1,482	4,675
219,140	420,209	5,958	2,008	3,950

道 路 延 長

Road Length

単位：キロメートル（Unit：Kilometer）

年 Year		合　計 Total		高速自動車国道		一般道路　計	
		実延長	舗装済	実延長	舗装済	実延長	舗装済
S45（1970）	4月1日	1,023,646	187,333	649	649	1,022,936	186,624
S55（1980）	4月1日	1,113,388	510,904	2,579	2,579	1,110,808	508,325
H2（1990）	4月1日	1,114,697	771,746	4,661	4,661	1,110,037	767,085
H12（2000）	4月1日	1,166,340	892,928	6,617	6,617	1,159,723	886,311
H22（2010）	4月1日	1,210,252	973,234	7,803	7,803	1,202,449	965,431
H27（2015）	4月1日	1,220,724	997,750	8,652	8,652	1,212,071	989,098
H28（2016）	4月1日	1,222,319	1,002,489	8,776	8,776	1,213,543	993,713
H29（2017）	4月1日	1,223,887	1,005,711	8,796	8,796	1,215,952	996,916
H30（2018）	4月1日	1,224,766	1,008,728	8,923	8,923	1,215,843	999,805
H31（2019）	3月31日	1,226,489	1,011,812	9,021	9,021	1,217,468	1,002,791
R2（2020）	3月31日	1,227,780	1,014,374	9,082	9,082	1,218,698	1,005,292
R3（2021）	3月31日	1,229,239	1,017,066	9,100	9,100	1,220,138	1,007,966

年 Year		一般国道		都道府県道		市町村道	
		実延長	舗装済	実延長	舗装済	実延長	舗装済
S45（1970）	4月1日	32,650	27,282	122,324	55,172	867,962	104,169
S55（1980）	4月1日	40,212	38,408	130,836	104,523	939,760	365,394
H2（1990）	4月1日	46,935	46,074	128,782	118,783	934,319	602,229
H12（2000）	4月1日	53,777	53,177	128,183	121,365	977,764	711,770
H22（2010）	4月1日	54,981	54,643	129,366	124,835	1,018,101	785,953
H27（2015）	4月1日	55,645	55,324	129,446	125,279	1,026,980	808,495
H28（2016）	4月1日	55,565	55,245	129,603	125,466	1,028,375	813,003
H29（2017）	4月1日	55,637	55,320	129,667	125,559	1,029,787	816,037
H30（2018）	4月1日	55,698	55,382	129,721	125,625	1,030,424	818,799
H31（2019）	3月31日	55,874	55,583	129,754	125,689	1,031,840	821,519
R2（2020）	3月31日	55,944	55,662	129,724	125,690	1,033,030	823,940
R3（2021）	3月31日	56,111	55,829	129,827	125,841	1,034,201	826,296
資料		国土交通省道路局（道路統計年報）					

（注）1.　「舗装済」の値には簡易舗装を含む。
　　　 2.　東日本大震災の影響により、市町村道の一部に平成24年4月1日以前のデータを含む。

有 料 道 路 の 現 況
Toll Roads

高速道路 High Speed Highways

事 業 者 名	延　長（km）			
	H30 (2018)年 4月1日時点	H31 (2019)年 3月31日時点	R2 (2020)年 3月31日時点	R3 (2021)年 3月31日時点
東・中・西日本高速道路(株)	8,346.1	8,432.8	8,469.2	8,469.2
首都高速道路(株)	320.1	320.1	327.2	327.2
阪神高速道路(株)	260.5	260.5	258.1	258.1
本州四国連絡高速道路(株)	172.9	172.9	172.9	172.9
名古屋高速道路公社	81.2	81.2	81.2	81.2
広島高速道路公社	25.0	25.0	25.0	25.0
福岡北九州高速道路公社	106.3	106.3	106.3	106.3
資　料	国土交通省　道路統計年報			

一般自動車道及び有料道路 Others Toll Roads

事 業 者 名		路 線 数		延　長（km）	
		R2 (2020)年 3月31日時点	R3 (2021)年 3月31日時点	R2 (2020)年 3月31日時点	R3 (2021)年 3月31日時点
自動車道	一般自動車道	31	—	312.9	—
	専用自動車道	5	—	78.7	—
一般有料道路	東・中・西日本高速道路(株)	60	60	1,167.0	1,167.0
	地方道路公社	69	66	639.4	591.5
資　料		国土交通省　道路統計年報			

(注)専用自動車道は、R5 (2023)年4月1日時点。

自 動 車 タ ー ミ ナ ル
Bus and Truck Terminals

（各年4月1日現在）

規 模	R3(2021)					R4(2022)				
	合計 Total	バスターミナル Bus Terminals			トラックターミナル Truck Terminals	合計 Total	バスターミナル Bus Terminals			トラックターミナル Truck Terminals
		計	一般	専用	一般		計	一般	専用	一般
（バース数）berth										
1〜5	76	76	5	71	…	76	76	5	71	…
6〜10	36	36	8	28	…	34	34	8	26	…
11〜20	13	12	8	4	1	13	12	8	4	1
21〜50	7	3	3	…	4	8	3	3	…	5
51〜100	6	…	…	…	6	5	…	…	…	5
100以上	11	…	…	…	11	11	…	…	…	11
合計 Total	149	127	24	103	22	147	125	24	101	22
資　料	国土交通省　数字で見る自動車									

(注)　一般自動車ターミナルについては、免許したものであり未供用のターミナルを含む。

鋼 船
Tonnage of

歴年(年央) Middle of Calendar Year		商 船 （100トン以上） Merchant Ship					
		合 計 Sum Total		一般貨物船 Dry Cargo Vessels		客船・その他 Passenger Ships,other	
		隻数 No	総トン Ton	隻数 No	総トン Ton	隻数 No	総トン Ton
S40	(1965)	5,074	10,302	3,251	6,453	257	207
S45	(1970)	7,867	23,715	5,282	14,563	472	269
S50	(1975)	8,112	38,026	5,503	19,580	716	1,032
S55	(1980)	8,825	39,015	5,546	20,632	1,551	1,284
S60	(1985)	8,225	38,141	5,215	23,155	1,618	1,376
H2	(1990)	7,668	25,186	4,769	16,037	1,690	1,563
H7	(1995)	6,950	19,030	3,388	9,147	1,672	1,779
H12	(2000)	5,880	14,874	2,779	5,924	1,561	1,618
H17	(2005)	4,848	11,836	2,161	4,633	1,393	1,467
H22	(2010)	4,255	13,864	1,941	6,493	1,174	1,205
H25	(2013)	4,029	17,428	1,817	9,922	1,128	1,204
H26	(2014)	4,015	19,206	1,830	11,874	1,122	1,186
H27	(2015)	4,006	20,166	1,850	12,450	1,105	1,166
H28	(2016)	3,999	21,479	1,863	13,555	1,103	1,191
H29	(2017)	4,014	23,393	1,880	14,194	1,095	1,204
H30	(2018)	4,003	25,094	1,888	15,637	1,083	1,203
H31・R1	(2019)	4,039	27,108	1,910	16,653	1,086	1,190
R2	(2020)	4,069	26,915	1,918	16,727	1,092	1,229
R3	(2021)	4,009	26,758	1,867	16,645	1,087	1,244
R4	(2022)	3,973	26,734	1,863	17,884	1,064	1,249
資 料		国土交通省					

(注)1. 商船船腹には、漁船、官庁船、捕鯨母船、その他特種船を含まない。ただし、内海定期交通船を含む。

2. 商船船腹の昭和48年以降は、日本船主協会「日本商船船腹統計」(各年年央)によっているので、昭和47年以前の数字とは接続しない。

3. 一般貨物船には、3000総トン以上の貨客船、3000総トン未満の貨客船を含む。

4. 外航船の40年以前は、(3000総トン以上)の数字である。

船 腹 量

Steel Vessels

単位：千トン（Unit : 1000 Gross Ton）

| 油 送 船
Oil Tanker | | 外　航　船（2000総トン以上）（再掲）
Oceangoing Vessels | | | | | |
| | | 合　計
Sum Total | | 一般貨物船
Dry Cargo Vessels | | 油 送 船
Oil Tanker | |
隻数 No	総トン Ton	隻数 No	総トン Ton	隻数 No	総トン Ton	隻数 No	総トン Ton
1,566	3,642	876	10,316	738	6,099	138	4,217
2,113	8,883	1,508	21,185	1,319	13,025	189	8,160
1,893	17,414	1,317	33,486	1,059	16,635	258	16,851
1,728	17,099	1,176	34,240	941	17,644	235	16,596
1,392	13,610	1,028	33,470	836	19,368	192	14,102
1,209	7,586	449	20,406	346	12,054	103	8,352
1,890	8,104	218	13,849	145	6,961	73	6,888
1,540	7,332	134	10,098	75	3,787	59	6,311
1,294	5,763	95	7,460	48	2,652	47	4,808
1,140	6,166	123	9,739	74	4,503	49	5,237
1,084	6,302	159	13,702	118	8,558	41	5,114
1,063	6,146	184	15,462	142	10,476	42	4,986
1,051	6,549	197	16,506	152	11,129	45	5,377
1,033	6,733	219	18,282	171	12,441	48	5,841
1,039	7,995	237	20,002	182	13,065	55	6,937
1,032	8,255	261	21,893	205	14,844	56	7,049
1,043	9,265	273	23,526	207	15,546	66	7,980
1,059	8,959	270	23,408	209	15,683	61	7,725
1,055	8,869	273	23,929	209	15,744	64	8,186
1,046	7,601	285	23,848	228	17,063	57	6,785

海事局外航課

施
設

造 船 設 備 の 現 状

Shipbuilding Eqipment

単位:基

区 分	建造設備(船台・建造ドック) Building dock					修繕設備(修繕ドック) Repairing dock				
	500~4999 総トン (Tons)	5000~29999 総トン (Tons)	30000~99999 総トン (Tons)	100000~ 総トン以上 (Tons)	合 計 Sum Total	500~4999 総トン (Tons)	5000~29999 総トン (Tons)	30000~99999 総トン (Tons)	100000~ 総トン以上 (Tons)	合 計 Sum Total
H7(1995)年4月	166	29	19	9	223	105	55	24	12	196
H12(2000)年4月	135	41	19	11	206	102	55	23	13	193
H17(2005)年4月	99	36	27	15	177	93	48	24	14	179
H22(2010)年4月	100	42	32	17	191	84	46	23	15	168
H26(2014)年4月	102	42	35	18	197	78	45	22	16	161
H27(2015)年4月	98	42	35	18	193	75	45	22	16	158
H28(2016)年4月	99	42	35	18	194	74	45	22	16	157
H29(2017)年4月	98	42	33	20	193	73	45	22	15	155
H30(2018)年4月	97	43	33	21	194	74	45	22	16	157
H31(2019)年4月	96	42	33	21	192	73	47	23	16	159
R2(2020)年4月	98	43	33	21	195	73	48	22	17	160
R3(2021)年4月	95	43	29	20	187	73	46	21	16	156
R4(2022)年4月	95	42	28	20	185	74	46	22	18	160
R5(2023)年4月	95	39	28	20	183	76	46	23	18	163

資 料 国土交通省海事局船舶産業課

(注)1. 修繕用引揚船台を除く

2. 造船法に基づく許可ベース。

港 湾 の 種 類 及 び 数

Classification of Ports and Harbors

(令和5(2023)年4月1日現在)

区 分 Category	総数 Total Number	管 理 者 Port Management Bodies					その他 (56条) Others
		都道府県 Prefectures	市町村 Munici-palities	港務局 Port Authonity	一 部 事務組合 Cooperative System	計 Total	
国際戦略港湾 Strategic International Container Port	5	1	4	0	0	5	…
国際拠点港湾 International Major Ports	18	11	4	0	3	18	…
重要港湾 Major Ports	102	82	16	1	3	102	…
地方港湾 Local Ports	868	504	303	0	0	807	61
小 計 Sub Total	993	598	327	1	6	932	61
漁港一種 Fishing Ports (Type Ⅰ)	2,042	276	1,766	…	…	2,042	…
漁港二種 Fishing Ports (Type Ⅱ)	525	331	194	…	…	525	…
漁港三種 Fishing Ports (Type Ⅲ)	101	96	5	…	…	101	…
漁港特定三種 Fishing Ports (Special Type Ⅲ)	13	12	1	…	…	13	…
漁港四種 Fishing Ports (Type Ⅳ)	99	99	0	…	…	99	…
小 計 Sub Total	2,780	814	1,971	…	…	2,780	…
合 計 Total	3,773	1,412	2,298	1	6	3,712	61
資 料	港湾…国土交通省港湾局　　漁港…水産庁漁港漁場整備部計画課						

施 設

営業倉庫の倉庫面積及び倉庫容積
Space and Capacity of Warehouses

年度末 At the End of Fiscal Year	普 通 倉 庫 (Ordinary Warehouses)					冷蔵倉庫 Refrigeration Warehouses	水面倉庫 Pond Warehouses
	1・2・3 類倉庫	野積倉庫 Open Storage	貯蔵槽倉庫 Storehouse	危険品倉庫 Dangerous Goods			
				建 屋	タンク		
	1,000㎡	1,000㎡	1,000㎥	1,000㎡	1,000㎥	1,000㎥	1,000㎡
S35 (1960)	5,725	…	…	…	…	2,191	…
S40 (1965)	8,047	801	557	…	…	3,891	2,183
S45 (1970)	12,512	1,929	2,314	43	81	6,080	4,149
S50 (1975)	17,504	3,540	4,011	116	340	10,108	5,893
S55 (1980)	20,229	3,471	6,291	165	543	14,183	6,518
S60 (1985)	21,737	3,739	7,320	1,216	16,019	15,025	5,785
H2 (1990)	26,511	4,031	9,344	252	29,201	21,226	5,394
H7 (1995)	33,048	4,455	10,131	301	42,250	25,115	4,583
H12 (2000)	37,419	4,184	10,496	362	47,876	28,478	3,616
H17 (2005)	36,197	4,117	9,073	416	9,658	27,518	1,875
H19 (2007)	38,672	4,326	9,274	421	9,115	26,840	1,796
H20 (2008)	37,923	4,131	8,985	394	9,254	26,948	1,836
H21 (2009)	38,388	3,977	8,883	377	9,083	24,404	1,817
H22 (2010)	40,425	4,096	9,616	477	9,765	29,338	829
H23 (2011)	41,690	3,882	10,590	485	10,628	29,226	743
H24 (2012)	41,171	3,609	10,539	466	9,960	30,647	476
H25 (2013)	38,453	3,891	8,322	470	8,545	27,546	476
H26 (2014)	38,792	3,269	8,037	464	9,365	27,244	372
H27 (2015)	46,178	4,338	10,693	517	10,869	31,046	509
H28 (2016)	47,746	3,710	10,521	525	9,152	31,930	491
H29 (2017)	52,283	3,972	10,480	552	9,323	34,906	491
H30 (2018)	54,558	4,048	10,500	577	10,171	32,913	428
R1 (2019)	57,651	4,068	10,470	626	10,072	33,607	326
R2 (2020)	60,734	4,256	10,660	639	10,090	35,006	325
資 料	国土交通白書(資料編)						

(注)1. 1・2・3類倉庫、野積倉庫、危険品倉庫(建屋)、水面倉庫は倉庫面積。貯蔵槽倉庫、危険品倉庫(タンク)、
　　　冷蔵倉庫は倉庫容積である。
　　 2. 昭和35年度の1・2・3類倉庫は、危険品倉庫(建屋)を含む。

登 録 航 空 機 数
Number of Registered Aircraft

種類(Section)	暦年末 At the End of Calendar year	S45 (1970)	S55 (1980)	H2 (1990)	H12 (2000)	H22 (2010)	H30 (2018)	R1 (2019)	R2 (2020)	R3 (2021)	R4 (2022)
単発	レ シ プ ロ Recipro	361	515	614	584	546	502	507	502	496	491
	ターボ・プロップ Turboprop	…	1	21	13	24	50	41	41	36	39
双発	レ シ プ ロ Recipro	93	114	102	63	54	56	60	59	63	67
	ターボ・プロップ Turboprop	106	119	130	110	113	99	94	94	95	95
	ターボ・ジェット Turbojet	10	49	145	290	474	651	670	660	641	619
多発	レ シ プ ロ Recipro	2	1	…	…	…	…	…	…	…	…
	ターボ・ジェット Turbojet	60	134	133	160	36	11	11	10	11	11
	A380	…	…	…	…	…	…	2	2	3	3
	B747	3	47	97	131	34	9	8	8	8	8
	その他	4	…	3	3	2	2	1	…	…	…
回転翼	レ シ プ ロ Recipro	249	241	245	193	181	168	160	161	166	166
	タービン Turbine	46	260	867	764	600	657	673	680	685	689
飛 行 船　Airship		…	1	5	1	1	1	1	1	1	1
滑 空 機　Glider		233	352	471	624	667	645	649	649	649	645
総 計　Sum Total		1,160	1,796	2,733	2,802	2,696	2,840	2,866	2,857	2,843	2,823
資 料	国土交通省航空局										

鉄　道　運　転　事　故
Railway　Accidents

年　度 Fiscal Year		列車衝突 (Collision)		列車脱線 (Derailment)		列車火災 (Fire)		踏切事故 (Crossing)	
		計 Total	うちJR	計 Total	うちJR	計 Total	うちJR	計	うちJR
		件	件	件	件	件	件	件	件
S55	(1980)	6	2	79	46	5	3	1,207	832
H2	(1990)	3	1	32	12	9	6	744	494
H12	(2000)	7	…	23	15	5	4	462	267
H22	(2010)	1	…	13	7	…	…	301	126
H27	(2015)	2	…	7	2	1	1	236	102
H28	(2016)	3	…	16	7	…	…	222	98
H29	(2017)	3	…	10	3	…	…	249	116
H30	(2018)	4	…	9	1	…	…	228	101
R1	(2019)	2	…	13	2	…	…	208	79
R2	(2020)	3	…	6	2	…	…	165	75
R3	(2021)	…	…	11	4	…	…	217	95
R4	(2022)	…	…	6	3	…	…	195	83

年　度 Fiscal Year		道路障害 (Road Obstacle)		人身障害 (Injury or Death)		物　損 (Damage)		運転事故件数 (Total)	
		計	うちJR	計	うちJR	計	うちJR	合計	うちJR
		件	件	件	件	件	件	件	件
S55	(1980)	418	…	548	413	…	…	2,263	1,296
H2	(1990)	134	…	384	286	2	1	1,308	800
H12	(2000)	96	…	332	199	6	4	931	489
H22	(2010)	91	…	463	251	3	3	872	387
H27	(2015)	63	…	416	249	2	2	727	356
H28	(2016)	43	…	429	233	2	2	715	340
H29	(2017)	32	…	368	198	8	5	670	322
H30	(2018)	23	…	367	196	7	3	638	301
R1	(2019)	38	…	351	186	3	3	615	270
R2	(2020)	25	…	283	154	1	1	483	232
R3	(2021)	33	…	276	136	5	3	542	238
R4	(2022)	33	…	341	198	6	3	581	287

年　度 Fiscal Year		死亡者数 (Deceased)	負傷者数 (Injured)
		人	人
S55	(1980)	574	989
H2	(1990)	423	606
H12	(2000)	312	376
H22	(2010)	353	357
H27	(2015)	286	339
H28	(2016)	307	337
H29	(2017)	278	277
H30	(2018)	252	283
R1	(2019)	254	358
R2	(2020)	236	180
R3	(2021)	262	203
R4	(2022)	275	236

資料　国土交通省鉄道局(鉄軌道輸送の安全に関わる情報)

道　路　交　通

Road　Traffic

暦　年 Calendar Year	道路交通事故総計 Number of Road Traffic Accidents			死亡事故の類型別発生割合 Fatal Accidents			
	事故件数 Number of Accidents	死者数 Persons Deceased	負傷者数 Persons Injured	車対人 Car / Pedestrian Collision	車　対 自転車 Car/ Bicycle	車対車 Car/ Collision	車単独 Car Only
	件	人	人	%	%	%	%
S35　(1960)	449,917	12,055	289,156	…	…	…	…
S45　(1970)	718,080	16,765	981,096	37.1	11.6	28.1	18.2
S55　(1980)	476,677	8,760	598,719	31.7	41.1		24.7
H2　(1990)	643,097	11,227	790,295	12.4	82.0		5.6
H12　(2000)	931,950	9,073	1,155,707	28.4	47.0		24.0
H17　(2005)	934,346	6,937	1,157,113	30.5	46.7		22.0
H22　(2010)	725,924	4,948	896,297	35.2	42.7		21.4
H23　(2011)	692,084	4,691	854,613	36.0	42.9		20.2
H24　(2012)	665,157	4,438	825,392	36.5	41.7		20.7
H25　(2013)	629,033	4,388	781,492	34.9	39.8		23.9
H26　(2014)	573,842	4,113	711,374	36.0	39.2		24.0
H27　(2015)	536,899	4,117	666,023	36.6	38.7		23.8
H28　(2016)	499,201	3,904	618,853	34.4	38.1		26.0
H29　(2017)	472,165	3,694	580,850	35.3	37.8		25.5
H30　(2018)	430,601	3,532	525,846	34.4	38.9		24.9
H31・R1　(2019)	381,237	3,215	461,775	35.2	37.0		26.0
R2　(2020)	309,178	2,839	369,476	33.8	35.1		29.6
R3　(2021)	305,196	2,636	362,131	34.4	37.4		26.6
R4　(2022)	300,839	2,610	356,601	35.2	35.3		28.0
R5　(2023)	307,911	2,678	365,027	35.3	35.6		27.5
資料						警察庁交通局	

(注)1. 事故件数は、昭和41年以降の件数には物損事故を含まない。

　　2. 業種別事故件数と車種別事故件数は対象範囲が異なるため、合計は合わない。

事　　故　　（その１）
Accidents（No.1）

その他 Others	自動車が第一当事者となった事故（業種別） Mainly Caused by Car				特殊車 Special Purpose Vehicle
	自家用（Private）		事業用（Commercial）		
	乗用車 Passenger Car	貨物車 Motor Lorry	乗用車 Passenger Car	貨物車 Motor Lorry	
％	件	件	件	件	件
...	52,479	142,606	33,667	46,328	...
5.0	262,583	232,351	47,935	38,053	1,587
2.5	241,318	120,041	20,392	18,141	599
0.0	344,426	154,532	18,931	26,097	596
0.6	597,969	157,885	29,076	37,007	799
0.8	613,829	141,749	31,635	36,794	740
0.7	494,021	102,436	25,617	25,452	483
0.9	471,536	98,083	24,222	24,865	477
1.1	459,161	92,549	21,808	23,539	515
1.4	437,299	86,640	19,963	22,462	523
0.8	400,048	78,566	18,085	21,564	475
0.9	379,064	71,940	16,674	19,825	424
1.5	354,899	66,150	15,082	18,254	406
1.4	333,854	61,984	14,669	17,986	413
1.8	303,012	56,131	13,422	17,396	389
1.8	265,022	50,303	12,278	15,606	326
1.5	212,955	41,173	8,371	13,500	301
1.7	209,128	40,255	7,996	14,031	336
1.5	203,903	38,869	8,878	14,382	360
1.6	209,269	39,233	9,494	14,112	369

（交通事故統計年報）

3. 四捨五入の関係により、末尾の数字が合わない場合がある。

道 路 交 通
Road Traffic

暦 年 Calendar Year	自動車等が第一当事者となった事故（車種別）				
	計 Total		バ　ス Bus		乗用車 Passenger
	事故件数 Number of accidents	死亡件数 Persons deceased	事故件数 Number of accidents	死亡件数 Persons deceased	事故件数 Number of accidents
	件	件	件	件	件
S35　(1960)	356,258	8,609	8,282	405	78,336
S45　(1970)	599,747	12,549	7,845	168	272,196
S55　(1980)	416,771	7,063	3,392	45	258,769
H2　(1990)	601,464	9,524	3,050	48	343,356
H12　(2000)	842,498	7,489	3,226	22	546,896
H17　(2005)	844,678	5,773	3,378	20	515,304
H22　(2010)	662,604	4,200	2,918	23	372,940
H23　(2011)	632,829	3,955	2,590	10	350,871
H24　(2012)	610,042	3,702	2,411	14	335,149
H25　(2013)	578,491	3,665	2,145	17	313,221
H26　(2014)	528,737	3,455	1,908	16	281,505
H27　(2015)	496,837	3,429	1,764	17	262,452
H28　(2016)	463,051	3,261	1,549	11	244,128
H29　(2017)	436,770	3,104	1,480	15	230,674
H30　(2018)	397,484	2,958	1,442	14	209,088
H31・R1　(2019)	350,128	2,679	r 1,279	13	183,283
R2　(2020)	282,335	2,314	906	11	145,955
R3　(2021)	277,903	2,198	866	9	143,476
R4　(2022)	272,494	2,198	908	5	140,634
R5　(2023)	278,640	2,278	965	5	143,729
資　　料					警察庁交通局

(注)1. 事故件数は、昭和41年以降の件数には物損事故を含まない。

　　2. バス＝バスのみ、乗用車＝普通＋自動二輪、トラック（トレーラーは内数）＝大型＋準中型＋中型＋普通、
　　　その他＝マイクロバス＋軽乗用＋軽貨物＋特殊＋ミニカー

事　故　（その２）
Accidents (Continued No.2)

(Mainly Caused by Car)

(普通) Car 死亡件数 Persons deceased	トラック Turck 事故件数 Number of accidents	死亡件数 Persons deceased	その他 Others 事故件数 Number of accidents	死亡件数 Persons deceased
件	件	件	件	件
1,056	191,980	5,484	77,660	1,664
5,499	220,093	5,274	99,613	1,608
4,307	108,151	2,130	46,459	581
4,438	180,629	2,944	74,429	2,094
4,182	117,889	1,503	174,487	1,782
2,943	105,446	1,146	220,550	1,664
1,959	69,796	781	216,950	1,437
1,798	67,394	725	211,974	1,422
1,706	63,452	681	209,030	1,301
1,651	59,663	629	203,462	1,368
1,487	55,303	651	190,021	1,301
1,570	50,875	560	181,746	1,282
1,431	46,797	523	170,577	1,296
1,378	44,507	504	160,109	1,207
1,269	41,545	499	145,409	1,176
1,151	36,579	457	128,987	1,058
987	29,704	421	105,770	895
887	29,443	406	104,118	896
909	28,914	376	102,038	908
989	28,943	408	105,003	876

（交通事故統計年報）

3. 業種別事故件数と車種別事故件数は対象範囲がないため、合計は合わない。

4. 四捨五入の関係により、末尾の数字が合わない場合がある。

海 難 事 故
Maritime Accidents

暦 年 Calendar Year	事 故 隻 数				死亡・行方 不明者数
	救助数 Number of Ships Salvaged	自力入港 Return by Own Power	全損行方不明 Missing	計 Total	Number of Missing and Deceased
	隻	隻	隻	隻	人
S45　(1970)	1,836	375	435	2,646	533
S55　(1980)	1,628	264	494	2,386	444
H2　(1990)	1,453	278	342	2,073	197
H12　(2000)	1,646	279	276	2,201	163
H22　(2010)	1,335	230	184	1,749	99
H24　(2012)	1,372	215	217	1,804	78
H25　(2013)	1,363	234	214	1,811	84
H26　(2014)	1,247	228	215	1,690	100
H27　(2015)	1,644	182	163	1,989	48
H28　(2016)	1,690	302	148	2,140	56
H29　(2017)	1,605	198	220	2,023	82
H30　(2018)	1,704	209	247	2,160	75
H31・R1　(2019)	1,679	261	218	2,158	64
R2　(2020)	1,588	222	176	1,986	97
R3　(2021)	1,107	219	233	1,559	62
R4　(2022)	1,074	275	192	1,541	66
資　料	海上保安庁(海上保安統計年報)				

（注）本表は、救助されたものおよび海難発生時救助を必要としたと認められるもののみ。

航 空 事 故
Aircraft Accidents

暦 年 Calendar Year	事 故 件 数						死者数 Persons Deceased	負傷者数 Persons Injured
	飛行機 Aircraft	回転翼機 Helicopters	滑空機 Glider	飛行船 Airship	無人航空機 Unmanned Aerial Vehicle	計 Total		
	件	件	件			件	人	人
S45 (1970)	18	25	4	...	...	47	22	40
S55 (1980)	16	22	3	0	...	41	11	25
H2 (1990)	23	18	7	0	...	48	44	59
H12 (2000)	11	12	5	0	...	28	9	27
H22 (2010)	6	4	2	0	...	12	17	3
H24 (2012)	13	4	1	0	...	18	1	25
H25 (2013)	6	3	2	0	...	11	2	14
H26 (2014)	11	1	5	0	...	17	2	29
H27 (2015)	15	4	8	0	...	27	10	42
H28 (2016)	8	2	4	0	...	14	8	5
H29 (2017)	13	6	2	0	...	21	22	9
H30 (2018)	10	3	1	0	...	14	11	6
H31・R1 (2019)	7	2	3	0	...	12	1	11
R2 (2020)	10	3	0	0	...	13	2	16
R3 (2021)	5	3	3	0	...	11	3	10
R4 (2022)	16	3	2	0	0	21	9	14
資　料	運輸安全委員会(運輸安全委員会年報)							

(注) 1. 本表は、日本国内で発生した事故である。
　　 2. 事故には、航空機内の病死等を含む。。

業 種 別 月

Average Monthly

暦　年 Calendar Year	全　産　業 All Industries		製　造　業 Manufacturing		運　輸　業		運　輸　業	
					運　輸　業 Transport		国　鉄 JNR	
	従業員数 Number of employees	給与額 Earnings	従業員数 Number of employees	給与額 Earnings	従業員数 Number of employees	給与額 Earnings	従業員数 Number of employees	給与額 Earnings
	千人	円	千人	円	千人	円	千人	円
S45　(1970)	15,599	75,670	8,151	71,447	1,811	83,319	403	95,385
S55　(1980)	18,859	263,386	7,238	244,571	1,813	279,037	...	...
H2　(1990)	39,478	329,443	11,538	321,802	2,637	374,217	...	...
H12　(2000)	43,538	355,474	10,024	371,452	2,901	383,701	...	...
H22　(2010)	44,356	317,321	8,280	362,340	2,647	333,882	...	...
H25　(2013)	46,460	314,048	7,993	372,459	3,217	342,763	...	...
H26　(2014)	47,262	319,175	7,983	383,644	3,267	343,523	...	...
H27　(2015)	47,770	315,856	8,022	376,864	3,299	343,310	...	...
H28　(2016)	48,765	317,862	8,058	379,581	3,325	343,261	...	...
H29　(2017)	50,031	319,453	8,102	385,458	3,381	347,639	...	...
H30　(2018)	49,807	323,547	8,000	392,305	3,109	356,665	...	...
H31・R1　(2019)	50,786	322,552	8,082	390,981	3,139	361,511	...	...
R2　(2020)	51,298	318,405	8,096	377,583	3,180	343,694	...	...
R3　(2021)	51,893	319,461	8,010	384,765	3,171	344,926	...	...
R4　(2022)	51,342	325,817	7,695	391,169	3,041	362,988	...	...
R5　(2023)	52,282	...	7,713	...	3,020	...	...	...
資　料								厚生労働省

(注) 1. 従業員数は、厚生労働省「毎月勤労統計調査」を掲載。運輸業は「運輸業、郵便業」の数字である。

　　 2. 給与額は、厚生労働省「毎月勤労統計調査」第13表及び第16表の事業所規模5人以上から掲載。

平 均 給 与 額
Salary by Industry

Transport

民営鉄道		公営鉄道		道路旅客運送業		道路貨物運送業		海 運 業	
Private Railways		Municipality-operated Railways		Road Passenger Transport		Road Freight Transport		Shipping Business	
従業員数	給与額	従業員数	給与額	従業員数	給与額	従業員数	給与額	従業員数	給与額
Number of employees	Earnings	Number of employees	Earnings	Number of employees	Earnings	Number of employees	Earnings	Number of employees	Earnings
千人	円	千人	円	千人	円	千人	円	千人	円
87	86,637	25	111,661	597	76,423	452	76,497	130	95,839
462	293,555	…	…	554	258,307	461	256,457	102	318,715
324	461,385	…	…	627	352,369	1,151	332,650	66	414,068
248	574,938	…	…	590	306,502	1,515	335,997	44	488,614
208	550,572			528	240,784	1,365	296,424	…	488,328
…	560,659	…	…	…	249,006	…	297,232	…	484,793
…	562,059	…	…	…	255,701	…	294,104	…	503,047
…	558,034	…	…	…	269,132	…	302,938	…	502,523
…	549,475	…	…	…	272,694	…	302,963	…	500,449
…	572,521	…	…	…	280,528	…	306,770	…	471,267
…	586,388	…	…	…	284,713	…	300,803	…	474,011
…	565,738	…	…	…	285,996	…	305,299	…	484,957
…	534,114	…	…	…	270,002	…	306,271	…	462,439
…	508,461	…	…	…	256,564	…	324,783	…	438,193
…	532,116	…	…	…	287,234	…	330,068	…	434,285
…	…	…	…	…	…	…	…	…	461,454

| | | | | | | | | 国土交通省 | |
| (毎月勤労統計調査) | | | | | | | | (船員労働統計調査) | |

3. 四捨五入の関係により末尾の数字が合わない場合がある。

4. 55年度以後の民営鉄道欄の数字は、「鉄道業」としての数字である。

船　員　給

Monthly Salary

暦　年 Calendar Year	職員・部員平均 Average Salary of Officers and Ratings						職	
	現金給与額 Amount of Salary			航海日当 (1ヶ月平均) Daily Navigation Allowance	その他の 手　当 (1ヶ月平均)	年間賞与 その他特 別に支払 われた報 酬	現金給 Amount of	
	計 Total	きまって支 給する給与 Basic Pay	特別に支払 われた報酬 Special Pay				計 Total	きまって支 給する給与 Basic Pay
S35 (1960)	30,950	23,034	7,916	6,338	...	...	41,895	31,368
S45 (1970)	95,839	78,104	17,735	11,208	...	...	117,136	96,686
S55 (1980)	318,715	285,563	33,152	15,475	...	...	365,726	328,297
H2 (1990)	414,068	376,180	37,888	20,475	...	...	452,287	412,591
H7 (1995)	478,369	447,539	30,830	22,590	25,686	...	524,373	487,596
H12 (2000)	488,614	443,668	44,946	24,074	33,227	...	524,238	473,418
H17 (2005)	474,245	428,893	45,352	22,260	34,922	...	503,543	448,827
H22 (2010)	488,328	423,142	65,186	21,091	31,720	...	530,759	425,571
H24 (2012)	484,990	424,081	60,909	20,902	33,595	...	527,173	455,373
H25 (2013)	484,793	433,220	51,573	20,664	38,504	...	522,581	460,792
H26 (2014)	503,047	434,313	68,734	20,248	38,147	...	545,006	461,710
H27 (2015)	502,523	432,226	70,297	20,149	40,195	...	551,406	467,156
H28 (2016)	500,449	440,202	60,247	23,411	33,577	...	539,718	469,690
H29 (2017)	471,267	435,544	35,723	19,750	38,085	...	518,691	474,261
H30 (2018)	474,011	434,042	39,969	21,434	38,507	...	539,379	488,196
R1 (2019)	484,957	432,304	52,653	22,029	38,805	...	553,287	486,862
R2 (2020)	462,439	430,049	32,390	24,443	48,953	...	522,395	485,523
R3 (2021)	438,193	438,193	...	21,372	46,430	677,604	495,257	495,527
R4 (2022)	434,285	434,285	...	21,269	50,137	602,308	495,033	495,033
R5 (2023)	461,454	461,454	...	23,291	47,366	746,325	523,363	523,363
資　料							国土交通省総合政策局	

(注) 1.「決まって支給する給与」とは、労働協約、就業規則等であらかじめ定められている支給条件、算定基準により乗船中支給
される現金給与額。

2.令和2年調査までの「特別に支払われる報酬」とは、賞与等のように支給条件、算定基準が協約、規則等に定められていな
いで現実に支払われた額、または定められていても非常にまれに支払われた現金給与額。

3.「航海日当」とは、乗船中旅費的な名目で支給される手当。

4.「その他の手当」とは、臨時的な労働に対する手当および実費弁償等。

与　月　額
of Seamen

単位：円(Unit：Yen)

職員 Officer				部員 Rating					
与額 Salary／特別に支払われた報酬 Special Pay	航海日当(1ヶ月平均) Daily Navigation Allowance	その他の手当(1ヶ月平均)	年間賞与その他特別に支払われた報酬	現金給与額 Amount of Salary／計 Total	きまって支給する給与 Basic Pay	特別に支払われた報酬 Special Pay	航海日当(1ヶ月平均) Daily Navigation Allowance	その他の手当(1ヶ月平均)	年間賞与その他特別に支払われた報酬
10,527	8,114	...	...	25,230	18,682	6,548	5,559	...	...
20,450	12,387	...	...	82,245	66,293	15,952	10,591	...	...
37,429	16,675	...	...	278,952	249,271	29,681	14,688	...	...
39,696	22,582	...	...	366,400	330,904	35,496	18,058	...	...
36,777	25,370	29,474	...	409,147	387,266	21,881	18,859	21,265	...
50,820	26,042	36,601	...	418,269	384,928	33,341	20,700	28,182	...
54,716	24,035	39,874	...	401,318	379,288	22,030	18,370	24,886	...
78,188	22,436	35,340	...	379,222	347,525	31,697	17,786	24,662	...
71,800	22,643	37,580	...	377,239	344,188	33,051	16,704	25,831	...
61,789	22,397	41,757	...	381,552	357,950	23,602	16,300	31,345	...
83,296	21,508	42,035	...	390,765	361,016	29,749	17,180	29,460	...
84,250	21,505	45,047	...	377,204	342,698	34,506	16,675	29,175	...
70,028	25,215	35,410	...	385,667	354,044	31,623	18,268	29,313	...
44,430	20,900	39,470	...	352,994	338,968	14,026	17,001	25,927	...
51,183	23,084	43,435	...	314,757	302,069	12,688	16,925	27,474	...
66,425	23,861	42,391	...	325,739	305,105	20,634	17,325	29,906	...
36,872	27,023	52,042	...	317,386	295,817	21,569	17,426	42,079	...
...	22,835	50,429	769,777	305,252	305,252	...	16,954	36,061	462,507
...	23,237	54,122	693,576	294,596	294,596	...	16,205	39,749	394,113
...	25,979	54,821	842,339	337,121	337,121	...	17,049	30,092	554,393

情報政策課交通経済統計調査室（船員労働統計）

5. 数値は、平成6年までは、3月、6月、9月、12月分の平均推計値、平成7年からは6月分の数値である。

6. 昭和51年3月分の調査から「汽船（鋼船）に乗り組む船員」についての調査と「帆船（木船）に乗り組む船員」についての調査を「船舶に乗り組む船員」についての調査に統合した。このため、改正前の「汽船」・「帆船」に乗り組む船員についての報酬等に関し、加重平均を行い統計の継続性に配慮した。

7. 令和3年調査より、6月1か月分の「特別に支払われた報酬」から、昨年1年間の「年間賞与その他特別に支払われた報酬」に集計項目を変更している。

船員有効求人倍率及び失業保険支給実績 （月平均）

Active Ratio of Seaman's Job Openings to Applicants and Amount of Unemployment Insurance Paid (Monthly)

単位：人，千円(Unit : Persons, 1,000 Yen)

暦年 Calendar Year	有効求人数 Active Vacancies 人	有効求職数 Active Applicants 人	有効求人倍率 Active Vacancies/ Active Applicants 倍	失業保険金 受給者数 Number of Receivers 人	失業保険金 支給額 Amount of Payment 千円	うち商船等 for Merchant Ships 千円	うち漁船 for Fishing Boats 千円
S55 (1980)	2,325	9,686	0.24	5,609	644,316	404,659	259,657
H2 (1990)	2,786	3,964	0.70	2,300	352,848	207,428	145,420
H12 (2000)	744	4,256	0.17	1,839	361,802	216,464	100,334
H22 (2010)	864	2,084	0.41	426	67,457	54,582	12,876
H27 (2015)	2,264	1,144	1.98	172	26,504	18,042	8,463
H29 (2017)	2,277	977	2.33	135	21,910	16,594	5,316
H30 (2018)	2,320	970	2.39	147	24,017	20,403	3,614
H31-R1 (2019)	2,466	972	2.54	138	22,378	19,387	2,991
R2 (2020)	2,457	997	2.47	150	26,758	21,456	5,302
R3 (2021)	2,606	908	2.87	160	26,975	23,123	3,852
R4 (2022)	2,881	836	3.45	135	22,671	19,714	2,957
R5 (2023)	3,142	795	3.95	123	20,650	18,409	2,241

資　料　国土交通省海事局 (船員職業安定年報)

(注) 60年1月より有効求人数および有効求職数が取扱件数から実数に変更された。

船 員 数
Number of Seamen

(各年10月1日現在)　　　　　　　　　　　　　　　　　　　　　　　単位：人(Persons)

		合 計 Total	外航船員 Oceangoing Ship	内航船員 Domestic Ship	漁業船員 Fishing Boat	その他 Others
S49	(1974)	277,644	56,833	71,269	128,831	20,711
S54	(1979)	238,133	40,908	62,280	116,931	18,014
S59	(1984)	213,252	33,044	60,837	100,939	18,432
H1	(1989)	160,283	11,167	55,899	76,295	16,922
H6	(1994)	131,417	8,781	52,906	51,073	18,657
H11	(1999)	102,452	5,573	38,716	37,192	20,971
H16	(2004)	82,892	3,008	30,708	29,099	20,077
H21	(2009)	71,261	2,187	29,228	24,320	15,526
H24	(2012)	66,001	2,208	27,219	21,060	15,514
H25	(2013)	65,084	2,263	26,854	20,359	15,608
H26	(2014)	63,950	2,271	27,073	19,849	14,757
H27	(2015)	64,284	2,237	27,490	19,075	15,482
H28	(2016)	64,351	2,188	27,639	19,055	15,469
H29	(2017)	64,073	2,221	27,844	18,530	15,478
H30	(2018)	63,853	2,093	28,142	17,940	15,678
R1	(2019)	63,796	2,174	28,435	17,469	15,718
R2	(2020)	64,034	2,200	28,595	16,866	16,373
R3	(2021)	63,375	2,165	28,625	15,999	16,586
R4	(2022)	62,114	2,062	28,097	15,432	16,523
資　料		海事局資料				

(注)1. 船員数は乗組員数と予備船員数を合計したものであり、我が国の船舶所有者に雇用されている船員である。

　　2. その他は引船、はしけ、官公署船等に乗り組む船員数である。

　　3. 船員数は外国人船員を除いた数字である。

海技従事者免許数
Number of Marine Technical Officers' Certificates

年度末現在(End of Fiscal Year)　　　　　　　　　　　　　　　単位：人(Unit：Persons)

資格区分	R1(2019)	R2(2020)	R3(2021)	R4(2022)
一級海技士（航海）	13,027	13,127	13,209	13,288
二級海技士（航海）	7,902	7,968	8,047	8,155
三級海技士（航海）	33,333	33,741	34,116	34,464
四級海技士（航海）	38,450	39,040	39,689	40,367
五級海技士（航海）	70,653	70,732	70,818	70,907
六級海技士（航海）	36,016	36,218	36,426	36,644
計	199,381	200,826	202,305	203,825
一級海技士（機関）	9,697	9,752	9,817	9,878
二級海技士（機関）	6,842	6,884	6,943	7,005
三級海技士（機関）	26,288	26,527	26,788	27,036
四級海技士（機関）	31,313	31,832	32,342	32,870
五級海技士（機関）	64,582	64,683	64,772	64,847
六級海技士（機関）	40,676	40,841	40,974	41,143
計	179,398	180,519	181,636	182,779
一級海技士（通信）	7,629	7,634	7,639	7,644
二級海技士（通信）	4,094	4,096	4,096	4,096
三級海技士（通信）	6,044	6,043	6,044	6,043
計	17,767	17,773	17,779	17,783
一級海技士（電子通信）	196	226	254	274
二級海技士（電子通信）	1,249	1,263	1,279	1,285
三級海技士（電子通信）	8,032	8,221	8,505	8,935
四級海技士（電子通信）	1,378	1,417	1,444	1,463
計	10,855	11,127	11,482	11,957
一級小型船舶操縦士＋特殊小型船舶操縦士	874,221	881,483	889,360	895,820
二級小型船舶操縦士＋特殊小型船舶操縦士	2,044,982	2,047,351	2,049,703	2,051,382
一級小型船舶操縦士のみ	146,042	158,540	170,955	181,692
二級小型船舶操縦士のみ	369,163	391,029	413,727	431,913
特殊小型船舶操縦士のみ	195,405	208,074	221,400	231,465
計	3,629,813	3,686,419	3,745,145	3,792,272
合　計	4,037,214	4,096,664	4,158,347	4,208,616
資　料	国土交通省海事局			

（注）　平成15年6月1日より小型船舶操縦士の資格体系が変更し、一級、二級、特殊の資格となった。
　　　なお、平成15年5月31日以前の一・二級は、一級＋特殊、三・四・五級は、二級＋特殊と見なされる。

外航海運における船員の推移

Changes in Number of Seaman in Oceangoing Shipping

(各年10月1日現在)　　　　　　　　　　　　　　　　　　単位：人(Unit：Persons)

		職 員 （Officer)			部 員 （Rating)			合 計 （Total)		
		乗組員	予備員	予備員率	乗組員	予備員	予備員率	乗組員	予備員	予備員率
		人	人	％	人	人	％	人	人	％
S45	(1970)	11,635	4,208	36.2	24,004	7,392	30.8	35,639	11,600	32.5
S55	(1980)	7,256	5,203	71.7	11,705	9,868	84.3	18,961	15,071	79.5
H2	(1990)	1,865	2,573	138.0	1,632	1,827	111.9	3,497	4,400	125.8
H12	(2000)	555	1,488	268.1	416	303	72.8	971	1,791	184.4
H17	(2005)	381	1,093	286.9	80	97	121.3	461	1,190	258.1
H20	(2008)	456	822	180.3	154	61	39.6	610	883	144.8
H21	(2009)	423	778	183.9	107	56	52.3	530	834	157.4
H22	(2010)	401	712	177.6	82	46	56.1	483	758	156.9
H23	(2011)	394	906	229.9	77	50	64.9	471	956	203.0
H24	(2012)	361	872	242.0	74	45	60.8	435	917	211.0
H26	(2014)	393	823	209.4	64	44	68.8	457	867	189.7
H27	(2015)	351	858	244.4	68	30	44.1	419	888	211.9
H28	(2016)	356	854	239.9	62	34	54.8	418	888	212.4
H29	(2017)	378	829	219.3	73	30	41.1	451	859	190.5
H30	(2018)	368	803	218.2	66	34	51.5	434	837	192.9
R1	(2019)	409	785	191.9	67	29	43.3	476	814	171.0
R2	(2020)	358	760	212.3	10	34	340.0	368	794	215.8
R3	(2021)	379	857	226.1	39	57	146.2	418	914	218.7

※令和3年度調査をもって船員需給総合調査は廃止された

資 料	国土交通省海事局（船員需給総合調査結果報告書）

(注) 1. 外航労務部会（外航盟外を含む。）に加盟している事業者に雇用されている船員数である。

　　 2. 予備員率 ＝ 予備員数÷乗組員数×100

業種別平均年齢・平均勤続年数及び月間労働時間数（その１）

Average Ages of Employees, Years of Service and Monthly Working Hours by Industry

（令和4(2022)年） 区分　Classification		平均年齢 Average ages	平均勤続 Average Years of Service	労働時間数 Hours worked		
				計 Total	所定内 Scheduled	所定外 Non-Scheduled
		歳	年	時間	時間	時間 ／ ％
全　産　業	All Industries	43.7	12.3	177	165	12 ／ 6.8
製　造　業	Manufacturing	43.5	14.8	180	166	14 ／ 7.8
運　輸　業	Transport	47.5	12.7	195	169	26 ／ 13.3
鉄　道　業	Railways	41.0	18.6	167	153	14 ／ 8.4
道路旅客運送業	Road passenger transport	55.0	12.1	187	166	21 ／ 11.2
道路貨物運送業	Road freight transport	47.7	12.1	206	173	33 ／ 16.0
水運業	Water Transport	43.0	13.8	174	164	10 ／ 5.7
航空運輸業	Air Transport	40.6	13.8	158	153	5 ／ 3.2
倉庫業	Warehousing	43.0	11.9	185	167	18 ／ 9.7
資　料		厚生労働省（賃金構造基本統計調査報告）				

（令和3(2021)年） 区分　Classification		平均年齢 Average ages	平均勤続 Average Years of Service	労働時間数 Hours worked		
				計 Total	所定内 Scheduled	所定外 Non-Scheduled
		歳	年	時間	時間	時間 ／ ％
全　産　業	All Industries	43.4	12.3	176	165	11 ／ 6.3
製　造　業	Manufacturing	43.1	14.6	181	166	15 ／ 8.3
運　輸　業	Transport	46.9	12.6	191	168	23 ／ 12.0
鉄　道　業	Railways	40.1	17.5	163	151	12 ／ 7.4
道路旅客運送業	Road passenger transport	55.7	11.9	180	163	17 ／ 9.4
道路貨物運送業	Road freight transport	47.5	12.2	202	174	28 ／ 13.9
水運業	Water Transport	42.2	12.6	174	162	12 ／ 6.9
航空運輸業	Air Transport	37.2	10.0	157	152	5 ／ 3.2
倉庫業	Warehousing	42.9	11.5	182	165	17 ／ 9.3
資　料		厚生労働省（賃金構造基本統計調査報告）				

(注) 1. 日本標準産業分類の改訂に伴い、運輸業に通信業は含まれていない。

　　 2. 所定外率 ＝ 所定外 ÷ 計 × 100

業種別平均年齢・平均勤続年数及び月間労働時間数（その２）

Average Ages of Employees, Years of Service and Monthly Working Hours by Industry

（令和2(2020)年） 区分 Classification	平均年齢 Average ages	平均勤続 Average Years of Service	労働時間数 Hours worked		
			計 Total	所定内 Scheduled	所定外 Non-Scheduled
	歳	年	時間	時間	時間 ／ ％
全　産　業　All Industries	43.2	11.9	175	165	10 ／ 5.7
製　造　業　Manufacturing	43.0	14.5	174	164	10 ／ 5.7
運　輸　業　Transport	46.2	12.1	192	169	23 ／ 12.0
鉄　道　業　Railways	39.9	17.9	165	152	13 ／ 7.9
道路旅客運送業　Road passenger transport	54.1	11.9	183	162	21 ／ 11.5
道路貨物運送業　Road freight transport	46.7	11.1	202	174	28 ／ 13.9
水運業　Water Transport	43.2	13.1	192	177	15 ／ 7.8
航空運輸業　Air Transport	38.5	12.1	159	155	4 ／ 2.5
倉庫業　Warehousing	43.0	11.1	183	165	18 ／ 9.8
資　料			厚生労働省（賃金構造基本統計調査報告）		

（令和元(2019)年） 区分 Classification	平均年齢 Average ages	平均勤続 Average Years of Service	労働時間数 Hours worked		
			計 Total	所定内 Scheduled	所定外 Non-Scheduled
	歳	年	時間	時間	時間 ／ ％
全　産　業　All Industries	43.1	12.4	173	160	13 ／ 7.5
製　造　業　Manufacturing	42.7	14.7	179	162	17 ／ 9.5
運　輸　業　Transport	46.4	12.0	193	166	27 ／ 14.0
鉄　道　業　Railways	39.9	17.5	166	150	16 ／ 9.6
道路旅客運送業　Road passenger transport	54.8	11.2	195	168	27 ／ 13.8
道路貨物運送業　Road freight transport	46.9	11.4	205	173	32 ／ 15.6
水運業　Water Transport	42.4	10.8	178	157	21 ／ 11.8
航空運輸業　Air Transport	38.1	10.1	154	149	5 ／ 3.2
倉庫業　Warehousing	43.1	10.3	187	163	24 ／ 12.8
資　料			厚生労働省（賃金構造基本統計調査報告）		

（注）1. 日本標準産業分類の改訂に伴い、運輸業に通信業は含まれていない。

2. 所定外率 ＝ 所定外 ÷ 計 × 100

航空従事者就労実態調査等
Existing Conditions of Civil Airmen on Actual Service

(令和5(2023)年1月1日現在)　　　　　　　　　　　　　　　　　　単位：人(Unit：Persons)

区　分 Category 資　格 Qualification		特定本邦航空運送事業 Scheduled Air Transport Business	特定本邦航空運送事業以外 Non Scheduled Air Transport Business Aerial Work Business	航空機製造及び整備事業関係 Aircraft Manucturing and Maintenace Business	官公庁関係 Government and Public Agencies	報道関係 Press and News Reporting	その他 Others	計 Total
総 計 (Sum Total)		11,617	6,188	5,939	2,575	169	555	27,043
定期運送用操縦士 Airline Transport Pilot	飛	4,598	500	1	63	0	66	5,228
	回	0	9	0	2	0	0	11
旧上級事業用操縦士 Senior Commercial Pilot		0	0	0	1	0	0	1
事業用操縦士 Commercial Pilot	飛	2,426	726	21	248	22	11	3,454
	回	2	755	28	529	25	1	1,340
	滑	0	6	1	1	0	4	12
准定期運送用操縦 Multi-crew Pilot	飛	386	0	0	0	0	0	0
計 (Total)		7,412	1,996	51	844	47	82	10,432
航空機関士 Flight Engineer		75	11	0	0	0	21	107
航空通信士 Flight Radio Operator		630	70	17	97	2	2	818
一等航空整備士 Aircraft Engineer Class1	飛	1,471	409	3,509	180	14	74	5,657
	回	1	455	52	379	10	10	907
二等航空整備士 Aircraft Engineer Class2	飛	410	485	436	72	10	75	1,488
	回	99	606	93	297	19	24	1,138
	滑	0	3	0	1	0	1	5
旧二等航空整備士 Aircraft Engineer Class2	飛	5	181	11	102	11	37	347
	回	1	419	32	232	15	16	715
	滑	0	0	0	0	0	0	0
旧三等航空整備士 Aircraft Engineer Class3	飛	152	407	68	93	19	80	819
	回	96	529	52	185	20	44	926
	滑	1	8	0	0	0	4	13
一等航空運航整備士 Aircraft Line Maintenance Mechanic Class1	飛	398	162	1,061	21	1	12	1,655
	回	93	21	1	36	0	1	152
二等航空運航整備士 Aircraft Line Maintenance Mechanic Class2	飛	180	157	310	14	0	34	695
	回	93	75	11	8	1	4	192
	滑	0	0	0	0	0	0	0
計 (Total)		3,000	3,917	5,636	1,620	120	416	14,709
航空工場整備士 Aircraft Factory Engineer		272	93	235	10	0	33	643
運航管理者 Aircraft Dispatcher		228	101	0	4	0	1	334
計器飛行証明 Instrument	飛	2,425	576	16	179	21	7	3,224
	回	0	225	16	272	22	0	535
操縦教育証明 Flight Instructor	飛	129	137	5	92	0	14	377
	回	0	70	7	44	0	0	121
	滑	0	3	0	0	0	2	5
資　料				国土交通省航空局監修(数字でみる航空)				

(注) 1.「飛」は飛行機、「回」は回転翼航空機、「滑」は滑空機を表す。
　　 2. 計器飛行証明および操縦教育証明は、操縦士が保有している各証明の数で内数。
　　 3. 外国人を除く。

運輸事業の資本金階級別会社数

Number of Transport Industries by Classified Amount of Capital

（平成26年7月1日現在）

資本金階級分類 Capital	全産業 All Industries	全運輸業 Transport Industries	鉄道業 Railways	道路旅客 運送業 Road passenger transport	道路貨物 運送業 Road freight transport	水運業 Shipping	航空 運輸業 Aviation	倉庫業 Warehouses	運輸に付 帯するサ ービス業 Other Services
計　　Total	1,750,071	55,187	332	8,228	36,221	2,182	123	2,753	5,348
	(100.00)	(3.15)	(0.02)	(0.47)	(2.07)	(0.12)	(0.01)	(0.16)	(0.31)
	(100.00)	(100.00)	(100.00)	(100.00)	(100.00)	(100.00)	(100.00)	(100.00)	(100.00)
300万円未満	109,009	1,489	4	294	860	59	2	67	203
Under 3mil.yen	(6.23)	(2.70)	(1.20)	(3.57)	(2.37)	(2.70)	(1.63)	(2.43)	(3.80)
300〜500万円未満	605,406	10,813	9	1,790	7,002	381	4	413	1,214
3mil.〜Under 5mil.yen	(34.59)	(19.59)	(2.71)	(21.75)	(19.33)	(17.46)	(3.25)	(15.00)	(22.70)
500〜1,000万円未満	224,896	8,713	10	1,151	6,617	288	3	145	499
5mil.〜Under 10mil.yen	(12.85)	(15.79)	(3.01)	(13.99)	(18.27)	(13.20)	(3.00)	(5.27)	(9.33)
1,000〜3,000万円未満	578,309	24,567	60	3,527	16,811	956	17	1,099	2,097
10mil.〜Under 30mil.yen	(33.04)	(44.52)	(18.07)	(42.87)	(46.41)	(43.81)	(13.82)	(39.92)	(39.21)
3,000〜5,000万円未満	71,154	3,597	25	642	2,066	169	15	269	411
30mil.〜Under 50mil.yen	(4.07)	(6.52)	(7.53)	(7.80)	(5.70)	(7.75)	(12.20)	(9.77)	(7.69)
5,000万円〜1億円未満	48,014	2,483	44	448	1,188	122	22	282	377
30mil.〜Under 100mil.yen	(2.74)	(4.50)	(13.25)	(5.44)	(3.28)	(5.59)	(17.89)	(10.24)	(7.05)
1〜3億円未満	16,125	874	60	126	269	76	19	140	184
100mil.〜Under 300mil.yen	(0.92)	(1.58)	(18.07)	(1.53)	(0.74)	(3.48)	(15.45)	(5.09)	(3.44)
3〜10億円未満	7,893	375	37	28	82	46	9	82	91
300mil.〜Under 1bil.yen	(0.45)	(0.68)	(11.14)	(0.34)	(0.23)	(2.11)	(7.32)	(2.98)	(1.70)
10〜50億円未満	3,685	200	31	21	35	26	10	32	45
1bil.〜5bil.yen	(0.21)	(0.36)	(9.34)	(0.26)	(0.10)	(1.19)	(8.13)	(1.16)	(0.84)
50億円以上	2,234	107	41	1	15	5	8	14	23
5bil. and over	(0.13)	(0.19)	(12.35)	(0.01)	(0.04)	(0.23)	(6.50)	(0.51)	(0.43)
資　料	総務省統計局（平成26年経済センサス－基礎調査結果）								

（注）1.　（　）内は百分率を示す。

　　　2.　計欄の数値には資本金の不詳を含む。

　　　3.　平成18年まで実施された「事業所・企業統計調査」は、平成21年より「経済センサス」に統合された。

ＪＲ各社損益
Change In Financial Profile of JR

(年度(Fiscal Year))

	JR北海道 (Hokkaido)				H30(FY 2018)
	H30(FY 2018)	R1(FY 2019)	R2(FY 2020)	R3(FY 2021)	
営 業 収 益	88,512	87,563	51,038	55,277	2,093,189
鉄 道 業	81,875	80,902	44,474	49,001	2,008,428
自 動 車 業	…	…	…	…	148
そ の 他 の 兼 業	6,637	6,661	6,564	6,276	84,613
営 業 費	140,548	139,751	132,472	131,587	1,701,312
鉄 道 業	137,803	136,937	129,156	128,511	1,655,996
自 動 車 業	…	…	…	…	2,233
そ の 他 の 兼 業	2,745	2,814	3,316	3,076	43,083
営 業 損 益	△ 52,036	△ 52,188	△ 81,435	△ 76,309	391,877
営 業 外 収 益	32,832	32,561	38,406	67,356	30,498
営 業 外 費 用	652	842	835	1,645	67,523
経 常 損 益	△ 19,857	△ 20,469	△ 43,864	△ 10,599	354,853
特 別 利 益	1,297	19,308	20,089	21,753	76,132
固 定 資 産 売 却 益	429	631	55	1,124	5,288
そ の 他	868	18,677	20,034	20,629	70,844
特 別 損 失	3,744	690	14,012	11,841	77,502
固 定 資 産 売 却 損	1	47	…	6	178
そ の 他	3,743	643	14,012	11,835	77,324
税 引 前 損 益	△ 22,303	△ 1,851	△ 37,787	△ 688	353,482
法 人 税 等	△ 933	△ 1,085	△ 580	289	79,787
当 期 損 益	△ 21,370	△ 765	△ 37,207	△ 977	251,166
前 期 繰 越 損 益	…	…	…	…	…
任 意 積 立 金 取 崩 額	…	…	…	…	…
当 期 末 処 分 損 益	…	…	…	…	…
利益金処分(任意積立金等)	…	…	…	…	…
次 期 繰 越 損 益	…	…	…	…	…
資 料					国土交通省鉄道局

状 況 の 推 移 （その1）
Group Companies（7 Companies）（No.1）

単位：百万円（Unit : Million Yen）

	JR東日本 (East)			JR東海 (Central)			
	R1(FY 2019)	R2(FY 2020)	R3(FY 2021)	H30(FY 2018)	R1(FY 2019)	R2(FY 2020)	R3(FY 2021)
	2,041,252	1,165,016	1,404,439	1,464,886	1,436,997	541,799	726,074
	1,949,575	1,071,520	1,235,171	1,452,005	1,422,209	527,448	711,396
	148	107	109	…	…	…	…
	91,529	93,389	169,159	12,881	14,788	14,351	14,678
	1,747,174	1,643,553	1,554,023	797,141	813,947	717,703	727,337
	1,695,480	1,586,185	1,488,955	788,754	805,475	709,444	719,072
	2,397	2,754	3,052	…	…	…	…
	49,297	54,614	62,016	8,387	8,472	8,259	8,265
	294,077	△ 478,536	△ 149,584	667,746	623,050	△ 175,904	△ 1,262
	31,636	28,478	41,198	10,440	10,580	11,540	13,810
	65,577	67,658	69,333	88,080	93,627	92,327	86,597
	260,136	△ 517,715	△ 177,718	590,105	520,003	△ 256,692	△ 74,049
	60,827	45,331	57,220	4,082	2,596	5,702	7,484
	4,816	15,385	2,208	1,102	460	867	1,809
	56,011	29,946	55,012	2,980	2,136	4,835	5,674
	103,532	161,704	73,222	3,989	2,656	26,896	22,933
	1,188	52	33	276	265	1,108	77
	102,344	161,652	73,189	3,713	2,391	25,788	22,856
	217,432	△ 634,118	△ 193,721	590,197	539,943	△ 277,885	△ 89,498
	53,624	△ 1,262	380	179,710	164,165	195	167
	159,054	△ 506,632	△ 99,160	414,045	378,843	△ 202,313	△ 68,177
	…	…	…	…	…	…	…
	…	…	…	…	…	…	…
	…	…	…	…	…	…	…
	…	…	…	…	…	…	…
	…	…	…	…	…	…	…

（鉄道統計年報）

（年度（Fiscal Year））

	JR西日本 (West)				JR四国 (Shikoku)			
	H30(FY 2018)	R1(FY 2019)	R2(FY 2020)	R3(FY 2021)	H30(FY 2018)	R1(FY 2019)	R2(FY 2020)	R3(FY 2021)
営 業 収 益	980,907	8,961,905	507,910	577,627	29,108	28,035	16,581	18,324
鉄 道 業	951,546	8,931,842	480,741	551,340	26,191	26,060	14,605	16,262
自 動 車 業	...	...	...	...	...	...	...	...
そ の 他 の 兼 業	29,361	30,063	27,169	26,287	2,917	1,975	1,976	2,062
営 業 費	830,180	842,166	741,737	704,645	41,972	41,181	39,230	38,560
鉄 道 業	816,149	826,430	728,374	691,836	39,680	39,691	37,698	36,658
自 動 車 業	...	...	...	...	...	...	...	...
そ の 他 の 兼 業	14,031	15,736	13,363	12,809	2,292	1,490	1,532	1,902
営 業 損 益	150,727	119,739	△ 233,829	△ 127,018	△ 12,864	△ 13,146	△ 22,649	△ 20,235
営 業 外 収 益	7,531	7,549	8,421	13,362	11,833	11,817	15,075	18,782
営 業 外 費 用	21,768	20,334	25,373	24,635	612	723	756	1,908
経 常 損 益	136,489	106,954	△ 250,780	△ 138,290	△ 1,643	△ 2,051	△ 8,329	△ 3,361
特 別 利 益	27,601	20,978	25,095	54,163	5,537	14,223	6,235	2,131
固 定 資 産 売 却 益	840	1,861	9,199	32,835	208	30	3,256	90
そ の 他	26,761	19,117	15,896	21,328	5,329	14,193	2,979	2,041
特 別 損 失	48,257	22,128	49,077	43,120	4,575	19,117	5,171	3,722
固 定 資 産 売 却 損	546	132	60	145	...	...	11	...
そ の 他	47,711	21,996	49,017	42,975	4,575	19,117	5,160	3,722
税 引 前 損 益	115,833	105,801	△ 274,762	△ 127,247	△ 681	105,804	△ 7,265	△ 4,952
法 人 税 等	32,855	25,196	△ 307	172	△ 367	25,196	△ 53	△ 158
当 期 損 益	80,613	73,596	△ 217,325	△ 121,605	△ 205	73,596	△ 6,589	△ 4,736
前 期 繰 越 損 益	...	...	...	...	...	...	...	...
任 意 積 立 金 取 崩 額	...	...	...	...	...	...	...	...
当 期 末 処 分 損 益	...	...	...	...	...	...	...	...
利益金処分(任意積立金等)	...	...	...	...	...	...	...	...
次 期 繰 越 損 益	...	...	...	...	...	...	...	...
資 料	国土交通省鉄道局							

状 況 の 推 移 （その2）

Group Companies（7 Companies）（No.2）

単位：百万円（Unit : Million Yen）

	JR九州 (Kyushu)				JR貨物 (Freight)		
H30(FY 2018)	R1(FY 2019)	R2(FY 2020)	R3(FY 2021)	H30(FY 2018)	R1(FY 2019)	R2(FY 2020)	R3(FY 2021)
221,918	214,892	144,728	179,990	155,832	161,003	150,219	151,335
172,210	165,204	89,773	102,958	135,506	142,917	133,621	134,701
…	…	…	…	…	…	…	…
49,708	49,688	54,955	77,032	20,326	18,086	16,598	16,634
176,190	180,494	165,320	181,316	151,399	148,806	149,150	151,737
145,443	145,115	126,384	125,005	141,753	141,753	142,684	145,425
…	…	…	…	…	…	…	…
30,747	35,379	38,936	56,311	9,646	7,053	6,466	6,312
45,728	35,398	△ 20,592	△ 1,326	4,432	8,505	1,069	△ 401
9,618	7,344	12,128	7,575	506	367	485	679
1,564	1,157	2,390	3,996	1,930	16,081	1,492	1,518
53,782	40,585	△ 10,854	2,254	3,009	7,191	61	△ 1,240
18,366	34,600	29,637	9,214	5,385	1,128	4,862	9,094
776	2,427	142	199	98	6	11	899
17,590	32,173	29,495	9,015	5,287	1,122	4,851	8,195
19,354	40,900	35,350	11,309	9,571	2,995	4,753	11,420
20	8	0	22	394	…	…	…
19,334	40,892	35,350	11,287	9,177	2,995	4,753	11,420
52,794	34,284	△ 1,657	181	△ 1,177	5,324	170	△ 3,566
3,051	931	97	△ 2,050	161	1,679	178	169
44,254	28,698	△ 11,145	8,950	△ 982	3,921	6,318	△ 2,652
…	…	…	…	…	…	…	…
…	…	…	…	…	…	…	…
…	…	…	…	…	…	…	…
…	…	…	…	…	…	…	…
…	…	…	…	…	…	…	…

（鉄道統計年報）

外 航 船 舶

Freight Revenue of

本邦船舶による収入（Japanese Vessels）

年度／暦年 Fiscal Year／ Calender Year	合計 （Grand Total）				輸出 （Exports）			
	計 Total	貨物収入 Freight Revenue of Cargo Carried		旅客収入 Freight Revenue of Passenger Carried	計 Total	貨物収入 Freight Revenue of Cargo Carried		出国旅客 収入 Freight Revenue of Travelers departing
		一般貨物船 Dry Cargo Vessels	油送船 Oil Tanker			一般貨物船 Dry Cargo Vessels	油送船 Oil Tanker	
S45 (1970)	650,092	504,435	144,828	829	179,050	178,197	510	343
S55 (1980)	1,214,550	960,065	252,526	1,959	415,658	408,856	5,783	1,019
H2 (1990)	589,550	408,259	173,380	7,911	113,865	107,400	2,345	4,120
H12 (2000)	200,309	112,441	77,842	10,026	35,995	29,744	671	5,580
H17 (2005)	123,925	57,914	57,615	8,395	26,449	20,086	2,141	4,222
H22 (2010)	116,262	82,780	29,070	4,412	30,213	25,524	2,592	2,097
H23 (2011)	164,446	88,444	72,036	3,966	23,027	18,647	2,394	1,986
H24 (2012)	192,410	113,765	75,148	3,496	38,140	35,311	1,085	1,744
H25 (2013)	228,334	149,302	76,149	2,883	38,451	35,123	1,909	1,419
H26 (2014)	254,738	187,603	64,289	2,846	42,145	39,325	1,428	1,392
H27 (2015)	279,390	208,455	67,801	3,134	46,168	43,540	1,053	1,559
H28 (2016)	255,949	189,866	63,393	2,691	43,852	41,787	751	1,314
H29 (2017)	324,125	223,196	98,200	2,792	43,902	42,031	523	1,348
H30 (2018)	383,854	269,000	112,043	2,811	62,868	60,963	482	1,423
H31・R1 (2019)	369,179	274,937	92,213	2,029	69,458	67,905	544	1,009
R2 (2020)	341,973	251,144	90,547	282	50,646	50,155	357	134
R3 (2021)	445,516	347,307	98,209	0	61,451	60,921	530	0
R4 (2022)	619,839	518,655	101,184	0	114,298	113,857	441	0
資 料								国土交通省

（注）平成13(2001)年から暦年ベース。平成25(2013)年以降の旅客収入はいずれも不定期航路事業を含まない。

運 賃 収 入 （その１）
Oceangoing Vessels （No.1）

単位：百万円(Unit : Million yen)

	輸入 (Imports)				三国間 （Cross Trade）			
計 Total	貨物収入 Freight Revenue of Cargo Carried		入国旅客 収入 Freight Revenue of Travelers entering	計 Total	貨物収入 Freight Revenue of Cargo Carried		旅客収入 Freight Revenue of Passenger Carried
	一般貨物船 Dry Cargo Vessels	油送船 Oil Tanker			一般貨物船 Dry Cargo Vessels	油送船 Oil Tanker	
398,802	283,751	114,663	388	72,240	42,487	29,655	98
670,695	454,209	215,546	940	128,197	97,000	31,197	0
390,564	225,140	161,633	3,791	85,121	75,719	9,402	0
132,502	55,413	72,643	4,446	31,812	27,284	4,528	0
79,666	24,102	51,392	4,172	1,786	13,725	4,081	0
54,353	27,998	24,040	2,315	31,696	29,258	2,438	0
103,062	36,459	64,693	1,910	38,357	33,338	4,949	70
114,327	42,476	70,098	1,752	39,943	35,978	3,965	0
126,401	53,097	71,841	1,464	63,482	61,082	2,400	0
140,620	78,536	60,630	1,454	71,973	69,742	2,231	0
157,302	92,628	63,009	1,575	76,027	72,288	3,739	0
141,178	80,697	59,104	1,377	70,919	67,381	3,538	0
185,391	89,146	94,864	1,381	94,832	92,019	2,813	0
214,845	103,609	109,848	1,388	106,141	104,428	1,713	0
183,769	93,588	89,161	1,020	115,952	113,444	2,508	0
158,765	77,202	81,414	148	132,562	123,787	8,775	0
168,672	73,510	95,162	0	215,393	212,876	2,517	0
211,437	117,494	93,943	0	294,104	287,304	6,800	0

海事局外航課

外航船舶運賃収入　（その２）

Freight Revenue of Oceangoing Vessels　（No.2）

外国用船による収入（by　the　use　of　foreign　Vessels）

単位：百万円（Unit：Million yen）

年度／暦年 Fiscal Year／ Calender Year		合　計 Grand　Total		輸　出 Exports		輸　入 Imports		三国間 Cross　Trade	
		貨物船 計 Cargo Vessel	うち一般 貨物船 Dry Cargo Vessels	貨物船 計 Cargo Vessel	うち一般 貨物船 Dry Cargo Vessels	貨物船 計 Cargo Vessel	うち一般 貨物船 Dry Cargo Vessels	貨物船 計 Cargo Vessel	うち一般 貨物船 Dry Cargo Vessels
H12	(2000)	1,436,608	1,185,175	342,928	330,302	634,175	467,564	459,505	387,30
H17	(2005)	2,093,927	1,779,561	473,339	452,538	709,393	526,820	910,990	799,99
H22	(2010)	2,306,721	2,099,061	431,653	402,620	668,986	553,948	1,206,082	1,142,49
H23	(2011)	2,273,561	1,967,664	463,070	443,224	738,855	544,775	1,071,636	979,66
H24	(2012)	2,404,994	2,116,527	483,805	472,331	706,286	505,677	1,214,903	1,138,51
H25	(2013)	2,789,054	2,503,209	585,856	565,089	785,785	604,677	1,417,413	1,333,44
H26	(2014)	3,184,094	2,848,160	658,870	634,629	841,409	630,554	1,683,815	1,582,97
H27	(2015)	2,989,380	2,680,151	667,090	649,203	760,761	560,914	1,561,529	1,470,03
H28	(2016)	2,476,349	2,200,891	564,962	540,821	639,744	486,751	1,271,643	1,167,71
H29	(2017)	2,670,450	2,398,873	571,188	551,710	649,008	493,524	1,450,254	1,353,63
H30	(2018)	2,851,168	2,555,112	600,414	577,850	828,876	649,616	1,421,878	1,327,64
H31・R1	(2019)	2,629,341	2,334,481	569,700	551,026	673,581	493,909	1,386,060	1,289,54
R2	(2020)	2,420,909	2,122,501	466,956	444,468	602,703	433,164	1,351,249	1,244,86
R3	(2021)	3,505,133	3,232,197	592,630	578,416	715,143	569,532	2,197,359	2,084,248
R4	(2022)	5,172,050	4,755,846	1,084,627	1,049,459	1,093,621	860,667	2,993,802	2,845,72(

資　料	国土交通省海事局外航課

（注）　平成13(2001)年から暦年ベース。

部　門　別　エ　ネ　ル　ギ　ー　消　費　量
Energy Consumption by Sector

単位：PJ（ペタジュール）

年度　(Fiscal Year)	H2(1990)	H12(2000)	H22(2010)	R2(2020)	R3(2021)	R4(2022)
一次エネルギー供給	20,202	23,600	23,200	17,965	18,670	18,314
国内産出	3,578	4,440	4,292	2,768	3,161	3,039
輸入	16,624	19,160	18,907	15,906	16,506	16,490
総供給	20,202	23,600	23,200	18,674	19,667	19,528
輸出	△ 350	△ 696	△ 1,216	△ 839	△ 1,005	△ 1,169
供給在庫変動（＋取崩/－積増）	△ 157	△ 165	174	129	8	△ 45
国内供給（供給側）	19,695	22,740	22,157	17,965	18,670	18,314
国内供給（消費側）	19,718	22,679	21,979	18,116	18,572	18,191
エネルギー転換	△ 6,178	△ 7,024	△ 7,281	△ 6,034	△ 6,296	△ 6,349
最終エネルギー消費	13,540	15,655	14,698	12,082	12,276	11,842
企業・事業所他部門	8,809	9,744	9,239	7,483	7,797	7,264
農林水産鉱建設業	670	496	302	413	397	343
製造業	6,350	6,541	6,381	5,098	5,347	5,007
業務他（第三次産業）	1,789	2,706	2,556	1,972	2,053	1,913
家庭部門	1,683	2,142	2,174	1,908	1,788	1,781
運輸部門	3,048	3,769	3,285	2,692	2,692	2,797
旅客部門	1,549	2,227	2,005	1,517	1,497	1,611
乗用車	1,257	1,927	1,716	1,291	1,253	1,319
バス	74	74	67	43	42	48
鉄道	66	71	71	66	63	62
船舶	65	76	49	45	43	43
航空	88	135	115	62	85	128
貨物部門	1,499	1,541	1,280	1,175	1,195	1,186
貨物自動車/トラック	1,353	1,549	1,232	1,059	1,074	1,065
鉄道	6	5	5	4	3	3
船舶	127	134	103	97	102	104
航空	18	24	22	15	15	14
エネルギー利用（最終消費内訳）	12,028	13,881	12,961	10,653	10,845	10,548
非エネルギー利用（最終消費内訳）	1,512	1,774	1,737	1,430	1,431	1,293
企業・事業所他	1,472	1,740	1,703	1,395	1,397	1,257
家庭	0	0	0	0	0	0
運輸	41	34	34	35	34	36
資　料	資源エネルギー庁（総合エネルギー統計 エネルギーバランス表／固有単位表）					

（注）総合エネルギー統計の改訂（平成27年4月14日）により、部門区分が変更となり、1990年まで遡って数値が変更されている。

エネルギー

輸 送 機 関 別 エ ネ

Energy Consumption by

年度 (Fiscal Year)					S45(1970)	S55(1980)	H2(1990)	H7(1995)	H12(2000)
鉄道	JR		電 力 (百万kWh)		6,061	8,097	10,829	11,631	11,171
			軽 油 (千kl)		660	637	333	286	241
			石 炭 (千トン)		1,628	...	...	...	...
	公民営鉄		電 力 (百万kWh)		4,048	4,930	6,490	7,124	7,402
			軽 油 (千kl)		14	13	23	28	28
自動車	乗用車	自家用	軽油 (千kl)		...	...	3,300	6,502	6,434
			ガソリン (千kl)		11,150	26,145	32,863	41,394	50,149
		営業用	軽油 (千kl)		...	110	76	61	52
			ガソリン (千kl)		409	40	34	45	97
			LPG (千kl)		2,377	2,908	2,873	2,897	2,750
	トラック	自家用	軽油 (千kl)		4,092	7,925	13,038	14,478	13,351
			ガソリン (千kl)		8,914	9,123	11,310	10,643	9,650
			LPG (千kl)		...	...	...	...	...
		営業用	軽油 (千kl)		3,724	7,301	12,829	16,528	18,194
			ガソリン (千kl)		265	88	278	381	494
			CNG (千m³)		...	...	...	...	...
	バス	自家用	軽油 (千kl)		122	270	331	375	357
			ガソリン (千kl)		212	116	18	6	4
		営業用	軽油 (千kl)		1,167	1,287	1,316	1,504	1,491
			ガソリン (千kl)		0.6	...	...	...	...
内航海運	軽 油 (千kl)				...	...	133	208	204
	A 重 油 (千kl)				1,772	2,064	1,602	1,625	1,728
	B 重 油 (千kl)				1,518	1,453	526	215	152
	C 重 油 (千kl)				704	2,251	2,446	3,002	3,055
外航海運	A 重 油 (千kl)				673	569	146	107	61
	B 重 油 (千kl)				113	33	...	...	...
	C 重 油 (千kl)				8,407	8,977	2,998	2,794	2,851
航空	国内ジェット燃料 (千kl)				851	2,379	2,780	3,775	4,265
	国際ジェット燃料 (千kl)				※ 372	※ 937	1,872	2,697	3,296
資料	国土交通省総合政策局「自動車輸送統計年報」(平成21年度まで)、「自動車燃料消費年報」、海事局資料、外航海運については舶用重油研究会資料より作成								

(1) 自動車の数値は、軽自動車による消費量を含む。

　　自動車に関する数値は平成22年度から調査方法の変更を行ったため、過去の数値とは連続しない。

　　ア) 旅客車・自家用・ガソリンは「自家用バス」に限り、自動車輸送統計月報の年次計の数値による。

　　イ) 自動車の営業用旅客車以外のLPG車における数値については、営業用貨物車と見なす。

　　ウ) 自動車のCNG車における数値については、自家用貨物車と見なす。

(2) 航空の数値は、航空ガソリンによる消費量を含まない。

ル ギ ー 消 費 量

Mode of Transportation

単位：百万kWh、千kl、千トン(Unit : Million kWh, 1000 kl, 1000 tons)

H17(2005)	H22(2010)	H27(2015)	H28(2016)	H29(2017)	H30(2018)	R1(2019)	R2(2020)	R3(2021)	R4(2022)
11,277	10,695	10,518	10,490	10,505	10,351	10,423	9,881	9,656	...
218	192	170	162	165	160	163	150	145	...
...	...	...	...	...	...	...	...	...	...
7,621	7,549	7,033	7,052	6,991	6,952	6,874	6,649	6,539	...
30	26	28	27	32	32	27	28	25	...
3,396	1,785	1,593	1,604	1,663	1,730	1,812	1,537	1,615	1,740
50,340	44,107	47,320	42,368	42,485	42,342	41,313	35,893	34,694	36,553
45	20	11	11	10	9	8	4	4	7
151	146	186	181	184	191	193	118	126	160
2,424	2,219	1,602	1,465	1,382	1,252	1,094	606	585	626
9,611	6,893	6,830	6,705	6,637	6,659	6,710	6,161	6,336	6,338
9,213	8,071	8,409	8,133	7,923	7,618	7,346	6,715	6,316	6,525
...	...	100	92	85	72	59	49	43	39
16,674	16,776	15,601	15,514	15,585	15,650	15,422	14,775	15,689	15,256
562	620	599	589	586	605	616	557	547	593
...	...	73	63	53	44	35	27	21	18
302	269	246	238	236	235	224	158	168	189
8	20	28	28	30	31	31	25	26	26
1,432	1,442	1,397	1,373	1,327	1,301	1,271	941	913	1,059
...	...	...	...	...	...	...	...	...	...
195	154	148	147	155	149	150	109	113	125
1,324	1,007	980	1,013	1,010	993	1,020	1,039	1,220	1,056
63	18	9	7	7	5	3	0	0	0
2,873	2,482	2,386	2,392	2,347	2,361	2,300	2,175	2,168	2,207
68	55	...	...	...	...	...	...	...	...
...	...	...	...	...	...	...	...	...	...
3,440	3,102	...	...	...	...	...	...	...	...
4,324	3,702	4,052	4,089	4,158	4,207	4,191	2,100	2,729	3,867
3,275	2,232	2,823	3,014	3,156	3,028	3,024	1,486	2,015	2,256

量統計年報」(平成22年度から)、「内航船舶輸送統計年報」、「航空輸送統計年報」、鉄道局「鉄道統計

（3）A重油比重0.86、C重油比重0.93とする。

（4）自動車に関する燃費は平成22年度より「自動車燃料消費量統計年報」による。なお、統計の調査変更により過去の数値とは連続しない。

（5）平成23年3月の東日本大震災の影響のため、自動車燃料消費量統計に基づく自動車の数値には、平成22年度については北海道運輸局、東北運輸局管内の3月分の数値、23年度については同じく4月分の数値は含まない（但しバスのうち営業用は除く）。

エネルギー価格指数（国内企業卸売物価指数）
Index of Energy Wholesale Price

令和2年平均＝100（2020 average＝100）

暦　年 Calendar Year		原油 （輸入） Crude Pertroleum	ガソリン Gasoline	ジェット 燃料油 Jet Fuel Oil	軽　油 Gas Oil	A重油 Heavy Fuel Oil,A	B重油 C重油 Heavy Fuel Oil,B/C	電力 （業務用） Electric Power (Commercial)
H22	(2010)	143.1	102.7	117.2	105.6	103.2	125.4	75.4
H23	(2011)	179.1	113.2	140.7	125.9	124.2	153.4	78.4
H24	(2012)	188.3	114.6	148.0	127.6	128.7	159.1	85.2
H25	(2013)	221.4	122.4	160.6	142.6	142.3	179.9	92.7
H26	(2014)	226.8	129.0	169.4	152.8	152.2	189.8	102.4
H27	(2015)	135.4	107.3	112.3	106.0	103.5	124.5	101.5
H28	(2016)	92.6	94.4	85.7	85.0	81.5	90.1	91.7
H29	(2017)	125.3	105.2	105.3	106.1	107.5	116.1	95.4
H30	(2018)	166.2	116.9	130.6	134.4	136.5	145.4	101.0
H31・R1	(2019)	149.2	112.9	123.5	128.3	130.1	136.0	104.9
R2	(2020)	100.0	100.0	100.0	100.0	100.0	100.0	100.0
R3	(2021)	157.7	119.2	132.7	139.0	141.1	144.8	100.1
R4	(2022)	278.3	130.0	157.5	161.2	164.2	173.7	132.4
R5	(2023)	250.3	132.4	161.4	165.7	169.4	177.8	135.6
資　料		日本銀行(輸入物価指数、国内企業物価指数)						

(注) 1. 年平均の数値である。

　　 2. 国内企業卸売物価については、消費税込みの価格で作成。

　　 3. C重油にはB重油も含む。

世界の主要経済・運輸指標
Transport Economic Indicators of the World

暦 年 Calendar Year	年央人口 推 計 値 Population Estimates	世界貿易額 Total Imports and Exports	
		輸出 Exports (FOB)	輸入 Imports (CIF)
	百万人 million Persons	億米ドル hundred million $	億米ドル hundred million $
1970	3,696	3,137	3,319
1980	4,453	19,951	20,484
1990	5,306	34,376	35,639
2000	6,123	60,423	62,196
2005	6,558	103,734	105,770
2010	6,986	151,022	152,751
2015	7,427	163,843	164,823
2017	7,548	174,823	177,328
2018	7,631	191,081	194,481
2019	7,765	186,322	189,555
2020	7,841	173,517	175,980
2021	7,909	219,328	222,268
2022	7,975	245,530	252,442
資 料	国際連合（世界統計年鑑）		

諸 外 国 の 鉄 道 輸 送 量 （ 貨 物 ）

Volume of Railway Transportation by Country (Freight)

(Unit:million)

国 名 Country	貨 物 ト ン キ ロ　(Freight ton-km)										
	2011	2012	2013	2014	2015	2016	2017	2018	2019	2020	2021
日 本 Japan	19,998	20,471	21,071	21,029	21,519	21,265	21,663	19,369	19,993	18,340	18,042
アメリカ U.S.A	2,524,585	2,524,585	...	2,524,585	2,547,253	...	2,445,132	2,525,217	2,364,144	...	2,239,401
ブラジル Brazil	...	...	...	...	...	...	...	...	...	...	...
韓国 Korea	9,996	9,996		10,459	9,479	...	8,229	7,878	7,357		6,757
中国 China	2,562,635	2,518,310	...	2,308,669	1,980,061	1,920,285	2,146,466	2,882,100	3,018,200	...	...
インド India	625,723	625,723	...	665,810	681,696	...	654,285	...	...	...	719,762
インドネシア Indonesia	7,166	7,166	...	7,166	...	...	...	...	15,573	...	...
タ イ Thailand	2,562	...	...	...	...	...	...				
ベトナム Vietnam	4,101	3,959	...	3,959	4,125	3,190	3,574	3,989	...	3,759	...
フランス France	23,242	31,616	...	24,598	33,116	...	...	31,829	...	...	35,751
ドイツ Germany	111,980	105,894	...	74,818	72,913	...	70,614	...	113,114	...	123,067
イギリス U.K	19,230	...	...	...	...	...	...	17,206	...	15,212	...
イタリア Italy	11,545	11,249	...	10,322	10,267	...	9,969	9,478	21,309	...	24,262
オーストラリア Australia	59,649	...	...	...	...	413,490	...	...	...	...	453,091
資 料	総務省統計局（世界の統計）										

(注)1. 日本は年度(Fiscal Year)実績

諸 外 国 の 鉄 道 輸 送 量 （ 旅 客 ）

Volume of Railway Transportation by Country (Passenger)

国 名 Country	旅 客 人 キ ロ　(Passenger-km)										
	2011	2012	2013	2014	2015	2016	2017	2018	2019	2020	2021
日 本 Japan	395,067	404,395	414,387	413,970	427,486	431,796	437,363	441,614	435,063	263,211	289,891
アメリカ U.S.A	9,518	9,518	...	10,331	10,519	10,492	10,660	31,963	...	12,460	...
ブラジル Brazil	...	...	...	...	15,877	15,648	15,807	...	16,486	...	...
韓国 Korea	21,603	21,603	...	22,626	23,450	23,747	89,964	...	100,381	...	...
中国 China	815,699	795,639	...	807,065	723,006	695,955	1,345,690	...	...	...	946,499
インド India	978,508	978,508	...	1,158,742	1,147,190	...	1,161,333	...	...	...	231,126
インドネシア Indonesia	20,283	20,283	...	20,283	...	...	25,654	29,066	29,066	...	...
タ イ Thailand	8,032	7,504	...	7,504	...	...	6,020	...	...	...	...
ベトナム Vietnam	4,571	4,558	...	4,558	4,234	3,416	3,657	3,542	...	1,516	...
フランス France	88,064	85,634	...	83,914	84,682	...	93,277	107,920	...	...	86,853
ドイツ Germany	79,228	80,210	...	79,340	79,257	74,740	77,500	98,000	...	58,822	...
イギリス U.K	62,729	64,324	...	62,297	2,900	...	...	80,526	...	24,188	...
イタリア Italy	40,554	38,676	...	39,798	39,290	39,290	39,016	55,493	...	...	27,693
オーストラリア Australia	...	...	...	...	...	...	...	17,586	...	...	9,328
資 料	総務省統計局（世界の統計）										

外国運輸統計

諸 外 国 の 民 間
International Scheduled

国　名	貨物トンキロ(百万トンキロ)　(Freight ton-km : millions ton-km)						
Country	2000	2010	2018	2019	2020	2021	2022
世界合計	117,960	619,846	1,004,763	1,052,154	474,973	574,727	773,714
World	(100.0)	(100.0)	(100.0)	(100.0)	(100.0)	(100.0)	(100.0)
日　本	8,672	20,391	26,391	29,713	14,765	16,401	19,615
Japan	(7.4)	(3.3)	(2.6)	(2.8)	(3.1)	(2.9)	(2.5)
アメリカ	30,166	157,221	192,408	198,235	97,187	147,768	185,632
U.S.A	(25.6)	(25.4)	(19.1)	(18.8)	(20.5)	(25.8)	(24.0)
ロシア(旧ソ連)	1,041	13,474	27,631	30,084	16,324	24,507	15,300
Russian	(0.9)	(2.2)	(2.8)	(2.9)	(3.4)	(4.3)	(2.0)
イギリス	5,161	23,343	39,308	38,059	10,818	9,738	25,879
U.K	(4.4)	(3.8)	(3.9)	(3.6)	(2.3)	(1.7)	(3.3)
フランス	5,224	17,780	25,041	25,983	9,523	12,925	21,658
France	(4.4)	(2.9)	(2.5)	(2.5)	(2.0)	(2.3)	(2.8)
カナダ	1,800	13,417	23,754	26,422	8,669	8,568	20,063
Canada	(1.5)	(2.2)	(2.4)	(2.5)	(1.8)	(1.5)	(2.6)
オーストラリア	1,731	12,095	17,396	17,545	5,342	3,979	10,376
Australia	(1.5)	(2.0)	(1.7)	(1.7)	(1.1)	(0.7)	(1.3)
ドイツ	7,128	27,831	31,852	32,388	14,594	19,945	27,960
Germany,F.R.	(6.0)	(4.5)	(3.2)	(3.1)	(3.1)	(3.2)	(3.6)
シンガポール	6,005	14,562	18,685	22,758	6,038	4,914	13,600
Singapore	(5.1)	(2.3)	(1.9)	(2.2)	(1.3)	(0.9)	(1.8)
ブラジル	1,534	8,629	13,732	13,196	6,123	7,417	10,863
Brazil	(1.3)	(1.4)	(1.4)	(1.3)	(1.3)	(1.3)	(1.4)
スペイン	879	9,561	14,005	15,128	4,481	7,574	14,699
Spain	(0.7)	(1.5)	(1.4)	(1.4)	(0.9)	(1.3)	(1.9)
オランダ	4,367	11,408	18,813	18,861	8,364	9,575	13,792
Netherlands	(3.7)	(1.8)	(1.9)	(1.8)	(1.8)	(1.7)	(1.8)
イタリア	1,748	4,520	6,155	6,481	2,119	1,398	3,647
Italy	(1.5)	(0.7)	(0.6)	(0.6)	(0.4)	(0.2)	(0.5)
韓　国	7,651	21,031	29,147	28,993	16,602	17,697	20,332
Korea	(6.5)	(3.4)	(2.9)	(2.8)	(3.5)	(3.1)	(2.6)
中　国	3,900	53,302	120,538	131,535	76,403	79,206	53,714
China	(3.3)	(8.6)	(12.0)	(12.5)	(16.1)	(13.8)	(6.9)
タ　イ	1,713	9,534	16,043	16,020	4,054	1,526	5,886
Thailand	(1.5)	(1.5)	(1.6)	(1.5)	(0.9)	(0.3)	(0.8)
湾岸四国	2,061	13,557	86,442	88,433	43,077	49,604	71,749
Asia 4 Country	(1.7)	(2.2)	(8.6)	(8.4)	(9.1)	(8.7)	(9.3)
香　港	5,112	…	28,323	27,458	10,375	9,516	7,491
Hong Kong	(4.3)	…	(2.8)	(2.6)	(2.2)	(1.7)	(1.0)
資　料	ICAO加盟国輸送実績						

(注)1. 貨物には郵便物を含まない。なお、2004年より貨物の集計が異なるため、連続しない。

　　2. 世界及び各国の欄中( )内は、構成比である。

定 期 航 空 輸 送 量
Air Transport Services

旅客人キロ(百万人キロ)　（Passenger-km ： Millions Passenger-km）

2000	2010	2018	2019	2020	2021	2022
3,017,350	4,753,984	8,257,635	8,676,650	2,962,287	3,627,762	5,888,775
(100.0)	(100.0)	(100.0)	(100.0)	(100.0)	(100.0)	(100.0)
174,149	137,927	197,830	204,188	66,233	51,369	118,355
(5.8)	(2.9)	(2.4)	(2.4)	(2.2)	(1.4)	(2.0)
1,110,635	1,284,300	1,627,875	1,698,805	608,724	1,107,096	1,525,790
(36.8)	(27.0)	(19.7)	(19.6)	(20.5)	(30.5)	(25.9)
42,950	109,435	229,060	259,556	131,906	204,942	157,724
(1.4)	(2.3)	(2.8)	(3.0)	(4.5)	(5.7)	(2.7)
170,687	226,419	356,465	344,592	74,898	60,547	237,580
(5.7)	(4.8)	(4.3)	(4.0)	(2.5)	(1.7)	(4.0)
113,438	137,283	201,955	210,880	69,374	85,545	173,320
(3.8)	(2.9)	(2.4)	(2.4)	(2.3)	(2.4)	(2.9)
69,985	115,793	224,308	232,007	62,757	51,917	168,169
(2.3)	(2.4)	(2.7)	(2.7)	(2.1)	(1.4)	(2.9)
81,689	99,859	159,061	161,600	41,711	29,027	93,447
(2.7)	(2.1)	(1.9)	(1.9)	(1.4)	(0.8)	(1.6)
114,124	201,567	242,054	250,462	53,329	70,226	152,452
(3.8)	(4.2)	(2.9)	(2.9)	(1.8)	(1.9)	(2.6)
71,786	98,966	144,643	155,409	30,046	11,597	92,139
(2.4)	(2.1)	(1.8)	(1.8)	(1.0)	(0.3)	(1.6)
45,812	90,474	134,841	135,078	58,124	73,352	110,537
(1.5)	(1.9)	(1.6)	(1.6)	(2.0)	(2.0)	(1.9)
52,427	86,931	130,914	145,472	39,851	64,459	132,419
(1.7)	(1.8)	(1.6)	(1.7)	(1.3)	(1.8)	(2.2)
74,426	76,056	127,739	130,696	41,585	52,169	104,710
(2.5)	(1.6)	(1.5)	(1.5)	(1.4)	(1.4)	(1.8)
44,389	43,539	47,961	52,030	11,396	2,491	20,725
(1.5)	(0.9)	(0.6)	(0.6)	(0.4)	(0.1)	(0.4)
62,837	87,457	178,239	189,826	41,115	22,638	67,824
(2.1)	(1.8)	(2.2)	(2.2)	(1.4)	(0.6)	(1.2)
90,960	400,610	1,070,347	1,169,680	629,669	652,334	389,167
(3.0)	(8.4)	(13.0)	(13.5)	(21.3)	(18.0)	(6.6)
42,236	64,556	132,748	136,173	33,518	9,177	45,691
(1.4)	(1.4)	(1.6)	(1.6)	(1.1)	(0.3)	(0.8)
36,067	262,540	599,179	628,994	177,938	187,125	468,355
(1.2)	(5.5)	(7.3)	(7.2)	(6.0)	(5.2)	(8.0)
50,248	98,758	158,404	159,668	22,554	4,240	16,011
(2)	(2.1)	(1.9)	(1.8)	(0.8)	(0.1)	(0.3)

ICAO資料 (Annual Report of the Cou

3. 湾岸四国(Asia 4 Country)は、バーレーン、オマーン、カタール、アラブ首長国連邦(Bahrain、Oman、
Qatar、United Arab Emirates)を示す。

外
国
運
輸
統
計

諸 外 国 の 船 腹
Tonnage of Fleet by Country

国 名 Country	1990 総トン G/T	2000 総トン G/T	2010 隻数 Number	2010 総トン G/T	2015 隻数 Number	2015 総トン G/T	2016 隻数 Number	2016 総トン G/T
世界合計 World	423,627	558,054	103,392	957,982	111,806	1,211,223	113,888	1,248,583
日 本 Japan	27,078	15,257	6,150	16,858	5,352	22,617	5,350	24,579
インドネシア Indonesia	2,179	3,384	5,763	9,279	9,266	14,739	8,022	14,949
韓国 Korea	7,783	6,200	2,913	12,513	2,938	11,482	2,930	11,083
シンガポール Singapore	7,928	21,491	2,667	44,870	3,376	80,982	3,380	82,435
中国 China	13,899	16,499	4,082	34,707	4,444	44,278	4,946	45,417
アメリカ U.S.A	19,744	11,111	6,371	11,941	6,627	11,995	6,585	12,121
パナマ Panama	39,298	114,382	7,986	201,264	8,026	216,806	8,103	220,827
イギリス U.K	4,887	5,532	2,085	28,169	1,891	28,999	1,888	30,320
イタリア Italy	7,991	9,049	1,649	17,044	1,573	16,138	1,594	16,134
オランダ Netherlands	3,330	5,168	1,455	8,001	1,439	8,183	1,437	8,157
ギリシャ Greece	20,522	26,402	1,433	40,795	1,277	41,230	1,328	40,869
デンマーク Denmark	5,008	6,823	987	12,126	1,066	15,918	1,044	15,913
ドイツ Germany	5,971	6,552	931	15,283	679	10,154	664	9,619
ノルウェー Norway	23,429	22,604	1,995	16,529	1,956	16,447	1,983	17,387
フランス France	3,721	4,681	799	6,668	924	6,016	913	6,334
マルタ malta	4,519	28,170	1,724	38,738	2,099	64,173	2,180	67,315
ロシア Russia	…	10,486	3,485	7,711	3,571	8,508	3,673	8,887
リベリア Liberia	54,700	51,451	2,726	106,708	3,136	131,044	3,225	138,736
マーシャル諸島 marshall islands	1,551	9,745	1,622	62,011	2,905	120,883	3,163	132,878
資 料								総務省統計局

(注)1.貨物船以外の漁船、調査船及び作業船などを含む

(注)2.ドイツの1990年の総トン数は1991年。

Page 245 header

保　有　量　（100総トン以上）
(Gross Tonnage above 100 tons)

各年末現在

| 2017 | | 2018 | | 2019 | | 2020 | |
| 隻数 | 総トン | 隻数 | 総トン | 隻数 | 総トン | 隻数 | 総トン |
Number	G/T	Number	G/T	Number	G/T	Number	G/T
115,761	1,291,047	118,525	1,333,643	121,368	1,398,245	123,488	1,429,630
5,278	26,507	5,279	28,099	5,346	29,592	5,308	28,823
8,455	16,466	9,142	17,917	9,547	19,080	10,312	20,840
2,916	10,380	3,058	10,092	3,036	11,666	3,051	12,941
3,317	84,567	3,240	85,228	3,267	92,942	3,100	88,218
5,304	48,484	5,921	54,636	6,541	58,400	6,927	62,028
6,657	12,747	6,649	13,165	5,964	13,262	5,962	13,628
7,971	215,886	7,953	214,864	8,089	216,190	8,187	226,433
1,961	32,560	1,919	31,815	1,822	24,723	1,734	23,163
1,471	15,809	1,430	14,723	1,461	14,670	1,477	14,357
1,437	7,815	1,430	7,873	1,414	7,590	1,438	7,163
1,368	40,992	1,350	39,790	1,356	39,578	1,319	37,160
1,059	17,763	1,070	20,967	1,089	22,052	1,119	22,983
666	9,307	645	7,949	641	7,974	618	7,288
2,035	17,977	2,041	17,990	2,135	19,713	2,195	20,324
932	6,115	932	6,339	969	6,549	956	6,814
2,187	72,875	2,174	75,346	2,197	80,906	2,097	80,506
3,759	9,361	3,871	9,863	3,957	10,352	4,068	11,120
3,308	143,674	3,481	155,108	3,754	174,842	3,948	187,533
3,422	145,919	3,533	151,150	3,710	161,271	3,815	165,733

（世界の統計）

外国運輸統計

世　界　の　新　造　船　竣　工　量
Shipbuilding Completion Volume of the World

暦年 Calendar Year	日本 Japan		韓国 Korea		中国 China		欧州 Europe		その他 Others		世界合計 World	
	百万総トン Mill. GT	%	百万総トン Mill. GT	%	百万総トン Mill. GT	%	百万総トン Mill. GT	%	百万総トン Mill. GT	%	百万総トン Mill. GT	%
H13 (2001)	11.8	37.9	11.9	38.3	1.8	5.8	4.5	14.5	1.1	3.5	31.1	100
H14 (2002)	12.1	35.4	13.0	38.0	2.6	7.6	5.1	14.9	1.4	4.1	34.2	100
H15 (2003)	12.5	34.4	13.8	38.0	3.8	10.5	4.7	12.9	1.5	4.1	36.3	100
H16 (2004)	14.6	35.8	15.2	37.3	4.9	12.0	4.6	11.3	1.5	3.7	40.8	100
H17 (2005)	16.4	34.9	18.2	38.7	6.3	13.4	4.6	9.8	1.5	3.2	47.0	100
H18 (2006)	18.1	34.0	19.0	35.7	8.4	15.8	5.8	10.9	1.9	3.6	53.2	100
H19 (2007)	17.4	30.4	20.6	36.0	10.8	18.9	6.4	11.2	2.0	3.5	57.2	100
H20 (2008)	18.8	27.6	26.4	38.8	14.4	21.1	6.4	9.4	2.1	3.1	68.1	100
H21 (2009)	19.0	24.2	28.9	36.8	23.5	29.9	5.0	6.4	2.1	2.7	78.5	100
H22 (2010)	20.1	20.5	32.2	32.8	37.8	38.5	4.8	4.9	3.2	3.3	98.1	100
H23 (2011)	19.3	18.7	35.9	34.7	41.2	39.8	3.0	2.9	4.0	3.9	103.4	100
H24 (2012)	17.4	18.0	31.4	32.5	40.3	41.8	2.3	2.4	5.1	5.3	96.5	100
H25 (2013)	14.5	20.3	24.8	34.7	27.0	37.8	2.0	2.8	3.1	4.3	71.4	100
H26 (2014)	13.4	20.9	22.3	34.7	23.2	36.1	1.8	2.8	3.5	5.5	64.2	100
H27 (2015)	12.9	19.1	23.8	35.2	25.4	37.5	1.6	2.4	4.0	5.9	67.7	100
H28 (2016)	13.4	20.1	25.7	38.5	22.2	33.3	2.7	4.0	2.7	4.0	66.7	100
H29 (2017)	13.1	19.8	22.7	34.4	24.0	36.4	2.4	3.6	3.8	5.8	66.0	100
H30 (2018)	14.4	24.7	15.0	25.7	23.5	40.2	2.1	3.6	3.4	5.8	58.4	100
H31・R1 (2019)	16.2	24.4	21.7	32.7	23.6	35.6	2.5	3.8	2.3	3.5	66.3	100
R2 (2020)	12.8	22.0	18.4	31.7	23.5	40.4	1.7	2.9	1.7	2.9	58.1	100
R3 (2021)	10.7	17.6	19.7	32.3	27.2	44.7	2.0	3.3	1.3	2.1	60.9	100
R4 (2022)	9.6	17.2	16.3	29.2	26.2	47.0	2.5	4.5	1.2	2.2	55.8	100
R5 (2023)	9.7	15.3	18.1	28.5	32.3	50.9	1.6	2.5	1.8	2.8	63.5	100

資　料　日本造船工業会（造船関係資料）

諸 外 国 の 自 動 車 保 有 台 数
Number of Motor Vehicles by Country

単位：千台（Unit：thousands）

国 名 Country	乗用車 Passenger Cars							商用車 Commercial Vehicles						
	2000	2010	2017	2018	2019	2020	2021	2000	2010	2017	2018	2019	2020	2021
日 本 Japan	52,437	58,347	61,803	62,026	62,140	62,194	62,164	20,212	17,014	16,275	16,264	16,276	16,268	16,289
韓 国 Korea	7,837	13,632	18,035	18,677	19,129	19,861	20,411	3,327	4,310	4,494	4,526	4,505	4,505	4,500
中 国 P.R.China	4,179	61,241	184,644	194,395	212,395	226,914	242,390	7,163	15,976	30,956	36,825	41,485	46,476	51,800
インド India	5,150	14,858	35,890	31,889	34,504	37,941	40,811	2,390	8,955	10,630	24,577	26,827	30,590	33,641
オーストラリア Australia	10,000	12,269	14,275	14,504	14,679	14,851	14,851	2,528	3,083	4,038	4,131	4,245	4,378	4,191
アメリカ U.S.A.	133,621	118,947	124,141	122,828	121,231	116,261	114,961	87,853	119,179	151,878	158,671	165,653	172,776	177,923
カナダ Canada	16,832	20,121	22,678	23,137	23,600	23,757	23,128	739	933	1,168	1,194	1,221	1,231	2,566
メキシコ Mexico	10,281	20,973	30,089	31,523	33,008	33,988	33,141	4,569	9,454	11,222	11,676	11,860	11,099	11,188
ブラジル Brazil	12,906	25,541	36,190	36,880	37,720	37,862	37,983	2,562	6,524	7,408	7,559	7,759	7,860	7,985
アルゼンチン Argentine	5,056	7,605	10,690	10,903	11,067	10,617	10,645	1,551	2,511	3,419	3,506	3,576	3,408	3,430
南アフリカ South Africa	4,100	5,100	7,810	8,838	9,642	10,410	10,813	1,946	2,790	5,578	4,166	4,453	4,777	4,955
イギリス U.K	27,960	31,258	34,686	35,272	35,732	35,083	35,024	3,463	4,220	4,989	5,141	5,277	5,268	5,483
ドイツ Germany	43,773	42,302	46,475	47,096	47,716	48,249	48,541	3,534	2,782	3,618	3,752	3,889	4,027	4,187
フランス France	28,060	31,300	32,614	32,034	32,125	32,289	32,694	5,753	6,406	6,770	8,011	8,127	8,249	8,345
イタリア Italy	32,584	36,751	38,520	39,018	39,545	39,718	39,823	3,581	4,899	5,078	5,151	5,292	5,282	5,379
スペイン Spain	17,499	22,147	23,624	24,074	25,008	25,169	25,345	3,978	5,366	5,020	5,272	4,455	4,538	4,531
ロシア Russia	17,050	34,350	46,747	49,754	52,956	56,001	56,884	8,500	6,304	6,214	8,671	8,968	9,231	9,376
資 料	日本自動車会議所（自動車年鑑）													

(注) 1. 各年12月末現在の数値である。

2. ドイツは1992年より統一ドイツの数値である。

3. 旧ソ連は1993年よりCIS、2001年よりロシアの数値である。

諸 外 国 の 自 動 車 生 産 台 数
Number of Motor Vehicles Produced by Country

単位：千台（Unit : thousands）

国 名 Country	乗用車 Passenger Cars							商用車 Commercial Vehicles						
	2000	2010	2018	2019	2020	2021	2022	2000	2010	2018	2019	2020	2021	2022
日 本 Japan	8,359	8,307	8,359	8,329	6,960	6,619	6,566	1,781	1,319	1,370	1,356	1,108	1,218	1,269
韓 国 Korea	2,602	3,866	3,662	3,613	3,212	3,163	3,438	513	406	367	338	295	300	319
中 国 P.R.China	605	13,897	23,529	21,389	19,994	21,408	23,836	1,464	4,368	4,280	4,360	5,231	4,677	3,185
インド India	518	2,832	4,032	3,629	2,837	3,631	4,439	283	726	1,110	895	545	768	1,018
インドネシア Indonesia	257	497	1,056	1,046	551	890	1,214	36	206	288	241	139	232	256
タイ Thailand	97	554	877	795	538	595	594	315	1,090	1,291	1,218	889	1,091	1,289
オーストラリア Australia	324	205	--	--	--	--	--	23	39	6	6	5	5	6
アメリカ U.S.A.	5,542	2,731	2,785	2,512	1,924	1,563	1,752	7,258	5,031	8,513	8,381	6,897	7,604	8,309
カナダ Canada	1,551	967	656	461	328	288	289	1,411	1,101	1,370	1,455	1,048	827	939
メキシコ Mexico	1,279	1,386	1,581	1,397	967	708	658	656	956	2,520	2,616	2,210	2,437	2,851
ブラジル Brazil	1,352	2,585	2,388	2,448	1,607	1,708	1,825	330	797	493	496	407	540	545
アルゼンチン Argentine	239	508	209	108	93	184	258	101	208	258	206	164	251	279
南アフリカ South Africa	231	295	321	349	238	239	309	127	177	290	283	209	260	246
イギリス U.K	1,641	1,270	1,519	--	921	860	775	172	123	85	--	66	73	102
ドイツ Germany	5,132	5,552	5,120	4,664	3,515	3,096	3,480	395	354	--	284	227	213	197
フランス France	2,880	1,924	1,773	1,666	928	918	1,010	469	305	495	510	389	433	373
イタリア Italy	1,422	573	673	542	452	444	473	316	284	389	373	325	353	323
スペイン Spain	2,366	1,914	2,267	2,248	1,801	1,662	1,785	667	474	552	574	468	436	434
ロシア Russia	1,010	1,414	1,832	1,868	1,633	1,709	--	253	244	220	209	191	231	--
資 料	日本自動車会議所（自動車年鑑）													

（注）1. イギリスを除いて、組立台数を含む。
　　　2. ドイツは1990年まで旧東ドイツを含まない。

諸　外　国　の　道　路　延　長
Road Length of Each Country

国　名 Country	年次 Year	高速道路 Highway	舗装道路 Paved Road	未舗装道路 Off Road
		km	km	km
日　本(注1) Japan	2021	9,100	352,145	212,172
トルコ Turkey	2018	2,842	224,319	20,392
アメリカ U.S.A	2017	108,394	4,359,571	2,199,009
イギリス U.K	2017	3,803	418,888	…
イタリア Italy	2017	6,943	…	…
オランダ Netherlands	2018	2,756	129,921	…
スウェーデン Sweden	2018	2,132	129,767	83,792
スペイン Spain	2018	15,585	149,007	1,033
ドイツ Germany	2018	13,141	…	…
ノルウェー Norway	2018	599	80,179	14,716
フィンランド Finland	2018	926	50,676	27,266
フランス France	2018	11,671	…	…
ブルガリア Bulgaria	2018	757	19,556	320
ポルトガル Portugal	2018	3,065	…	…
ロシア Russia	2018	1,293	1,075,978	453,396
資　料	総務省(世界の統計)			

(注)1.「道路統計年報2022」による

諸　外　国　の　観　光　外　客　受　入　数

Number of Tourists Arriving in Each Country

単位：千人(Unit : Thousands Persons)

国 名	Country	1980	1985	1990	1995	2000	2005	2010	2014	2015	2016	2017	2018	2019
日 本	Japan	844	2,102	1,879	3,345	4,757	6,728	8,611	13,413	19,737	24,039	28,691	31,192	32,182
韓 国	Korea	372	1,426	2,959	3,753	5,322	6,023	8,798	14,202	13,232	17,242	13,336	15,347	17,503
中 国	China	5,703	7,133	10,484	20,034	31,229	46,809	55,664	55,622	56,886	59,270	60,740	62,900	65,700
香 港	Hong Kong	1,748	3,370	5,933	10,200	8,814	14,773	20,085	27,770	26,686	26,553	27,885	29,263	23,752
台 湾	Taiwan	...	...	...	10,200	2,624	3,378	5,567	9,910	10,440	10,690	10,740	11,067	11,864
マカオ	Macao	...	...	...	...	5,197	9,014	11,926	14,566	14,308	15,704	17,255	18,493	18,633
タ イ	Thailand	1,847	2,438	5,299	6,952	9,579	11,567	15,936	24,810	29,923	32,588	35,483	38,178	39,797
マレーシア	Malaysia	800	2,933	7,446	7,469	10,222	16,431	24,577	27,437	25,721	26,757	25,948	25,832	26,101
シンガポール	Singapore	2,562	2,738	4,842	6,422	6,062	7,079	9,161	11,864	12,052	12,914	13,909	14,673	15,119
インドネシア	Indonesia	561	749	2,178	4,324	5,064	5,002	7,003	9,435	10,407	11,072	12,948	13,396	15,455
オーストラリア	Australia	905	1,139	2,215	3,726	4,931	5,499	5,790	6,884	7,444	8,269	8,815	9,246	9,466
カナダ	Canada	12,876	13,171	15,209	16,932	19,627	18,771	16,219	16,537	17,977	19,971	20,883	21,134	22,145
アメリカ	U.S.A.	22,500	25,829	39,772	43,318	51,237	49,206	60,010	75,022	77,465	76,407	76,941	79,746	79,256
メキシコ	Mexico	4,145	4,207	17,176	20,241	20,641	21,915	23,290	29,346	32,093	35,079	39,291	41,313	45,024
イギリス	U.K.	12,420	14,449	18,021	23,537	23,212	28,039	28,296	32,613	34,436	35,814	37,651	36,316	39,418
アイルランド	Ireland	2,258	2,536	3,666	4,821	6,646	7,333	7,134	8,813	9,528	10,100	10,338	10,926	10,951
スウェーデン	Sweden	...	853	...	2,310	...	...	4,951	10,522	...	6,559	7,054	7,440	...
フランス	France	30,100	36,748	53,157	60,033	77,190	74,988	77,648	83,701	84,452	82,700	86,918	89,400	...
ベルギー	Belgium	...	2,460	3,163	5,560	6,457	6,747	7,186	7,887	8,355	7,481	8,358	9,119	9,343
オランダ	Netherlands	2,784	3,329	5,795	6,574	10,003	10,012	10,883	13,926	15,007	15,828	17,924	18,781	20,128
ドイツ	Germany	11,122	12,686	17,045	14,847	18,983	21,500	26,875	33,005	34,971	35,595	37,452	38,881	39,563
スイス	Switzerland	8,873	11,900	13,200	11,500	7,821	7,229	8,628	9,158	9,305	10,402	11,133	11,715	11,818
イタリア	Italy	22,087	25,047	26,679	31,052	41,181	36,513	43,626	48,576	50,732	52,372	58,253	61,567	64,513
スペイン	Spain	23,403	27,477	34,300	34,917	46,403	55,914	52,677	64,939	68,519	75,315	81,869	82,808	83,509
ポルトガル	Portugal	2,730	4,989	8,020	9,511	5,599	5,769	6,832	9,277	10,140	18,200	21,200	22,800	24,600
オーストリア	Austria	13,879	15,168	19,011	17,173	17,982	19,952	22,004	25,291	26,728	28,121	29,460	30,816	31,884
ポーランド	Poland	5,664	2,749	3,400	19,215	17,400	15,200	12,470	16,000	16,728	17,463	18,400	19,623	21,155
クロアチア	Croatia	...	...	...	...	5,831	7,743	9,111	11,623	12,683	13,809	15,593	16,645	17,353
ギリシャ	Greece	4,796	6,574	8,873	10,130	13,096	14,765	15,007	22,033	23,599	24,799	27,194	30,123	31,348
トルコ	Turkey	865	2,230	4,799	7,083	9,586	20,273	31,364	39,811	39,478	30,289	37,601	45,768	51,192
ロシア	Russia	...	4,340	7,204	9,262	21,169	22,201	22,281	25,438	26,852	24,571	24,390	24,551	24,419
南アフリカ	South Africa	...	1,377	1,029	4,488	5,872	7,369	8,074	9,549	8,904	10,044	10,285	10,472	10,229
資 料		国連世界観光機関(UNWTO)												

(注)2019年は2020年11月現在のデータ。2019年は暫定データ。

外国運輸統計

総　人　口　Population

単位：万人（Unit ： Ten Thousand Persons）

年（Calendar Year）		人　口	年（Calendar Year）		人　口	年（Calendar Year）		人　口
明治	5 (1872)	3,481	昭和 10	(1935)	6,925	平成 7	(1995)	12,557
	10 (1877)	3,587	15	(1940)	7,193	12	(2000)	12,693
	15 (1882)	3,726	20	(1945)	7,215	17	(2005)	12,777
	20 (1887)	3,870	25	(1950)	8,320	22	(2010)	12,806
	25 (1892)	4,051	30	(1955)	8,928	27	(2015)	12,709
	30 (1897)	4,240	35	(1960)	9,342	29	(2017)	12,671
	35 (1902)	4,496	40	(1965)	9,828	30	(2018)	12,644
	40 (1907)	4,742	45	(1970)	10,372	令和 元	(2019)	12,617
大正	元 (1912)	5,058	50	(1975)	11,194	2	(2020)	12,615
	9 (1920)	5,596	55	(1980)	11,706	3	(2021)	12,550
	14 (1925)	5,974	60	(1985)	12,105	4	(2022)	12,495
昭和	5 (1930)	6,445	平成 2	(1990)	12,361	5	(2023)	12,435
資　料			「人口推計」（総務省統計局）（各年10月1日現在推計人口）					

（注）1. 明治5年～大正5年は、内閣統計局の推計による各年1月1日現在の内地人口である。
　　　2. 大正9年以降は、各年10月1日現在の国勢調査による人口又は推計人口である。

日本の将来推計人口　Future Population Projections

単位：千人（Unit：Thousand Persons）

推計年 Year	令和5年推計						
	総人口 Total	年齢区分別人口 Age Groups（%）					
		0～14歳		15～64歳		65歳以上	
2024	123,844	13,915	(11.2)	73,466	(59.3)	36,463	(29.4)
2025	123,262	13,633	(11.1)	73,101	(59.3)	36,529	(29.6)
2026	122,661	13,355	(10.9)	72,742	(59.3)	36,564	(29.8)
2030	120,116	12,397	(10.3)	70,757	(58.9)	36,962	(30.8)
2035	116,639	11,691	(10.0)	67,216	(57.6)	37,732	(32.3)
2040	112,837	11,419	(10.1)	62,133	(55.1)	39,285	(34.8)
2045	108,801	11,027	(10.1)	58,323	(53.6)	39,451	(36.3)
2050	104,686	10,406	(9.9)	55,402	(52.9)	38,878	(37.1)
2055	100,508	9,659	(9.6)	53,070	(52.8)	37,779	(37.6)
2060	96,148	8,930	(9.3)	50,781	(52.8)	36,437	(37.9)
2065	91,587	8,360	(9.1)	48,093	(52.5)	35,134	(38.4)
2070	86,996	7,975	(9.2)	45,350	(52.1)	33,671	(38.7)
資　料	国立社会保障・人口問題研究所（日本の将来推計人口）						

（注）1. 出生中位（死亡中位）推計値である。

（注）2. 各年10月1日現在の総人口（日本における外国人を含む。）

都道府県別面積及び人口

Population and Areas of Each Prefecture

（各年10月1日現在）　　　　　　　　　　　　　単位：千人（Unit ： Thousands Persons）

都道府県 Prefecture	面積 km² Area	人　口 Population		都道府県 Prefecture	面積 km² Area	人　口 Population	
	R5(2023)	R3(2021)	R4(2022)		R4(2022)	R3(2021)	R4(2022)
全国	377,975	125,502	124,947	三重	5,774	1,756	1,742
北海道	83,421	5,183	5,140	滋賀	4,017	1,411	1,409
				京都	4,612	2,561	2,550
青森	9,645	1,221	1,204	大阪	1,905	8,806	8,782
岩手	15,275	1,196	1,181	兵庫	8,401	5,432	5,402
宮城	7,282	2,290	2,280	奈良	3,691	1,315	1,306
秋田	11,638	945	930	和歌山	4,725	914	903
山形	9,323	1,055	1,041				
福島	13,784	1,812	1,790	鳥取	3,507	549	544
				島根	6,708	665	658
茨城	6,098	2,852	2,840	岡山	7,115	1,876	1,862
栃木	6,408	1,921	1,909	広島	8,479	2,780	2,760
群馬	6,362	1,927	1,913	山口	6,113	1,328	1,313
埼玉	3,798	7,340	7,337				
千葉	5,157	6,275	6,266	徳島	4,147	712	704
東京	2,200	14,010	14,038	香川	1,877	942	934
神奈川	2,416	9,236	9,232	愛媛	5,676	1,321	1,306
				高知	7,102	684	676
新潟	12,584	2,177	2,153				
富山	4,248	1,025	1,017	福岡	4,988	5,124	5,116
石川	4,186	1,125	1,118	佐賀	2,441	806	801
福井	4,191	760	753	長崎	4,131	1,297	1,283
山梨	4,465	805	802	熊本	7,409	1,728	1,718
長野	13,562	2,033	2,020	大分	6,341	1,114	1,107
				宮崎	7,734	1,061	1,052
岐阜	10,621	1,961	1,946	鹿児島	9,186	1,576	1,563
静岡	7,777	3,608	3,582				
愛知	5,173	7,517	7,495	沖縄	2,282	1,468	1,468

資　料	人口（総務省 人口推計）、面積（国土地理院 全国府県市区町村別面積調）

（注）面積は都道府県にまたがる境界未定地域 12,780km²を含む。

国 内 総 生 産 （支出側、名 目）

Gross Domestic Product (At Current Prices)

実　数　　　　　　　　　　　　　　　　　　　　　　　　　　　　　　　　　　　（単位：10億円）

項　　　目	平成30年度 2018	令和元年度 2019	令和2年度 2020	令和3年度 2021	令和4年度 2022
1.　民間最終消費支出	304,774.3	303,931.1	289,441.7	298,188.6	315,849.2
（1）家計最終消費支出	297,991.9	296,523.3	280,920.7	290,175.3	307,887.4
a. 国内家計最終消費支出	300,428.1	298,846.7	281,155.9	290,344.6	308,949.1
b. 居住者家計の海外での直接購入	1,894.2	1,805.2	275.4	318.3	681.9
c. (控除) 非居住者家計の国内での直接購入	4,330.4	4,128.6	510.6	487.6	1,743.6
（再掲）					
家計最終消費支出(除く持ち家の帰属家賃)	249,308.8	247,932.6	232,375.0	241,668.7	259,454.0
持ち家の帰属家賃	48,683.1	48,590.6	48,545.8	48,506.6	48,433.3
（2）対家計民間非営利団体最終消費支出	6,782.4	7,407.8	8,521.0	8,013.2	7,961.8
2.　政府最終消費支出	109,089.1	111,827.1	113,834.2	118,769.0	122,091.6
（再掲）					
家計現実最終消費	371,838.0	372,634.2	358,601.0	371,181.5	390,900.4
政府現実最終消費	42,025.3	43,124.0	44,674.9	45,776.1	47,040.4
3.　総資本形成	143,456.4	143,146.7	136,141.1	143,373.6	151,521.4
（1）総固定資本形成	141,315.4	142,258.4	136,814.5	141,107.1	147,968.6
a. 民間	112,924.6	112,961.4	106,000.2	111,312.5	118,690.4
(a) 住宅	20,538.8	21,409.1	19,928.0	21,471.9	21,799.6
(b) 企業設備	92,385.8	91,552.3	86,072.2	89,840.6	96,890.8
b. 公的	28,390.9	29,297.0	30,814.3	29,794.6	29,278.2
(a) 住宅	639.6	571.7	549.7	488.0	587.3
(b) 企業設備	6,780.2	6,646.4	6,905.6	6,736.1	6,661.8
(c) 一般政府	20,971.0	22,078.9	23,358.9	22,570.5	22,029.2
（2）在庫変動	2,141.0	888.3	-673.4	2,266.5	3,552.8
a. 民間企業	2,212.2	893.4	-573.5	2,275.5	3,616.6
(a) 原材料	510.9	-173.2	369.1	321.1	1,205.8
(b) 仕掛品	346.9	319.9	-244.9	1,241.9	891.5
(c) 製品	504.1	514.6	-572.1	784.1	638.1
(d) 流通品	850.4	232.1	-125.6	-71.5	881.2
b. 公的	-71.3	-5.1	-99.9	-9.0	-63.8
(a) 公的企業	11.0	31.1	4.4	2.7	43.2
(b) 一般政府	-82.3	-36.2	-104.3	-11.7	-107.0
4.　財貨・サービスの純輸出	-749.2	-2,059.5	-407.9	-6,689.0	-22,972.5
（1）財貨・サービスの輸出	101,161.2	95,656.1	84,403.4	103,819.4	123,245.1
a. 財貨の輸出	80,248.7	74,669.4	68,363.5	85,637.3	99,675.0
b. サービスの輸出(含む非居住者家計の国内での直接購入)	20,912.5	20,986.6	16,039.9	18,182.1	23,570.0
（2）(控除)財貨・サービスの輸入	101,910.4	97,715.6	84,811.3	110,508.3	146,217.6
a. 財貨の輸入	79,682.9	74,294.1	64,578.2	87,180.5	117,702.6
b. サービスの輸入(含む居住者家計の海外での直接購入)	22,227.5	23,421.5	20,233.1	23,327.8	28,515.0
5.　国内総生産(支出側)(1+2+3+4)	556,570.5	556,845.4	539,009.1	553,642.3	566,489.7
（参考）海外からの所得の純受取	21,711.6	21,889.1	19,802.6	28,982.4	34,068.0
海外からの所得	33,864.4	34,363.7	30,265.5	41,327.9	50,606.2
(控除)海外に対する所得	12,152.8	12,474.6	10,462.8	12,345.5	16,538.1
国民総所得	578,282.1	578,734.5	558,811.8	582,624.7	600,557.7
（参考）国内需要	557,319.7	558,904.9	539,417.0	560,331.2	589,462.2
民間需要	419,911.1	417,785.9	394,868.4	411,776.6	438,156.2
公的需要	137,408.6	141,119.0	144,548.6	148,554.6	151,306.0
資　　料	内閣府（国民経済計算）				

(注)　1.　民間需要＝民間最終消費支出＋民間住宅＋民間企業設備＋民間在庫変動
　　　　　公的需要＝政府最終消費支出＋公的固定資本形成＋公的在庫変動
　　　2.　国内需要＝民間需要＋公的需要
　　　3.　国民総所得＝国内総生産＋海外からの所得の純受取

国 内 総 生 産 （支出側、実質：連鎖方式）

Gross Domestic Product (At Constant Prices)

(2015暦年連鎖価格) 実数　　　　　　　　　　　　　　　　　　　　（単位：10億円）

項　　目	平成30年度 2018	令和元年度 2019	令和2年度 2020	令和3年度 2021	令和4年度 2022
1．民間最終消費支出	302,359.1	299,614.1	285,316.6	290,391.4	298,122.1
(1)家計最終消費支出	295,591.9	292,212.4	276,767.5	282,469.6	290,448.4
a. 国内家計最終消費支出	297,889.7	294,301.1	276,822.7	282,488.0	291,374.4
b. 居住者家計の海外での直接購入	1,957.3	1,934.8	292.3	303.3	529.9
c.(控除)非居住者家計の国内での直接購入	4,254.8	4,032.2	501.2	478.2	1,634.0
(再掲)					
家計最終消費支出(除く持ち家の帰属家賃)	245,926.6	242,480.9	227,066.5	232,645.3	240,470.6
持ち家の帰属家賃	49,662.2	49,751.5	49,832.7	49,914.5	49,995.3
(2)対家計民間非営利団体最終消費支出	6,764.1	7,403.2	8,564.6	7,928.6	7,671.4
2．政府最終消費支出	108,679.9	110,973.7	113,991.9	117,666.0	119,333.9
(再掲)					
家計現実最終消費	369,679.5	368,304.6	354,707.1	363,362.7	373,134.8
政府現実最終消費	41,356.1	42,265.0	44,515.5	44,582.3	44,217.7
3．総資本形成	141,283.4	139,943.7	133,393.9	135,371.9	136,664.6
(1)総固定資本形成	139,190.1	139,019.8	133,831.1	133,344.7	133,836.1
a. 民間	111,561.9	110,929.5	104,333.9	105,795.1	108,026.3
(a)住宅	19,902.9	20,420.3	18,909.7	18,937.5	18,288.4
(b)企業設備	91,686.7	90,523.2	85,450.0	86,907.3	89,873.9
b. 公的	27,627.9	28,082.0	29,438.7	27,536.9	25,852.5
(a)住宅	621.0	544.0	520.8	439.1	498.5
(b)企業設備	6,642.5	6,452.4	6,711.3	6,328.9	5,995.2
(c)一般政府	20,364.8	21,084.0	22,203.7	20,766.2	19,357.3
(2)在庫変動	2,147.7	879.6	-503.9	2,307.3	3,041.7
a. 民間企業	2,224.2	903.3	-377.9	2,279.8	3,025.3
(a)原材料	485.1	-184.5	473.1	372.5	802.7
(b)仕掛品	364.0	334.5	-267.3	1,347.0	854.3
(c)製品	510.0	518.6	-563.3	806.8	542.2
(d)流通品	856.7	247.1	-1.1	-230.5	809.0
b. 公的	-70.6	-8.4	-94.3	12.2	36.6
(a)公的企業	11.2	31.6	6.8	8.4	41.2
(b)一般政府	-80.1	-34.3	-98.6	4.0	4.3
4．財貨・サービスの純輸出	2,300.4	-352.6	-4,093.4	471.4	-1,936.5
(1)財貨・サービスの輸出	104,999.2	102,589.4	92,400.3	103,855.0	108,774.2
a. 財貨の輸出	83,576.6	80,985.5	75,741.3	86,498.4	88,668.8
b. サービスの輸出(含む非居住者家計の国内での直接購入)	21,418.0	21,604.6	16,795.5	17,597.9	20,272.2
(2)(控除)財貨・サービスの輸入	102,698.8	102,942.0	96,493.7	103,383.6	110,710.7
a. 財貨の輸入	80,488.0	79,345.6	75,568.6	81,031.8	85,974.2
b. サービスの輸入(含む居住者家計の海外での直接購入)	22,229.8	23,599.0	21,012.1	22,469.1	24,941.3
5．国内総生産(支出側)(1+2+3+4)	554,533.8	550,160.8	528,797.7	543,649.3	551,813.9
6．開差(5−(1+2+3(1)a(a)+3(1)a(b)+3(1)b+3(2)a+3(2)b+4))	-176.8	5.2	256.4	-553.2	-782.4
(参考)　交易利得	-3,044.5	-1,832.6	3,552.5	-6,816.2	-16,733.8
国内総所得	551,489.2	548,328.2	532,350.2	536,833.2	535,080.1
(参考)海外からの所得の純受取	21,575.6	21,632.5	19,607.4	28,158.4	32,066.4
海外からの所得	33,581.4	33,879.0	29,912.7	40,103.9	47,580.5
(控除)海外に対する所得	12,005.9	12,246.6	10,305.3	11,945.5	15,514.1
国民総所得	573,064.8	569,960.6	551,957.7	564,991.5	567,146.5
(参考)国内需要	552,335.1	550,512.2	532,628.9	543,335.0	553,998.0
民間需要	416,117.5	411,483.9	389,315.8	398,237.9	408,984.5
公的需要	136,217.1	139,028.3	143,316.0	145,099.0	144,989.7
資　　料	内閣府（国民経済計算）				

(注)　1．財貨・サービスの純輸出は連鎖方式での計算ができないため、財貨・サービスの輸出−財貨・サービスの輸入により
求めている。このため寄与度とは符号が一致しない場合がある。

　　　2．国内総所得＝国内総生産＋交易利得

　　　3．国民総所得＝国内総所得＋海外からの所得の純受取

一世帯当たり年間の品目別支出金額、

Yearly Amount of Expenditures, Quantities and Average

暦　年 Calendar Year	消費支出 Living Expenditure	交　通 Public Transportation	鉄道運賃 Railway Fares	鉄道通学 定期代 Student's season tickets, Railway	鉄道通勤 定期代 Commuter's season tickets, Railway	バス代 Bus Fares	バス通学 定期代 Student's season tickets, Bus	バス通勤 定期代 Commuter's season tickets, Bus
S35 (1960)	375,639	7,647	2,707	1,394		...	1,204	
S45 (1970)	954,369	18,934	8,051	1,111	2,390	2,153	494	767
S55 (1980)	2,766,812	53,173	20,999	3,476	7,989	4,527	1,476	2,141
H2 (1990)	3,734,084	83,944	32,719	5,785	11,226	5,111	1,688	3,178
H12 (2000)	3,805,600	83,513	28,888	4,605	13,474	4,076	1,152	2,919
H22 (2010)	3,482,930	64,086	22,650	3,884	10,975	3,964	960	1,624
H27 (2015)	3,448,482	68,017	23,602	4,156	12,323	3,850	898	1,186
H31・R1 (2019)	3,520,547	73,217	24,418	4,053	14,086	3,424	998	1,297
R2 (2020)	3,335,114	37,502	9,703	2,164	11,697	1,758	477	782
R3 (2021)	3,348,287	40,417	11,101	2,872	11,241	1,677	608	1,087
R4 (2022)	3,490,383	52,860	16,706	3,175	11,218	2,206	660	860
R5 (2023)	3,527,961	63,882	23,215	3,007	11,735	2,835	631	985
資　料								総務省統計局

暦　年 Calendar Year	自動車 以外の 輸送機器 購　入 Other Vehicles	自転車 購　入 Bicycles	自動車等 維　持 Automotive Maintenance	ガソリン Gasoline 金額 Expense	数量(L) Quantity	自動車等 部　品 Automotive Parts	自動車等 関連用品 Articles Related to Private Transportation	自動車 整備費 Automotive Maintenance & Repairs
S35 (1960)	1,289		...	...	...	...	...	...
S45 (1970)	735	1,036	9,956	4,098	...	315	...	1,954
S55 (1980)	2,175	3,111	77,129	35,496	238	1,799	2,360	13,533
H2 (1990)	2,691	4,197	123,288	49,038	399	4,690	3,927	16,345
H12 (2000)	1,390	3,580	158,564	52,426	516	8,782	8,084	17,714
H22 (2010)	732	3,083	186,777	69,127	540	12,438	10,051	18,836
H27 (2015)	728	3,382	184,817	62,203	480	13,209	9,825	19,462
H31・R1 (2019)	1,540	4,268	202,721	66,293	480	17,601	12,647	24,915
R2 (2020)	2,086	4,078	187,763	52,096	407	16,293	13,355	26,885
R3 (2021)	931	4,168	196,803	59,446	406	17,065	13,283	26,578
R4 (2022)	2,167	4,582	208,182	68,908	431	19,263	13,042	27,950
R5 (2023)	2,283	4,310	212,381	70,239	432	20,258	14,420	29,246
資　料								総務省統計局

注）1. 平成12年(2000)以降は、農林漁家世帯を含む結果である。

　　2. 家計調査で平成19年(2007)まで使用していた「二人以上の世帯の全世帯（勤労者世帯＋勤労者以外の世帯）」の表記
　　　は廃止され、平成20年(2008)より「二人以上の世帯」となった。「総世帯（二人以上の世帯＋単身世帯）」とは異なる。

購入数量及び平均価格（二人以上の世帯）

Prices per Household (Two-or-more-person Households)

単位：円 (Unit：Yen)

タクシー代 Taxi Fares	航空運賃 Airplane Fares	有料道路料 Highway Fares	他の交通 Others	自動車等関係費 Private Transportation	自動車等購入 Automobiles	自動車購入 Automobiles	
						金額 Expense	数量 Quantity
963		153		...	...	...	...
3,222	432	314		21,099	10,107	9,371	0.030
7,961	3,422	1,183		114,452	34,212	32,037	0.046
9,199	6,563	8,475		192,850	65,364	62,673	0.053
6,821	7,474	12,441	1,663	240,842	78,697	77,307	0.056
5,168	6,422	7,542	897	261,165	71,304	70,573	0.054
5,141	6,147	9,604	1,111	263,629	75,429	74,701	0.048
4,797	8,366	10,546	1,233	289,359	82,371	80,831	0.052
2,900	1,973	5,626	421	280,375	88,533	86,447	0.054
3,054	2,103	6,058	617	277,431	76,460	75,529	0.046
3,823	5,879	7,318	1,015	294,379	81,615	79,449	0.046
4,260	7,872	8,152	1,189	303,795	87,105	84,821	0.048

（家計調査年報）

駐車場借料 Rent,for Park	年極・月極 Yearly & Monthly Rent,for Park	他の自動車等関連サービス Other Services Related to Private Transportation	自動車等保険料 Automotive Insurance Premium	自賠責 Automotive Insurance Premium (compulsion)	宿泊料 Hotel Charger	パック旅行費 Package Tours	国内パック旅行費 Domestic
...	...	...	...	...	...		...
...	...	1,929	1,661	...	14,771		...
...	...	10,992	12,948	...	8,016	37,054	...
14,615	...	5,484	27,589	11,307	18,585	65,750	...
23,008	19,637	8,972	38,772	6,746	22,036	70,794	45,752
25,281	22,502	9,707	40,121	6,687	20,528	54,360	35,939
20,588	17,611	8,366	48,089	8,487	24,110	50,119	34,952
19,795	16,342	9,456	48,210	9,169	26,810	45,999	30,082
17,849	15,646	9,671	48,514	8,399	12,581	12,660	10,516
19,137	16,693	9,220	48,629	7,772	14,723	8,105	8,055
18,217	15,464	9,624	47,531	7,746	23,667	19,714	17,888
18,308	15,237	9,905	45,046	7,341	30,361	30,433	23,078

（家計調査年報）

　3. 自動車保険料は、自賠責保険、任意保険、自動車保険料以外の輸送機器保険料の合計であるが、
　　　昭和60年（1985）以前は、自動車保険料以外の輸送機器保険料は含まれていない。

参

考

わが国の輸出入貨物トン量

Volume of Export and Import in Tons

単位：千トン（Unit：Thousand Tons）

暦年 Calender Year	合計 (Total)		船舶 (Shipping)		航空 (Air Transport)	
	輸出 (Exports)	輸入 (Imports)	輸出 (Exports)	輸入 (Imports)	輸出 (Exports)	輸入 (Imports)
S45 (1970)	42,008	435,924	...	...	...	...
S55 (1980)	83,853	612,992	...	...	...	...
H2 (1990)	85,062	712,494	...	...	...	...
H7 (1995)	116,636	771,862	...	...	...	...
H12 (2000)	131,482	808,168	130,103	806,540	1,379	1,628
H17 (2005)	150,704	692,735	149,095	691,007	1,609	1,728
H22 (2010)	1,510	1,713	...	...	1,510	1,713
H24 (2012)	1,380	1,706	...	...	1,380	1,706
H25 (2013)	1,368	1,711	...	...	1,368	1,711
H26 (2014)	1,589	1,850	...	...	1,589	1,850
H27 (2015)	1,666	1,836	...	...	1,666	1,836
H28 (2016)	1,731	1,923	...	...	1,731	1,923
H29 (2017)	1,960	2,129	...	...	1,960	2,129
H30 (2018)	2,010	2,033	...	...	2,010	2,033
H31・R1 (2019)	1,736	1,977	...	...	1,736	1,977
R2 (2020)	1,430	1,723	...	...	1,430	1,723
R3 (2021)	1,920	2,071	...	...	1,920	2,071
R4 (2022)	1,729	1,924	...	...	1,729	1,924
R5 (2023)	1,559	1,762	...	...	1,559	1,762
資　料	財務省（貿易統計-国籍別船舶入港表（全国））					

(注) 1. 船舶の2005年輸出入量は、2005年1月～10月分である。（「1965年の国際海上交通の簡易化に関する
　　　条約」を実施するため、2005年11月1日より入出港届等の様式が変更され、本邦において船積、船卸する
　　　貨物の数量が削除された。これに伴い、2005年11月分より船舶の輸出入貨物屯量の公表は廃止された。）
　　 2. 1998年以降のデータは、日本関税協会発行の外国貿易概況に代えて、財務省発表の国籍別船舶及び
　　　航空機入港表のデータを掲載している。

交通経済統計要覧 2022（令和4）年版

2024 年 6 月発行　　　　　　　　　　　　価格 3,520 円（本体 3,200 円＋税 10%）

監　修　　国土交通省総合政策局情報政策課
発行人　　宿　利　正　史
発行所　　一般財団法人運輸総合研究所
　　　　　〒105-0001　東京都港区虎ノ門 3 丁目 18 番 19 号
　　　　　電　話　03-5470-8410　　ＦＡＸ　03-5470-8411
　　　　　ＷＥＢ　https://www.jttri.or.jp/
印　刷　　株式会社ワコー

ISBN　978-4-910466-23-1 C0065　￥3200E